Alfred Brendel

Musik beim Wort genommen

*Essays und Vorträge
nebst Gesprächen mit
Terry Snow und Konrad Wolff*

Mit zahlreichen Notenbeispielen

Piper
München Zürich

Die Erstausgabe erschien in englischer Sprache unter dem Titel
»Music Sounded Out. Essays, Lectures, Interviews, Afterthoughts«
1990 bei Robson Books, London.

Die deutsche Ausgabe ist um einen bereits in »Nachdenken über Musik«
erschienenen Text gekürzt und um die Aufsätze »Mozart für die Klavierstunde«
und »Von Analyse bis Zubiaurre« erweitert worden.

ISBN 3-492-03483-7
© Alfred Brendel 1990
Deutsche Ausgabe:
© R. Piper GmbH & Co. KG, München 1992
Gesetzt aus der Sabon-Antiqua
Satz: H. Mühlberger GmbH, Gersthofen
Druck und Bindung: Clausen & Bosse, Leck
Printed in Germany

Inhalt

Vorwort

Die Essays, Vorträge und Interviews dieses Bandes setzen dort an, wo »Nachdenken über Musik« aufhörte. Wiederum sind hier Überlegungen zu Musikern und Musikstücken, zu Interpretationen und Angelegenheiten meines Metiers versammelt. Sie stammen aus der Feder oder aus dem Munde eines Praktikers, der nicht von autobiographischen Bedürfnissen geplagt wird, sich vielmehr wünscht, es möchten noch die persönlichsten seiner Urteile, Meinungen oder Vermutungen aus der Enge des allzu Privaten hinausführen und noch die speziellsten seiner Beobachtungen auf größere Zusammenhänge hinweisen. Was ich niederschrieb, sind hauptsächlich Dokumente der Selbsthilfe. Wo Ratschläge erteilt werden, sind sie vor allen an ihren Autor gerichtet; vielleicht werden sie auch anderen nützlich sein. Essays sind bekanntlich keine Orakel. Ich sehe sie gern als Momentaufnahmen, als Arbeiten, die wenigstens potentiell im Fluß bleiben, darin musikalischen Interpretationen vergleichbar, die ständig neue Einsichten und erneuertes Verständnis verlangen. Das englische Wort »work in progress« formuliert dies am besten. Meine Leser und Hörer mögen sicher sein, daß ich keiner absoluten Wahrheit das Wort reden will, auch wenn ich relativen Wahrheiten so leidenschaftlich nachspüre, wie meine Skepsis es erlaubt.

Mehrere dieser Aufsätze entstanden als Begleittexte meiner Schallplatten oder Konzertprogramme. Die meisten wurden revidiert, verändert und, manchmal beträchtlich, erweitert. »Das umgekehrte Erhabene: Gibt es eigentlich lustige Musik?« begann sein Dasein in Zusammenarbeit mit der BBC als Darwin Lecture, Cambridge 1984, unter dem Titel »Must classical music be entirely serious?«; eine deutsche Version hat ein Jahr später die Bayerische Akademie gemeinsam mit dem Bayerischen Rundfunk vorgestellt. Dasselbe Institut hatte mir bereits 1978 Gelegenheit gegeben, eine rudimentäre Vorstufe meiner Bemerkungen über Schuberts letzte Sonaten vorzutragen; 1989 fand dann, ebenfalls mit Beteiligung der BBC, eine gekürzte Fassung des heutigen Textes als Edward Boyle Lecture vor der Royal Society of Arts in London statt. In ähnlicher oder stark abweichender Form sind einer oder mehrere der Aufsätze in folgenden Publikationen erschienen: »Die Zeit«, »The New York Review of Books«, »Frankfurter Allgemeine Zeitung«, »Musica«, »The Times Literary Supplement«, »The Sunday Times«, »The Piano Quarterly«, »The Gramophone«, »Hi Fidelity Magazin« und »Musical Times«. Der Essay »Franz Liszt 1986« macht von meinem Vorwort zu Ernst Burgers Bild- und Dokumentarbiographie »Franz Liszt« (Paul List Verlag, München 1986) und meiner Einführung in Lina Ramanns »Liszt-Pädagogium« in der Neuausgabe bei Breitkopf & Härtel (1986) Gebrauch. »Das umgekehrte Erhabene«, »Liszts h-Moll-Sonate«, »Liszts ›Bitternis des Herzens‹«, »Busonis ›Doktor Faust‹«, »Furtwängler«, »Von Analyse bis Zubiaurre. Der Neue Grove« sowie die Gespräche über Bach und Schnabel sind von mir selbst, *con alcune licenze*, aus dem Englischen übertragen. Jahreszahlen am Ende der Aufsätze beziehen sich auf die erste Veröffentlichung in Druck oder Rundfunk. Ich danke allen Herausgebern und Verlegern für ihre Freundlichkeit.

Unter vielen anderen, denen ich ebenfalls danken möchte, sei zunächst Frank Kermode genannt, auf dessen Veranlassung mein Vortrag über komische Musik überhaupt erst zustande kam. Isaiah Berlin stand in seiner unvergleichlich belebenden Art neben mir, als ich mit der Niederschrift begann. Ernst Gombrich und Klaus Heinrich versorgten mich freundlichst mit wertvollem Material über das Lachen, Monika Möllering unter anderem mit Unterlagen über musikästhetische Reaktionen auf das Komische. Hans Keller schließlich brachte noch als Todkranker die Geduld auf, mir sein außerordentlich entwikkeltes Ohr zu leihen. Ein weiterer unvergessener Gesprächspartner war Konrad Wolff, der das Interview über Schnabels Interpretationslehre aufgezeichnet hat. Die Familie Floersheim in Basel gestattete mir liebenswürdigerweise, das Autograph von Schuberts letzten Sonaten durchzusehen. Bernard Jacobson half mir, meinen Standpunkt in der Wiederholungsfrage zu klären. Leonard Stein gab mir Gelegenheit, meine Gedanken über Schuberts letzte Sonaten im Schoenberg Institute, Los Angeles, improvisierend auszubreiten. Robert Silvers, Arthur Johnson, William Kinderman und Antony Beaumont berieten mich ebenso freundschaftlich wie kritisch. Nicht zuletzt danke ich Dr. Klaus Stadler vom Piper Verlag für Rat und Hilfe.

Frühjahr 1992   A. B.

Ermahnungen eines Mozart-Spielers an sich selbst

> »Unverkennbar nimmt Mozart seinen Ausgangspunkt
> vom Gesange aus, woraus sich die unausgesetzte melodi-
> sche Gestaltung ergibt, welche durch seine Tonsätze
> schimmert, wie die schönen weiblichen Formen durch
> die Falten eines leichten Gewandes.«   Busoni

Dem Mozart-Spieler sei dies die erste Warnung: Klavierspiel, und wäre es auch noch so makellos, darf ihm nicht genügen. Das Klavierwerk sei ihm ein Gefäß latenter musikalischer Möglichkeiten, die über das rein Klaviermäßige oft weit hinausreichen. Nicht die (für mich unannehmbaren) Beschränkungen von Mozarts Hammerflügel weisen dem Spieler den Weg, sondern Mozarts Dynamik, Farbigkeit und Ausdruckskraft im Operngesang, im Orchester, in Ensembles jeder Art. So ist beispielsweise für mich der erste Satz von Mozarts a-Moll-Sonate KV 310 ein symphonisches Orchesterstück, der zweite gleicht einer Gesangsszene mit dramatischem Mittelteil, und das Finale ließe sich mühelos in den Bläserklang eines Divertimentos übertragen.

In den Klavierkonzerten Mozarts ist der Klavierklang gegenüber dem Orchester schärfer abgegrenzt. Hier werden es vor allem die menschliche Stimme und das solistische Orchesterinstrument sein, die dem Spieler Maßstäbe geben. Vom Mozart-Sänger wird er lernen, nicht nur zu singen, sondern auch deutlich und sinnvoll zu »sprechen«, zu charakterisieren, zu agieren und zu reagieren, vom Streicher, Auf- und Abstriche zu denken, von der Flöte oder Oboe, schnelle Passagen im einzelnen durchzuartikulieren, statt sie einem automatischen *non legato* zu überantworten oder, noch schlimmer, einem unentwegten *legato*, wie es die alte Gesamtausgabe immer wieder ohne eine Spur von Authentizität vorschrieb.

Kantabilität und sinnliche Schönheit, so wichtig sie bei Mozart sein mögen, machen jedoch nicht allein selig. Es hieße Mozart verkleinern, wollte man ihn auf wenige Merkmale festlegen. Daß große Komponisten Mannigfaltiges mitteilen, Widersprechendes verbinden können, ist gerade an Mozart zu beweisen. Allzugern ist Mozart auf die »griechisch schwebende Grazie« Schumanns oder den »Licht- und Liebesgenius« Wagners reduziert worden. Zwischen Frische und Verfeinerung (»Er ist nicht simpel geblieben und nicht raffiniert geworden«, sagt Busoni), Kraft und Durchsichtigkeit, Natürlichkeit und Ironie, Distanz und Innigkeit, zwischen Freiheit und Fasson, Selbstvergessenheit und Stil, Leidenschaft und Grazie eine Balance zu finden gehört zu den Mühen des Mozart-Spielers, die nur der Glücksfall belohnt.

Was charakterisiert Mozarts Musik? Ein Versuch, Haydn und Mozart voneinander abzugrenzen, könnte der Beantwortung dieser Frage dienlich sein. So erstaunlich nahe Mozart Haydn, oder dieser Mozart, auch manchmal kommen mochte, so brüderlich sie ihre musikalischen Errungenschaften auch ausgetauscht haben, so wesensverschieden sind sie im Grunde. Haydn und Mozart — das ist für mich der Gegensatz von instrumental und vokal, Motiv und Melodie, Carl Philipp Emanuel und Johann Christian Bach, Adagio und Andante, Zäsuren (lustig oder erschreckend) und Verbindungen (nahtlos), Dreistigkeit und Ausgewogenheit, Überraschung des Unerwarteten und Überraschung des Erwarteten. Aus der Ruhe dringt Haydn tief in die Aufregung, während Mozart umgekehrt aus der Nervosität in die Ruhe zielt. Das haptisch Bewegliche an Mozart, dessen Finger immer auf irgendeiner Sessellehne trommelten, findet sich in der nervösen oder feurigen Erregung mancher Finalsätze wieder, wie man sie von Edwin Fischer, Bruno Walter oder Artur Schnabel erlebte. Ich kann Busoni nicht folgen, wenn er Mozart jede Nervosität abspricht. Wie die Kantabilität durch die Falten eines Gewandes, so kann bei Mozart, sogar bei ihm, zuweilen »das Chaos durch den Flor der Ordnung schimmern« (Novalis).

Die Vollkommenheit dieser Ordnung, die Sicherheit dieses Formensinns allerdings ist, wie Busoni meinte, »fast außermenschlich«. Laßt uns daher das Menschliche dieser Musik nie ganz aus dem Auge verlieren, selbst dort, wo sie offiziellen und allgemeinen Charakter trägt. Die Unantastbarkeit von Mozarts Form sei stets aufgewogen durch die einzigartige Tastbarkeit seines Klanges, das Wunder seiner Klangmischungen, die Bestimmtheit seiner Energie, den lebendigen Atem, das Herzklopfen, die unsentimentale Wärme seines Gefühls.

Zwischen Haydn, dem Entdecker und Abenteurer, und Schubert, dem Schlafwandler, sehe ich sowohl Mozart wie auch Beethoven als Architekten. Doch wie verschieden haben sie gebaut! Während Beethoven, vom Beginn des Stückes aus Stein auf Stein setzend, die Folgerichtigkeit seines Gebäudes gleichsam nach den Gesetzen der Statik entwickelt und rechtfertigt, fügt Mozart mit Vorliebe die wundervollsten melodischen Einfälle als Fertigteile aneinander: Man beobachte, wie er im ersten Satz des Klavierkonzerts KV 271 die Aufeinanderfolge seiner Bausteine variiert, ja kaleidoskopisch durcheinanderschüttelt. Wo Beethoven prozeßhaft eines aus dem anderen hervorholt, ordnet Mozart eines nach dem anderen: Er arrangiert, als könne es nicht anders sein.

In Moll drückt Mozart sich anders aus als in Dur. Daß er auch prozeßhaft komponieren konnte, beweisen seine beiden Mollkonzerte, KV 466 und 491, die Beethoven so sehr beeindruckten. Originalkadenzen sind hier leider nicht erhalten. Weder die dynamische Weiträumigkeit des d-Moll-Konzerts noch die kontrapunktische Dichte des c-Moll-Konzerts lassen sich mit dem üblichen improvisatorischen Kadenztypus der Durkonzerte Mozarts vereinbaren; eher sind hier durchkomponierte Kadenzen in der Art des fünften Brandenburgischen Konzerts von Bach denkbar, die die Spannung des Satzes weiterführen und in einem großen Bogen bis zum Orchestereinsatz transportieren.

Mozart ist weder aus Porzellan noch aus Marmor noch aus Zucker. Der putzige Mozart, der parfümierte Mozart, der verzückte Mozart, der Rühr-mich-nicht-an-Mozart, der empfindsam verquollene Mozart seien vorsichtig gemieden. Auch dem pausenlos poetischen Mozart gebührt leiser Zweifel. Wer »poetisch« spielt, sitzt allzuleicht in einem Glashaus, in das keine frische Luft dringt; man möchte kommen und die Fenster öffnen. Poesie sei die Würze, nicht das Hauptgericht. Es gibt bezeichnenderweise nur »*Klavier*poeten«: ein relativ prosaisches Instrument muß verwandelt, verzaubert werden. Geiger, Dirigenten oder sogar Liedersänger haben, wie aus dem Sprachgebrauch zu schließen wäre, »Poesie« nicht nötig.

Ein Blick auf den Solopart der Klavierkonzerte Mozarts zeigt es: die Befugnis des Mozart-Spielers läßt jene eines Museumsbeamten weit hinter sich zurück. Mozarts Notation ist unvollständig. Nicht nur fehlt in der Klavierstimme fast jede dynamische Bezeichnung. Auch die zu spielenden Noten bedürfen, zumindest in den späteren, nicht für den Stich fertiggestellten Werken, stellenweise der Ergänzung: als *Ausfüllungen* (wo Mozarts Niederschrift sich skizzenhaft auf Andeutungen beschränkt), als *Varianten* (wo relativ einfache Themen mehrmals wiederkehren, ohne daß Mozart selbst sie variiert hätte), als *Auszierungen* (wo dem Spieler ein melodischer Umriß zur Ausschmückung anvertraut wird), als *Eingangsfermaten* (die auf der Dominante stehen und mit der darauf folgenden Tonika verbunden werden wollen) und als *Kadenzen* (die vom Quartsextakkord gleichsam improvisierend ins abschließende Tutti führen).

Mozarts eigene Varianten, Auszierungen, Eingänge und Kadenzen – und es gibt zum Glück eine beträchtliche Anzahl davon – vermitteln dem Spieler eine deutliche Vorstellung seiner Bewegungsfreiheit: In Eingängen und Kadenzen wird die Grundtonart nie verlassen, in Auszierungen und Varianten der Grundcharakter nie gestört. Mozarts Varianten sind manchmal von einer subtilen Sparsamkeit, wie sie zeitgenössischen Gepflogenheiten gewiß nicht entsprach. Daß Leerstellen leer bleiben sollen, weil dem Interpreten Mozarts Genius ja doch nicht zu Gebote stehe, ist ein heute überwundener Standpunkt unangebrachter Pietät, der dem Spieler die erforderliche Einfühlung in Mozarts Stil weder zumutet noch zutraut. Lehrreich ist der Fall des A-Dur-Rondos KV 386. Erst kürzlich hat sich durch die Auffindung der abschließenden Seiten des Mozart-Manuskripts herausgestellt, daß die letzten 28 Takte dieses Rondos nicht, wie man bisher meinte, von Mozart, sondern von Cipriani Potter stammen – was sonst nie jemand aufgefallen wäre. Gerade wo Mozarts Text skizzenhaft geblieben ist, sollte der Spieler genau wissen, was und wie Mozart selbst notiert hat, und nicht jedem Herausgeber vertrauen. Wer sich Mozarts Klavierkonzerten widmet, muß Zeit zum Quellenstudium haben. Ein besonderes Beispiel ist das sogenannte »Krönungskonzert« KV 537. Die linke Hand ist hier zum größten Teil gänzlich unausgeführt. Im kontrastlosen Mittelsatz erscheint derselbe Viertakter nicht weniger als zehnmal auf nahezu identische Weise. Hier bedarf es reichhaltigster Ornamentierung, soll die Wirkung nicht der faden Lieblichkeit gewisser Raffaelscher Madonnen gleichen, die das 19. Jahrhundert bewunderte, wie es auch diesen Satz (unverziert) bewundert hat. Warum eine nach Mozarts Tod angefertigte Version des schönen Werkes heute noch allgemein gespielt wird, als ob daran nichts zu verbessern sei, ist kaum zu verstehen.

Hinzufügungen zu Mozarts Text sind in manchen Fällen offensichtlich nötig, in anderen immerhin möglich. Der kritische Bericht der Bärenreiter-Ausgabe reproduziert eine reichlich ausgezierte Version des fis-Moll-Adagios aus dem A-Dur-Konzert KV 488, wohl die Arbeit eines Schülers, die aus Mozarts Nachlaß zu stammen scheint. Obwohl die Elaborate dieser Handschrift keineswegs befriedigen, bietet sie uns ein Indiz dafür, daß hier ausgeziert werden darf. Für das Wie der Ausfüllungen bleiben allerdings Mozarts eigene Beispiele allein das Vorbild. Die Auszierungen Johann Nepomuk Hummels oder

Philipp Karl Hoffmanns versuchen gar nicht, diesem Vorbild zu folgen; sie sind stilfremd und oft in einem solchen Grade überladen, daß die relativ fließenden Tempi Mozartscher Mittelsätze bis zum Largo gedrosselt werden müßten, um alle Noten unterzubringen. An Hand der Hinzufügungen von Hummel und Hoffmann wird einem bewußt, wie schnell und drastisch sich der »Gusto« des Aufführungsstils zu verändern vermochte; dies sollte auch jenen zu denken geben, die heute versuchen, von der barocken Praxis her Mozart allzu einseitig zu fassen.

Der unglaubliche Spaß, den der Spieler damit hat, blinde Flecken auf Mozarts musikalischer Landkarte so zu ergänzen, daß auch der gebildete Hörer »nichts bemerkt«, darf nicht zur Verführung ausarten: des Guten zuviel zu tun oder sich allzusehr auf den Augenblick einzulassen. Wenn das Improvisieren von Auszierungen zum Gesellschaftsspiel wird, das man zur fröhlichen Verblüffung des Orchesters betreibt, wenn der Spieler sich und den anderen bei jeder Aufführung erneut beweisen will, wie spontan er sei, läuft er Gefahr, die Kontrolle über die Qualität zu verlieren. Es scheint mir verdienstvoller, aus einem Reservoir an verschiedenen Versionen, die man zu Hause improvisiert hat, eine strenge Auswahl zu treffen, als auf dem Podium alles zu wagen: Mozart zu spielen, als ob man Mozart wäre.

Zu den Zusätzen, die möglich, aber selten nötig sind, da es sich meist um Verdoppelungen des Orchesters handelt, gehört das Continuospiel. Während ich in früheren Jahren der Baßlinie des Orchesters sekundierte, beschränke ich mich heute im wesentlichen auf ein gelegentliches Eingreifen bei energischen Stellen und auf eine fast unmerkliche harmonische Stützung mancher Klavierkantilenen. Der Basso continuo diente in einer dirigenten- und partiturenlosen Zeit neben der harmonischen Orientierung des Solisten wohl vor allem der rhythmischen Koordination der Spieler. Da man in unseren Tagen von dem Solisten erwarten darf, daß er die Partitur beherrscht (wie man neuerdings sogar von Liedersängern erwartet, daß sie einen

Blick in die Klavierstimme getan haben), und natürlich vom Dirigenten, daß er das Orchester zusammenhält, scheint das Generalbaßspiel nur mehr in Sonderfällen sinnvoll, etwa wenn die vier Kammerkonzerte Mozarts (KV 413–415 und 449) ohne Bläser aufgeführt werden. Doch sollte der Unterschied von Solo und Tutti dabei nicht verlorengehen.

Auch Mozart konnte sich irren. Artur Schnabels Postulat, der Spieler müsse die Launen großer Komponisten selbst dort hinnehmen, wo sie ihm unbegreiflich seien, darf nicht dazu führen, daß Fehler unkorrigiert stehenbleiben. Schnabel selbst hat für diese Haltung ehrfurchtsvoller Blindheit mehrere Beispiele gegeben: so spielte er bei der dritten Wiederkehr des Anfangsthemas im Mittelsatz des c-Moll-Konzerts KV 491 einen von Bläsern begleiteten Takt genauso, wie Mozart ihn versehentlich stehenließ. Hier, wie in einem Takt des Finales von KV 503, hat Mozart wohl erst die Klavierstimme notiert, dann, beim Ausschreiben des Orchesters, seine harmonische Meinung geändert, wobei er vergaß, die Klavierstimme der veränderten harmonischen Situation anzupassen. Das Ergebnis: Kakophonie und eine in Mozarts Tonsatz undenkbare Divergenz der Baßführung. Wenn der Spieler Mozarts Text in seltenen Fällen zurechtrückt, maßt er sich damit noch lange nicht an, Mozart ebenbürtig oder gar überlegen zu sein.

Mit dem *alla breve* des Mittelsatzes von KV 491 gibt Mozart uns Rätsel auf – diesmal aber nicht sogleich »mit dem Rätsel die Lösung« (um noch einen von Busonis Mozart-Aphorismen zu zitieren). Paul und Eva Badura-Skoda haben ausführlich dargestellt, warum sich Mozart mit dieser Bezeichnung geirrt haben müsse. Der Satz ist in seinen Notenwerten doppelt so langsam zu verstehen wie die *alla-breve*-Sätze der Konzerte KV 466, 537 und 595. Und das ₵-Zeichen steht ja nicht nur für das Taktieren halber Takte, sondern auch für einen beträchtlichen Tempozuwachs. Doch gibt es – wie Erich Leinsdorf mir freundlicherweise zu bedenken gab – auch Ausnahmen, und der zweite Satz von KV 491 gehört zu ihnen. Leinsdorf erwähnt unter anderem mehrere Beispiele aus der »Zauberflöte« (Ouvertüre: Adagio; Nr. 8: Larghetto; zweiter Akt: Marsch der Priester; Nr. 18: Chor der Priester; Nr. 21: Andante), deren *alla breve* dem zeitgenössischen Kapellmeister signalisierte: »Nicht in acht, Teuerster, sondern in vier!« In der Arie mit Sologambe »Es ist vollbracht« aus Bachs »Johannespassion« hingegen weist das in Wörtern ausgeschriebene *alla breve* über dem Dreivierteltakt des Mittelteils auf den nächsten Zählwert hin (»in drei, Verehrtester, statt in sechs!«). Die alte Gesamtausgabe, die manche Mozartsche Tempovorschrift eigenmächtig veränderte, hat übrigens im ersten Satz des F-Dur-Konzerts KV 459 das ₵ in C verwandelt und damit genau das getan, was dieses Stück nicht verträgt: Nicht *alla marcia*, wie man immer wieder liest und hört, sondern tanzend und ganztaktig bewegt es sich vorwärts.

Mozart war kein Blumenkind. Sein Rhythmus ist weder weichlich noch vage. Noch im kleinsten, zartesten Ton ist Rückgrat. Selbst wenn Mozart träumt, bleibt sein Rhythmus wach. Tempomodifikationen bei Mozart seien Zeichen einer rhythmischen Stärke, die der emotionalen die Waage hält; vor allem in Variationensätzen wird man manchmal das Tempo abstufen, die Variationen voneinander absetzen dürfen. Mozart klagt, bis in den einsamsten Schmerz hinein, aber er jammert nicht. Zweinotengruppen sollten nur dort »geseufzt« werden, wo die Musik Seufzer wirklich verlangt. Der Unterschied zwischen Vorhalten, denen eine rein musikalische, und Appoggiaturen, denen eine emotionell-deklamatorische, das Pathos zweisilbiger Wörter unterstreichende Rolle zukommt, sei nicht nur dem Sänger bewußt.

Ist Mozarts Musik einfach? Seinen Zeitgenossen war sie oft zu kompliziert. Das Konzept der Einfachheit ist in diesem Jahrhundert fragwürdig geworden. Es gibt einen Kitsch der

Schlichtheit, wie er sich besonders in der literarischen Verherrlichung des »einfachen Lebens« bemerkbar machte. Auch in der Sehnsucht nach dem »Volkston« ist er zutage getreten; was den Romantikern recht war, ist ihren Nachfahren billig geworden. Einfachheit im Mozart-Spiel bedeute nicht: Nivellierung der Vielfalt oder Flucht vor Problemen. Einfachheit sei begrüßt, solange es darum geht, Überflüssiges zu vermeiden. Doch schon die Formel der »Konzentration auf das Wesentliche« ist bei Mozart zweifelhaft; wesentlich ist in seiner Musik alles, wenn man von ein paar schwächeren Werken oder Sätzen absieht, die es sogar unter Mozarts Klavierkonzerten gibt, etwa den Frühwerken, die dem Weltwunder des »Jeunehomme«-Konzerts KV 271 vorangehen. Wer Mlle. Jeunehomme eigentlich war, ist ebenso mysteriös geblieben wie die plötzliche höchste Meisterschaft, die sich in dem für sie komponierten Werk entfaltet. Daß Mozart »jung wie ein Jüngling« ist »und weise wie ein Greis« (Busoni), enthüllt sich in diesem Werk zum erstenmal. Von hier an ist dem Mozart-Spieler eine Last der Vollkommenheit auferlegt, die über seine Kräfte geht.

(*1985*)

19

Mozart für die Klavierstunde
Zur Verteidigung seiner Solowerke

Das Bedürfnis nach Überblick und Vereinfachung treibt manchmal kümmerliche Blüten. Die Unterschätzung der Klaviersonaten und Solostücke Mozarts ist ein Beispiel dafür. Wir rühmen die Komponisten gerne auf Grund ihrer »größten«, »persönlichsten«, vorbildhaftesten Leistungen und sprechen etwa Bach das Primat in Orgelmusik, geistlicher Chormusik und Fuge, Haydn oder Beethoven – je nach Laune und Blickwinkel – jenes im Quartett, Mozart jenes in der Oper, im Klavierkonzert und Streichquintett, Beethoven jenes in Symphonie und Sonate zu. Auf diese Weise sind nicht nur die Klaviersonaten Haydns und Schuberts lange in den Schatten gestellt worden; auch den Sonaten Mozarts widerfährt, im Vergleich mit seinen eigenen Klavierkonzerten, immer noch zuwenig Gerechtigkeit. Ein weitverbreitetes Vorurteil sieht sie als Unterrichtsmaterial für Klavierschüler, als dem Zeitgeschmack huldigende Nebenwerke für den Hausgebrauch, in denen Mozart es den Spielern und sich selbst leichtgemacht habe. Ernst Bloch spricht von den »noch uneigentlichen, noch nicht zu sich gekommenen Sonaten« und findet, bei Mozart bleibe alles »freilich irgendwie porzellanhaft«. Ich möchte darauf reagieren und einiges Porzellan zerschlagen.

Pianistenruhm erwarb sich Mozart schon in jüngsten Jahren. Bereits seine ersten sechs Sonaten KV 279–284 gelten ihm selbst als »schwere Sonaten«, die er auswendig vorträgt. Die sogenannte »Sonata facile« in C-Dur KV 545 allein bezeichnet Mozart als »eine kleine Klaviersonate für Anfänger«. Paradoxerweise gehört sie, wie jeder selbstkritische Pianist in vorgerücktem Alter weiß, zu den heikelsten Stücken des Repertoires.

Die Reduktion aufs Wesentlichste, die wir an Mozarts Klavier-satz so sehr bewundern und fürchten, ist hier auf eine meister-hafte Spitze getrieben. Zwei große Pianisten kommentieren die-sen Sachverhalt. Artur Schnabel sagt witzig, Mozarts Sonaten seien »zu einfach für Kinder, zu schwierig für Künstler«. Anton Rubinstein formulierte es etwas anders: »Sonderbar, daß man meistens Kindern Mozart zu spielen gibt! Den großen, erwach-senen Kindern sollte man ihn geben.«

Dem Pianisten, der sich gerade erst der Akkorde und Doppel-oktaven von Brahms' B-Dur-Konzert entledigt hat, wird beson-ders deutlich bewußt, wie sehr in Mozarts Solowerken jeder Ton zählt. Noch viel mehr als in Mozarts Klavierkonzerten ist der Spieler hier mit jeder Nuance, jeder kleinsten Entscheidung allein. Die Verantwortung diesen wenigen bloßliegenden No-ten gegenüber ist ungeheuer, will aber leicht getragen sein. Es ist, als ob riesige Scheinwerfer alles ausleuchteten, wobei der Spieler sich zu benehmen hat, als blendeten sie ihn nicht.

In Mozarts Klavierkonzerten ist das Orchester dem Pianisten nicht nur Rahmen und Partner, sondern auch, in Textfragen, eine Stütze. Obwohl in der Klavierstimme dynamische Zeichen weitgehend fehlen, läßt sich von der gut bezeichneten Partitur her so manches an Charakter und Artikulation ergänzen. Wie-viel prekärer ist die Situation, in die der Pianist angesichts jener Sonaten gerät, die Mozart dynamisch kaum oder, wie die »So-nata facile«, überhaupt nicht bezeichnet hat! Einsam sitzt man hier vor Notenköpfen, denen erst dynamisches Leben einge-haucht werden muß, während doch in anderen Klavierwerken, vor allem jenen in Molltonarten – den Sonaten in a-Moll und c-Moll, dem a-Moll-Rondo, dem h-Moll-Adagio –, »sehr viel drinsteht«. Sie sind mit einer Detailbesessenheit markiert, die manchen Mozart-Spieler an den Rand der Verzweiflung trei-ben und in eine ganz andere Art von Verlegenheit bringen mag, nämlich jene, sich einem Vortragsstil gegenüberzusehen, der apollinischem Ebenmaß nicht selten widerspricht, Höhe-punkte nicht dämpft, sondern betont ausspielt, Kontraste (schon in frühen Werken wie KV 282) gern eng und über-raschend nebeneinandersetzt, vor dem Schroffen und Krassen manchmal nicht zurückschreckt, dann aber wieder bis in nervöse Verfeinerung hineinzureichen scheint. Dieser von Mozart notierte Vortragsstil erfüllt oft gar nicht die Erwartungen, wie sie selbst heute noch viele Musiker und Hörer bestimmen, wenn es um den Klavierkomponisten Mozart geht; die Vorstellung einerseits eines zarten, zärtlichen, verzärtelten Mozart, der den galanten Szenen nicht Watteaus, sondern Lancrets oder Paters entspräche, andererseits der »reinen«, einfachen, naiven, jungfräulich-züchtigen musikalischen Wachsfigur, wie sie vor allem dem Biedermeiergeschmack, den Nazarenern und dem Purismus unserer fünfziger Jahre entsprach. Die Rokokovariante wird (1889) von Rubinstein folgendermaßen geschildert: »Der Charakter der Zeit, in welcher Mozart lebte, war Geziertheit, Raffinement, Gesuchtheit der Manieren und Kostüme.« Rubinstein spricht von Verbeugungen, die nur höflich und zierlich, von Tänzen, die nur langsam in Knicksen und Sprüngen ausgeführt werden konnten. »Wie komisch das alles auch klingt, so finden wir doch den ganzen Charakter des damaligen Lebens und Umgangs in der Musik wieder.«* Die biedermeierlich-nazarenische Spielart kommt ausgerechnet in einem Brief des 25jährigen Paul Klee an seine spätere Frau, die Pianistin Lily Stumpf, zum Vorschein, allerdings mit der hinzugefügten Bitte um Widerspruch. Mozart erscheint Klee, der bekanntlich auch Geige spielte, »psychologisch nicht zu kontrastreich, besonders nach dem Düstern hin nicht über Wehmuth hinaus«. Trauer sei selten; Zerrissenheit, Konflikt kämen nicht vor, und wenn es sich um Kammermusik handelte, so könne der Spieler nicht viel mehr tun als nicht danebengreifen. Von solcher Passivität bis zu Ernst Blochs erstaunlicher Behauptung, »das Ganze weist bei Mozart einen toten, unleidlich arithmetischen Zug auf«, scheint es nicht allzu weit.

Wenn dieses Soloklavier-Mozartbild auch heute noch, da die übrige Mozartpflege sich meist himmelweit davon entfernt hat, durch manche Gemüter geistert, so mag das damit zu tun haben, daß die antiquierte Idee des »Spinetts« (für das diese Werke doch geschrieben seien) einer Verniedlichung der Musik

* Anton Rubinstein, »Die Meister des Klaviers. Musikalische Vorträge über die Entwicklung der Klavier-Komposition«, Berlin 1899, S. 29.

Vorschub leistet. Freilich ist die Vorstellung, die man gemein-hin von den Möglichkeiten Mozartscher Soloinstrumente hat, diesen ebenso unangemessen wie das Konzept einer gezierten, überwürzten, artifiziell-verschlungenen Kunstrichtung dem Rokoko. Mozarts Klaviermusik ist wie jene der meisten großen Komponisten nur selten ganz aus dem Klang der Tasteninstru-mente heraus erfunden: Ihr Potential an Ausdruck, Farbe und Kraft überschreitet bei weitem die Grenzen selbst der leistungs-fähigsten zeitgenössischen Flügel. So gab es bereits in den er-sten Jahrzehnten des 19. Jahrhunderts mindestens drei Orche-sterfassungen der c-Moll-Fantasie KV 475, darunter eine des Mozart-Schülers Ignaz von Seyfried, der auch die c-Moll-Sona-te KV 457 instrumentiert hat*. Dies ist kaum verwunderlich, denn rein »klaviermäßige« Passagen sind hier die Ausnahme. Hingegen finde ich in der Fantasie neben vielem Orchestralen auch prononciert Opernhaftes, den Ernst und die Leidenschaft der Opera seria. (Daß Seyfried eine Oper »Ahasverus« unter Verwendung von Klavierstücken Mozarts arrangiert hat, geht allerdings zu weit.)

In der Oper sind Gesang und Sprache unlösbar verbunden. Vielleicht sollten gerade Instrumentalisten sich stets an die Ma-xime halten, ein guter Mozartinterpret müsse in jedem Augen-blick zugleich singen und sprechen – es sei denn, es handelte sich um sprechende Pausen, deren gerade die c-Moll-Fantasie so viele enthält. Sandor Végh erzählte mir, er sei als junger Geiger in Konzerten des großen Fjodor Schaljapin aufgetreten. Die Zeit zwischen den Arien, welche der Sänger im Künstler-zimmer bei einem Steak und einer Flasche Wein verbrachte, war Végh und seinen Geigenstücken überlassen. Eines Abends bemerkte Végh, daß Schaljapin, statt sich wie üblich seinem Steak zu widmen, in einer Loge saß und zuhörte. Nach dem Konzert sagte ihm der Bassist: »Sie singen schön, aber Sie spre-chen zuwenig.« (Das gleiche hatte Schaljapin auch schon dem aufstrebenden Cellisten Gregor Piatigorsky erklärt.) Für das Sprechende hat Végh sich dann, wie er hinzufügte, Pablo Ca-

---

* Die beiden anderen stammen von Josef Triebensee und Carl David Steg-mann.

sals zum Vorbild genommen. – Inzwischen sind die Waag-
schalen in manchen historisierenden Aufführungen so stark
zugunsten des Deklamatorischen belastet worden, daß man
versucht ist, um etwas mehr Gesang zu bitten.

Wir verdanken dem »historischen Orchesterklang« die Be-
stätigung der Einsicht, daß der nivellierte Mozart von gestern
und vorgestern, der kein heftiges *forte*, keine »störenden« Akzente duldete, eine Fiktion war. Schon zuvor hatten Interpreten
wie Gustav Mahler, Bruno Walter oder Edwin Fischer Gegen-
beispiele gesetzt. Daß die ganze Skala menschlichen Empfin-
dens auch in seinen nichtdramatischen Schöpfungen vorhanden bleibt, hatte bereits der Mozartkenner Richard Strauss
angemerkt; für die Wiedergabe dieser unendlich feinen und
reich gegliederten Seelengebilde einen einheitlichen Mozart-Stil
aufzustellen schien ihm töricht und oberflächlich. Auch Mozarts Solowerken ist diese Vielfalt eigen. Im Verlauf eines Jahres der Beschäftigung mit diesem Repertoire hat es mich selbst
überrascht, wie mühelos und ohne forcieren zu müssen der
Spieler damit große Säle füllen kann. Die Grenzen auch des
modernen Instruments scheinen so oft, gleichsam auf das na-
türlichste, gesprengt, daß man das Podium mit dem Bewußtsein verläßt, einen Abend lang weniger Klavier gespielt als dirigiert und gesungen zu haben. Auf der einen Seite muß der
Spieler den »außermenschlichen Formensinn« (Busoni) und die
Konzilianz von Werken wie der kleinen C-Dur-Sonate oder der
großen B-Dur-Sonate KV 333 (315 c) – die im Köchel-Verzeich-
nis um mehr als fünf Jahre zu früh eingeordnet ist – vermensch-
lichen, am anderen Ende der Skala muß er die Musik dort
zusammenhalten, wo Mozart »die Sprachmittel seiner Epoche
bis zum Zerbrechen gespannt und ihrem Ende nahegebracht
hat« (Hans Werner Henze), wie im Andante der Sonate
KV 533.

Ob Mozart als Revolutionär (Georgi Tschitscherin), als
Neuerer (Stendhal: »Er gleicht niemandem«), als keines von
beidem (Nikolaus Harnoncourt) oder gar als konservativer Revolutionär (Alfred Einstein) zu betrachten sei, ist ein Streit-
punkt geblieben. Selbst wenn Mozart kein Revolutionär war,
bedeutet dies nicht, er sei kein Neuerer gewesen. Mozarts frü-

her Biograph Franz Xaver Niemetschek sah Mozarts »Neuheit« in der Synthese des bereits Vorhandenen, Henze findet sie in dessen Entfremdung und Erhöhung. Aber gehen Werke wie das frühe Es-Dur-Klavierkonzert KV 271 und »Die Entführung aus dem Serail«, in denen sich die Frische des Erstmaligen mit vollkommener Meisterschaft ausspricht, nicht noch einen Schritt weiter? Komponisten wie Reichardt und Zelter reagierten auf manche Neuerungen Mozarts geradezu aufgebracht. Immer wieder erschien Mozarts Instrumentalmusik den Zeitgenossen als unnatürlich, voll unnötiger Schwierigkeiten und ästhetisch unzumutbarer Kontraste. Der bewundernde Ernst Ludwig Gerber schrieb 1790, selbst geübtere Ohren müßten Mozarts Sachen mehrmals hören. Noch hatte die apollinische Walze Mozart nicht geplättet. Ein späterer Mozart-Enthusiast, George Bernard Shaw, erinnert sich der Vorwürfe der Mozartzeit – der »zu vielen Noten«, des »Lärms« seiner Instrumentation, des Mangels an wahrer Melodie, der Attacken auf das menschliche Ohr – und fragt sich, wo diese Kraft des Bestürzenden denn geblieben sei.

Ich möchte aus meiner eigenen Erfahrung antworten und sagen: Sie ist noch da. Es kommt allerdings darauf an, was man, als Spieler und Hörer, Mozart zutraut und zugestehen will. Die meisten der Mozart-Hörer strecken die Beine von sich und erwarten Freude, Frische, Grazie und Wohlgefallen, als gäbe es kein »Requiem«, keinen »Idomeneo« und »Don Giovanni«, keine c-Moll-Messe und c-Moll-Serenade, keine g-Moll-Symphonien und g-Moll-Kammermusik. Es scheint mir, als wollten viele den düsteren, den tödlichen Mozart verdrängen. Ein gutes Beispiel ist Nietzsche: »Glauben denn wirklich die jetzigen Künstler des musikalischen Vortrags, das höchste Gebot ihrer Kunst sei, jedem Stück so viel *Hochrelief* zu geben, als nur möglich ist, und es um jeden Preis eine *dramatische* Sprache reden zu lassen? Ist diess, zum Beispiel auf Mozart angewendet, nicht ganz eigentlich eine Sünde wider den Geist, den heiteren, sonnigen, zärtlichen, leichtsinnigen Geist Mozart's, dessen Ernst ein gütiger und nicht ein furchtbarer Ernst ist, dessen Bilder nicht aus der Wand herausspringen wollen, um die Anschauenden in Entsetzen und Flucht zu jagen. Oder meint ihr, Mozartische Musik sei gleichbedeutend mit ›Musik des steinernen Gastes‹? Und nicht nur Mozartische, sondern alle Musik?«* Wir wollen nicht übertreiben und den ganzen Mozart der Perspektive des steinernen Gastes unterordnen. Ebensowenig sollten wir Stendhal wörtlich nehmen, wenn er sagt, Mozart hätte, gemessen an Rossini und Cimarosa, weder Leichtigkeit noch Komik. Dennoch scheint mir das Gewicht des Komponisten Mozart in den relativ so seltenen Moll-Werken, die er hinterlassen hat, seiner Durwelt, sei sie nun »heiter«, komödiantisch, innig oder in Grauzonen der Wehmut angesiedelt, die Waage zu halten und nicht bloß die dunkle Folie zu liefern, die Mozarts Helligkeit besser sichtbar macht. Übrigens: Ist Mozarts Ernst gütig? Ist er nicht der Ernst der Tragödie? Der Komponist, der schon als Achtjähriger Liebes- oder Zorngesänge auf Abruf und, wie es heißt, mit durchtriebener Miene improvisieren konnte, jener Mozart, der alle Charaktere in sich trägt, »aber nur als Darsteller und als Porträtist« (Busoni), vergißt, während er in c-Moll oder d-Moll komponiert, manchmal das geliebte Rollenspiel. Nun ist es nicht mehr der Mensch mit seinen Todesgedanken, seiner Verzweiflung, seinem Todesverlangen, den wir in der Musik erleben, die Kreatur, die ihrer Berührung mit dem Unheimlichen, Ungeheuerlichen, Dämonischen (wie Goethe gesagt hätte) Ausdruck gibt. In Partien der c-Moll-Messe und Chören des »Idomeneo«, im Maestoso des Komturs oder im c-Moll-Adagio mit darauffolgender Fuge (KV 546) nimmt die Musik nicht mehr teil: Wie das Schicksal selbst steht sie vor uns da, erhaben, unerbittlich, kein bester Freund und Tröster, keine Vermittlerin der Todeswonne, sondern das Andere, die Übermacht, vor der wir verstummen müssen. »Außermenschliches« ist hier nicht nur in der Formvollendung, sondern auch in der Gefühlsgewalt erreicht.

Ich kenne keinen anderen Komponisten, der sich in Moll so grundsätzlich verwandeln würde, und keinen außer Gesualdo

---

* Friedrich Nietzsche, »Menschliches, Allzumenschliches«, Band II, 2. Abteilung: »Der Wanderer und sein Schatten« (1880), Nr. 165, Berlin 1967, S. 258.

und Wagner, der von der Chromatik so unverwelkbar Gebrauch gemacht hat. Dem Pianisten sollte der Moll-Komponist Mozart besonders nahestehen, denn er hat die überwiegende Zahl seiner instrumentalen Moll-Kompositionen dem Klavier, also sich selbst – in Solowerken, Konzerten oder Kammermusik – anvertraut. Hier ist nun wieder eine jener Vereinfachungen zu beklagen, die das, was man dem einen Komponisten als eigenste Domäne zugestanden hat, dem anderen nicht zu konzedieren bereit ist. Beethoven wurde zum Großmeister des c-Moll ernannt, Mozart dagegen die g-Moll-Sphäre zugewiesen. Dabei steht die Mehrzahl, nämlich ein Drittel, der Moll-Werke Mozarts in c-Moll. Das Verständnis des Moll-Komponisten Mozart hat hier anzusetzen. Mozart entläßt uns in dieser Tonart ohne Trost. (Nur die Bläserserenade KV 388 schließt in Dur, und es bleibt offen, ob dieses Dur uns tröstet.) Der große, nie übertroffene langsame Satz des »Jeunehomme«-Konzerts KV 271 macht hier den Anfang: Gluck, auf Mozarts Höhe gehoben.

Den Abschluß der pianistischen Moll-Werke bildet das h-Moll-Adagio KV 540: Passionsmusik als Selbstgespräch. Die Auseinandersetzung mit Bach und Händel fließt seit 1782 in Mozarts Musik ein. Vieles in den späteren Werken wäre ohne sie nicht denkbar, gewiß nicht die Bravour des doppelten Kontrapunkts, die Mozart im Allegro der kostbaren F-Dur-Sonate KV 533 den Kennern vorführt – wobei der Spieler wiederum fast die gesamte Dynamik selbst zu bestimmen hat. Mozart zeigt, wie schwierig er sein kann, indem er Polyphones und Opernhaftes, Gelehrsamkeit und Witz, Neues und Altes zusammenbringt. Das »Weder zu leicht noch zu schwer«, dessen Mozart sich seinem Vater gegenüber so gerne rühmt, das »Effektmachen« und zugleich Kennern etwas Bieten läßt sich gerade diesem Werk nicht nachsagen. Es ist bis heute ein Werk für Kenner geblieben. Die kontrapunktische Durchführung seines Andantes stürzt dann unverhofft in einen dissonanten Aufruhr des Inneren, der die Form fast aus den Angeln hebt. In diesem Stück ist kaum mehr Vermittelndes. Wen Mozarts ungetrübte Schönheit irritiert, wie sie Busoni irritiert zu haben scheint, der sollte sich an Hand dieses Andantes, des Beginns des »Dissonanzen-Quartetts«, des Trios im B-Dur-Quartett KV 589 oder der f-Moll-Werke für Orgelwalze KV 594 und 608 klarmachen, wie kühn Mozart die Schönheit zu trüben verstand. In den beiden Sätzen von KV 533 spricht ein Meister, der nicht nur vorweist, was er kann, sondern auch, was er wagt. Daß Mozart nun als dritten Satz ein Rondo (KV 494) folgen läßt, welches er anderthalb Jahre früher komponiert hatte, ist zu Unrecht bedauert worden. Auch die später von Mozart eingeschobenen kadenzartigen 27 Takte, die auf die Faktur der beiden anderen Sätze Bezug nehmen, stellen seine vollendete Grazie nie in Frage. Nichts könnte die vorangegangenen Spannungen besser lösen als diese Leichtigkeit, die nie flach wird; selbst noch in den gleichsam unterirdischen Baßregionen seiner Schlußtakte bleibt sie schwebend. Mozart entläßt uns mit der zart-ironischen Antithese jener Turbulenzen in d-Moll und g-Moll, an denen das Andante fast zerbrochen wäre.

(1991)

Das umgekehrte Erhabene:
Gibt es eigentlich lustige Musik?

I

In seinem lesenswerten Schubert-Aufsatz von 1894 gesteht Antonín Dvořák*, er könne Franz Schuberts Messen nicht zur wahren Kirchenmusik zählen. Allerdings, dies müsse er einräumen, sei die Auffassung dessen, was religiöse Musik sei oder nicht, national und individuell wohl ebenso verschieden wie der Sinn dafür, was komisch sei oder nicht.

Ein Cartoon aus der Tschechoslowakei zeigt einen Pianisten, der auf dem Podium am Flügel sitzt und lacht. Die Ursache seiner Heiterkeit ist vor ihm auf dem Notenpult des Flügels sichtbar: ein Notenheft mit dem Titel »A. Dvořák – Humoresk«. Wie die Zeichnung verrät, bleiben im Publikum alle Gesichter ernst. Der Pianist scheint der einzige zu sein, den Dvořáks »Humoreske« zum Lachen reizt. Aber könnte denn das Publikum überhaupt lachen? Soll oder darf es lachen? (Wir sind doch schließlich in einem Konzert!) Und der Pianist da oben, höre ich jemand fragen, darf *der* etwa lachen?

Warum sind Humoresken nicht komisch? Das Wort Humoreske bezeichnete einmal ein literarisches Genre: ein Stück gutgelaunter, behaglicher (oder, um ein Wort Jean Pauls zu empfehlen, »selbstbehaglicher«) Prosa, das eine Bedrohung durch das Groteske ebenso ausschließt wie satirische Schärfe. Schumanns schöne »Humoreske« unterscheidet sich von späteren Kompositionen dieses Namens noch durch ihren großen Stil; großzügig ist nicht nur ihr Umfang, sondern auch ihr Gefühlsreichtum. Jean Paul nannte Humor eine »glückliche Verbin-

---

* Antonín Dvořák (mit Henry T. Finck), »Franz Schubert«, in: »The Century Illustrated Monthly Magazine«, New York 1894.

dung von Schwärmerei und Witz«. Sollte Schumann in seiner »Humoreske« ähnliches vorgeschwebt sein, so überträgt sich der Witz hier nicht als etwas Komisches, sondern als Sprunghaftigkeit, Laune, Caprice.

Allen jenen, die der Musik die Möglichkeit absprechen, aus eigenen Kräften, nämlich ohne die Assistenz des Wortes oder der Bühne, komisch zu sein, bieten Humoresken von Schumann bis Rachmaninow und Reger willkommenes Beweismaterial. Auch Mozarts oft bemühter »Musikalischer Spaß« wird ihren Standpunkt kaum erschüttern: Ein Katalog kompositorischer Dummheiten wird darin satirisch vor den Hörern ausgebreitet, und die Interpreten dürfen außerdem ein paar greulich falsche Noten spielen. Ich sehe Kompositionsschüler der Mozartzeit vor mir, wie sie mit ihren Rotstiften – falls es damals schon welche gab – eine musikalische Ungehörigkeit nach der anderen abhaken.

Wo wäre aber nun, außerhalb der Sphäre des Liedes oder der Oper, komische Musik zu finden? Natürlich gibt es Stücke mit komischen Titeln. »Ouf! les petits pois« oder »Prélude inoffensif« nennen sich Klavierstücke eines Komponisten, der sich selbst weniger ernst nahm, als dies unter seinen romantischen Kollegen üblich war. Die Musik, die der alternde Rossini zur Unterhaltung seiner Pariser Gäste anfertigte, wirft keinerlei Schatten. Es gibt, in Rossinis »Sünden des Alters«, Stücke, die auch ohne ihre Titel komisch wären, was man von Erik Saties melancholischen Miniaturen wohl kaum behaupten kann.

Die überzeugendste komische Musik ohne jedes Hilfsmittel von außen verdanken wir den Wiener Klassikern und einigen Komponisten unseres Jahrhunderts. György Ligetis »Aventures et Nouvelles aventures« bleiben selbst dann ein unwiderstehliches Lachmittel, wenn die Hervorbringung aller dieser sonderbaren Laute oder Geräusche durch die Sänger oder Spieler nicht vor unseren Augen stattfindet. Man darf dieses Werk zur absoluten Musik zählen, weil es ohne Worte auskommt und der Bühne nicht unbedingt bedarf. Daß es menschliches Benehmen, menschliche Situationen und Reaktionen widerspiegelt, ist musikalisch keineswegs verboten; die

Musik der Vergangenheit hat das immer wieder getan, wenn auch gewiß weniger drastisch.

Gerne hätte ich gewußt, ob das Publikum der Haydnzeit manchmal in Lachen ausbrach. Daß Musik ohne störende Nebengeräusche gespielt und angehört werden sollte, ist eine stillschweigende Übereinkunft des zivilisierten Konzertlebens geworden. (Warum diese Übereinkunft des Stillschweigens eher hustend als lachend durchbrochen wird, müßte erforscht werden.) Es fehlt nicht an Beweisen dafür, daß wenigstens ein Teil der Zeitgenossen Haydns und Beethovens am Komischen der Musik seinen Spaß hatte und es in den Werken der beiden Komponisten mit Vergnügen entdeckte. Ignaz Ferdinand Arnold* beschreibt im Jahre 1810 Haydns komischen Stil mit folgenden Worten:

»Dieses Spiel der leichten Fantasie, die sich alle Kunstmittel unterthan zu machen weis, giebt dem kleinsten Fluge des Genius eine Kekheit und Dreistigkeit, die ... das Feld ästhetischer Kunst bis ins Unendliche erweitert, ohne Schaden oder Furcht zu bewirken ...
Die letzten Allegro oder Rondo ... bestehen im Ganzen mehrentheils aus kurzen, leichen Sätzen, die durch eine oft sehr ernsthafte und fleißige Bearbeitung den höchsten Grad des Komischen gewinnen ... Jeder Schein von Ernsthaftigkeit ist nur da, um uns die Leichtigkeit des angenehmen Tonspiels recht unerwartet zu machen und uns von allen Seiten zu necken, bis wir müde, zu errathen, was kommen wird, und zu begehren, was wir wünschen, und zu fordern, was billig ist, uns auf Diskretion ergeben ...«*

Für den Haydn-Biographen Georg August Griesinger war »eine arglose Schalkheit, oder, was die Britten Humour nennen«, ein »Hauptzug in Haydns Charakter«; »leicht und vorzugsweise« entdeckte er »die komische Seite eines Gegenstandes«**.

---

* »Joseph Haydn. Seine kurze Biographie und ästhetische Darstellung seiner Werke. Bildungsbuch für junge Tonkünstler«, Erfurt 1810, S. 79, 81 f.
** Georg August Griesinger, »Biographische Notizen über Joseph Haydn«, Leipzig 1810, S. 107.

Als Albert Christoph Dies, ein anderer früher Haydn-Biograph, Haydn »über den Punkt der Neckerei in seinen musikalischen Produkten« befragte, erklärte ihm der Meister, es sei dies »ein Charakterzug von ihm, der ehemals von Gesundheitsfülle herrührte... Man wird von einem gewissen Humor ergriffen, der sich nicht bändigen läßt«[*].

Über Beethoven berichtet Friedrich Rochlitz, daß jenem, »ist er einmal in Bewegung gesetzt, derbschlagende Witzworte, possierliche Einfälle, überraschende aufregende Kombinationen und Paradoxien immerfort zuströmen«[**]. Was Rochlitz hier aufzählt, sind Möglichkeiten des Komischen, die uns in Beethovens Musik wiederbegegnen.

II

Die Bedeutung von Humor, Ironie und Witz ist keineswegs eindeutig zu fassen. Es gibt da nicht nur im Wortverständnis erstaunliche Unterschiede und Varianten sprachlicher und nationaler Art. Man kann darüber hinaus bestätigen, daß der Sinn für das Komische, »the sense of humour«, in ähnlichem Maße persönlich geprägt ist wie der Sinn fürs Religiöse. (Jean Paul nennt Humor übrigens, in einer anderen Formulierung, »das umgekehrte Erhabene«.) Wenn ich über komische Musik spreche, kann ich also nur von einer Auswahl von Musikstücken ausgehen, die ich persönlich komisch finde, und mich dabei des Wortes »komisch« bedienen, um eine Qualität zu bezeichnen, die allen diesen Stücken gemeinsam ist. Wie man gewisse Überraschungen und Inkongruenzen rein musikalischer Natur registrieren wird – ob man sie komisch, seltsam, unheimlich oder verstörend findet –, muß vom psychologischen Klima des einzelnen Stückes ebenso abhängen wie von der Seelenlage des einzelnen Hörers.

---

[*] Albert Christoph Dies, »Biographische Nachrichten von Joseph Haydn«, Wien 1810.
[**] Friedrich Rochlitz, »Für Freunde der Tonkunst«, Leipzig 1868, Bd. IV, S. 235.

Ich beginne mit einem Klavierstück von Haydn. Bevor wir den dritten Satz seiner C-Dur-Sonate Hob. XVI:50 im ganzen betrachten, möchte ich eine Fassung präsentieren, in der vier Takte des ersten Teils und 30 Takte des zweiten fehlen. (Die Kürzungen sind im Notenbeispiel mit Hilfe von Klammern eingezeichnet.) Auch diese Fassung ergibt ein in sich abgeschlossenes Stück, allerdings wesentlich anderer Art.

Nun fügen Sie bitte die fehlenden Takte in den Zusammenhang ein. Im Vergleich beider Versionen muß ich schon der kürzeren die Bezeichnung Burleske zugestehen. Zu ihren komischen Merkmalen gehören die sprunghaft-übermütige Vermeidung klassischer Vier- und Achttaktperioden, das lachende und hüpfende *staccato* und ein Wutausbruch in d-Moll, dessen Jähzorn fast augenblicklich verraucht.

Die Komik der kompletten Version allerdings reicht wesentlich weiter. Es sind hier die unerwarteten und gleichsam unerlaubten H-Dur-Akkorde, die dem Hörer zu schaffen machen. Wie sind sie zu »verstehen«? Wie viele Erklärungen gibt es dafür? Und welche der Erklärungen behält am Ende recht?

Beim Hereinplatzen des ersten H-Dur-Akkords sagt sich der Hörer zunächst: aha, ein Fauxpas. Der Versuch, diesen Eindruck zu untermauern, stößt aber bald auf Schwierigkeiten. Was würde ein Spieler tun, der in einem C-Dur-Stück aus Versehen nach H-Dur gerät? Der britische Dirigent Sir Adrian Boult hätte sich vermutlich zum Publikum gewendet, »sorry, my fault« gesagt und von vorne angefangen. Wahrscheinlicher ist, daß der Spieler versuchen wird, sich improvisierend aus der Affäre zu ziehen.

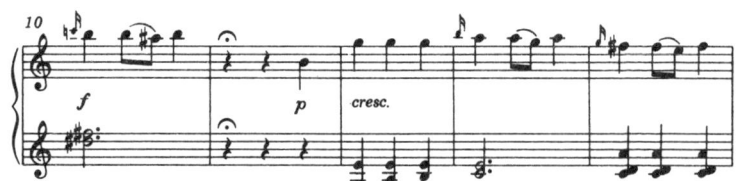

Die Regelwidrigkeit des H-Dur-Akkords würde auf solche Weise »rationalisiert«, Schadenfreude verwandelte sich in Bewunderung für den prompt reagierenden Interpreten.

Der zweitbeste Ausweg des imaginären Spielers wäre, so zu tun, als sei nichts gewesen. Man rutscht auf einer Bananenschale aus, plötzlich sitzt man da. Nach einem Moment der Verblüffung rafft man sich auf und geht mit unschuldiger Miene weiter. Genau dies scheint in Haydns Stück der Fall zu sein. Beim zweiten Hören jedoch mag sich erweisen, daß der »falsche« H-Dur-Akkord nicht völlig unvorbereitet aufgetreten ist: Es gibt da im Takt zuvor einen kleinen nervösen Fremdkörper, die chromatische Nebennote cis, in rein diatonischer Umgebung. Ein c wäre hier von einer Harmlosigkeit, wie sie erst vier Takte später, wenn die gleiche Figur wiederkehrt, angebracht scheint.

Könnte man demnach den H-Dur-Akkord als eine Herausforderung ansehen, die vom Komponisten nicht angenommen wurde? Schließlich hätte Haydn innerhalb der Grenzen musikalischer Wohlanständigkeit bleiben und folgendermaßen weiterkomponieren können:

Wir erfahren mehr über den fragwürdigen Akkord, wenn er in
der Reprise wiederkehrt. Diesmal geht ihm ein kurzer Ausflug
nach c-Moll voraus, der das neapolitanische Des-Dur streift
(Takte 64–70). Das an dieser Stelle vorgeschriebene *ritardando*
unterstreicht, schon beinahe drohend, die Tatsache, daß sich
hier nicht hartnäckig eine Fehlleistung wiederholt. Dazu klingt
der H-Dur-Akkord in der Nähe der neapolitanischen Sext auch
viel zu provozierend. Wiederum findet sich anschließend nicht
das leiseste Anzeichen von Verlegenheit oder Schuldbewußt-
sein. Der Rest des Stückes ist übermütig, und am Schluß lacht
Haydn uns leise aus.

Es ist mir nicht entgangen, daß, jeweils vier Takte verspätet,
die H-Dur-Dissonanz eine Art scherzhafter harmonischer Auflösung erfährt. In der Reprise führt sie gleichsam in den Dominantseptakkord (Takte 69, 73). Psychologisch reichen diese
Auflösungen nicht völlig aus, die Spannung der H-Dur-Akkorde zu beseitigen. Sie tragen zum ironischen Spiel musikalischer
Verwirrungen bei, können aber die musikalische Einsicht nicht
verhindern, daß diese fremden Akkorde Fremdkörper bleiben,
daß sie Verstöße sind, mutwillige Beleidigungen der Ordnung
im Gewand vorgeblicher Unschuld, aggressiver Nonsens. Wir
teilen angesichts des fröhlichen Traumas, das wir durch Haydn
erfahren haben, mit Schopenhauer die Freude daran, »diese
strenge, unermüdliche und lästige Hauslehrerin Vernunft end-

lich einmal von ihrer eigenen Unzulänglichkeit überzeugt zu sehen«.

Beim Versuch, die komischen Züge dieses Musikstücks zusammenzufassen, treffen wir auf eine Reihe von Merkmalen, die, zumindest in den angelsächsischen Ländern, zum gebräuchlichen Vorrat des allgemein Komischen gehören. Es sind dies:

Verstöße gegen das Übliche;
der Anschein von Mehrdeutigkeit;
die Maskierung von Vorgängen oder Umständen als etwas, das sie nicht sind, zum Beispiel naiv und stümperhaft;
verschleierte Beleidigungen;
und schließlich: Nonsens.

Neben diesen Stereotypen des allgemein Komischen sei noch ein spezifisch musikalisches Merkmal erwähnt, nämlich die Suggestion von Gelächter und Gehüpfe, bekannten Begleiterscheinungen der Heiterkeit und des Übermuts, die sich in der Musik als kurzes *staccato*, weite Intervallsprünge und kleine, voneinander getrennte Notengrüppchen zu erkennen geben, so etwa in den Scherzi der A-Dur-Sonaten von Beethoven (op. 2/2) und Schubert (D. 959). Ich nenne sie »Scherzklänge« nach einem späten Bild Wassily Kandinskys, das solche musikalischen Wirkungen mit den Mitteln abstrakter Kunst evoziert. Kurzes *staccato* wird darin durch Keile, Hüpfendes durch Bogenformen sichtbar.

III

Verstöße gegen das Übliche bedürfen eines Ordnungsgefüges, gegen das sie verstoßen, eines Rahmens, aus dem sie fallen. Für komische Zusammenhänge außerhalb der Musik ergibt sich ein solcher Rahmen aus Wörtern und ihrer Bedeutung, aus menschlichen Situationen und Reaktionen und aus einem Denken, das an die Sprache gebunden bleibt; innerhalb der Musik ergibt er sich aus musikalischen Formen (das heißt aus musikalischen Erwartungen, die sich eingebürgert haben) und aus der Schlüssigkeit eines rein musikalischen Denkens. Dieser Rahmen steht auch dem passiven Musikhörer zur Verfügung; die Hör-Erfahrung, die er braucht, um sich seiner zu bedienen, entspricht etwa der sprachlichen Erfahrung, die ein Kind braucht, um einen Witz oder Scherz zu »verstehen«. Freilich gibt es auch Witze für Erwachsene und Fortgeschrittene.

Warum ließen sich gerade in der klassischen Musik komische Wirkungen so überzeugend herstellen? Wohl weil die Klassik mit ihren festen, in sich abgeschlossenen Formen und Formstrukturen ein Vertrauen widerspiegelt – das Vertrauen der Aufklärung in ein rationelles, erklärbares, überschaubares Universum*. Der Geist der klassischen Musik scheint die Zuversicht, die Welt sei gut, oder sie könne es zumindest werden, miteinzuschließen. Für die Romantiker dagegen gab es ein verbindliches Ordnungsgefüge nicht mehr. Man mußte die eigene Ordnung in sich selbst entdecken oder erschaffen. Die offenen und fragmentarischen Strukturen der romantischen Musik erfüllen sich dementsprechend in der »Fantasie«; in ihr erhebt sich das Persönliche und Außerordentliche zur Norm. Wo, wie bei Berlioz, die Überraschung zum Prinzip des Komponierens und Musik zu einer Kette von Fieberträumen wird, hat das Komische kaum mehr eine Chance. Nur im Angriff auf die musikalische Wohlanständigkeit, auf gute und billige musikalische Erwartungen, bewährt sich seine Wirkung.

Kadenzen zu klassischen Konzerten durften und sollten solchen Erwartungen zuwiderlaufen. Womit der Hörer jedoch unweigerlich rechnete, war der Eintritt des abschließenden Trillers auf dem Dominantseptakkord, der in das Tutti des Orchesters und in die Tonika mündete. Beethoven, einer der gewaltigsten musikalischen Architekten, war zugleich der verrückteste Kadenzenschreiber aller Zeiten. Seine Riesenkadenz zum C-Dur-Konzert entzieht den Hörern, und den Orchestermusikern, auch noch die letzte Sicherheit: Der Schlußtriller gelingt einfach nie, wie er sollte. Nach etlichen 100 Takten des Amok-

* »Sinn für Humor entwickelt sich in einer Gesellschaft in dem Maße, als ihre Mitglieder sich bewußt gemacht haben, daß sie singuläre Einzelpersonen sind und zugleich, alle gemeinsam, unabänderlichen Gesetzen untertan.« (W. H. Auden, »Notes on the Comic«, in: »The Dyer's Hand«, London 1963.)

laufs durch diverse Tonarten scheint das Ende der Kadenz erreicht. Die Dominante von C-Dur ist da, ebenso der Triller. Aber warum löst ein *diminuendo* die Spannung? Und wo bleibt der notwendige Septimenakkord? Die Situation scheint dem Komponisten aus der Hand zu gleiten.

Wiederum sind wir in einen Bereich psychologischer Mehrdeutigkeit geraten. Der heroischen Bravour, die den Charakter der Kadenz bisher bestimmt hatte, geht der Atem aus. Zugleich läßt die lyrische Farbe des Trillers auf eine neue, poetische Wendung schließen. Einen Augenblick lang steht die Zeit still. Was hat Beethoven mit uns vor?

Wir sind soeben von einer »höheren Gefühlsebene« herabgeplumpst. Keine lyrische Episode und kein Orchestertutti werden uns beschieden, sondern eine Parodie des dritten Themas in einer Tonart, in die Beethoven nicht einmal ordentlich moduliert hat. Man kann den Hörern ihre Entrüstung nachfühlen. Das vorgebliche G-Dur hält jedoch nicht lange an. Bald beherrscht der Dominantseptakkord, der uns gefehlt hatte, das musikalische Feld. Ein weiterer ironischer Trillerversuch erweist sich als nutzlos, weil der Akkord nun als Dominant-sekundakkord in der falschen Position steht.

Zu guter Letzt wird der wieder auf seine Beine gestellte Akkord in einer Serie entfesselter Tonleitern mit verbissener Tollheit auf uns losgelassen. Da erwartet uns eine beispiellose Über-raschung: Zwischen die beiden Schlußakkorde schiebt sich, schnell, kurz und leise, ein gänzlich überflüssiges Arpeggio. Es lohnt sich, das Ende der Kadenz einmal, im Vergleich, ohne diese Unterbrechung direkt ins Orchester laufen zu lassen, um zu ermessen, was Beethoven dem ernsthaften Musikhörer hier zumutet.

Was hätte uns dieses Arpeggio, wenn es reden könnte, zu sa-gen? »War dies wirklich schon der Schluß?« »Wozu die lächer-liche Aufregung!« »Himmel, wo ist denn der Triller?« »Zwei-mal ging's schon nicht; warum sollte es dann gerade jetzt ge-hen?« Oder auch bloß: »*Dein* Gesicht solltest du sehen!«

IV

Komische Unbotmäßigkeit hat in der klassischen Musik eine rationale und eine irrationale Funktion. Die rationale wird deutlich in dem Satz: »Nichts ist der falschen Großartigkeit, des Guten sowohl wie des Bösen, angemessener als Gelächter.« Er stammt von Frances Hutcheson, einem britischen Philosophen des 18. Jahrhunderts. Nach Schiller muß der Komiker »sich vor dem Pathos hüten und immer den Verstand unterhalten«; gerade durch »beständige Abwehrung der Leidenschaft« zeigt er seine Kunst. In der komischen Musik sind das Erhabene und das Heroische, sind Schwärmerei und Hingerissenheit nur dann am Platz, wenn man sie lächerlich machen kann.

Auf der anderen Seite hatte der Irrationalismus begonnen, die »Gewißheiten« der Vernunft zu unterminieren. Musikalisch macht er sich bemerkbar als eine Verspottung des Wohlerzogenen, Würdigen und Normalen. Wenn der Zweifel des Rationalismus sich gegen allzu große Gefühle richtet, dann jener des Irrationalismus gegen den gesitteten Ablauf musikalischer Formen. Diderot konstatiert eine Verwandtschaft des großen Künstlers mit dem großen Verbrecher – beide mißachten Regeln und Gesetze – und räumt den dunklen Mächten im Menschen ihren Anteil an der Entstehung von Kunstwerken ein. Nirgends kommen diese dunklen Mächte fröhlicher zum Vorschein als in gewissen Finalsätzen Haydns, nirgends beunruhigender als in manchen seiner Stücke in Moll.

Ich muß hier darauf hinweisen, daß die formalen Eigentümlichkeiten einer Komposition nicht hinreichen, sie als komisch zu bestimmen: Form und Psychologie müssen ineinanderwirken. Zwei exzentrische Kennzeichen Haydns, seine plötzlichen Pausen und Fermaten an unerwarteter Stelle und seine beharrlichen Wiederholungen der gleichen Note oder des gleichen leisen Akkords über mehrere Takte hinweg, können im Hörer, je nach dem Charakter des Stücks, sehr verschiedene Reaktionen auslösen. Ein Unterbrechen, Anhalten oder Einfrieren des musikalischen Flusses mag uns erheitern oder beängstigen. Wo sich beides zugleich einstellt oder die Wirkung zwischen beidem oszilliert, spricht man vom Grotesken. (Ligetis »Aventures et Nouvelles aventures« sind groteske Musik, wie denn überhaupt die meisten komischen Werke dieses Jahrhunderts der grotesken Sphäre angehören.) Je nach dem psychologischen Klima des Stücks sind es also die gleichen musikalischen Kunstgriffe, die uns amüsant oder unheimlich, komisch oder makaber anmuten, oder beides zugleich. In der klassischen Musik findet sich meist in klarer Trennung entweder das eine oder das andere. Übrigens läßt, im populären Sprachgebrauch, das deutsche »komisch« und das englische »funny« beide Nuancen zu.

Stücke, die im wesentlichen komisch sind, stehen in Dur. Wenn ich von Opernarien oder Liedern in Moll absehe – ich denke hier an Osmins »Erst geköpft, dann gehangen« aus Mozarts »Entführung« oder an Beethovens »Flohlied« –, fällt mir zunächst nur ein einziges komisches Mollbeispiel ein: die c-Moll-Bagatelle aus Beethovens op. 119. Das Stück scheint mir komisch, weil ein Tanz, der eigentlich in einer Durtonart stehen sollte, dazu herhalten muß, grimmige Entschlossenheit zur Schau zu stellen. Nein, es gibt auch noch ein weiteres Stück, das hier genannt werden darf: den zweiten Satz von Beethovens Sonate op. 110 – doch ist dieser bereits Bestandteil eines größeren Entwurfs, episodischer Kontrast innerhalb eines Werkes, dessen Sätze ohne Pause aufeinanderfolgen. Die Übermittlung komischer Entschlossenheit bleibt im übrigen den Mollepisoden der früheren Rondosätze Beethovens vorbehalten. Ein bekanntes, nicht immer komisch verstandenes Beispiel bietet die a-Moll-Stelle im Finale des C-Dur-Konzerts.

Ich möchte bei dieser Gelegenheit auf einen Bereich komischer Musik hinweisen, der seine Komik aus Übertreibung und Besessenheit, aus Exzeß und fixer Idee bezieht. Musik dieser Art erinnert in ihrem Als-ob-Charakter an Bühnenkomik, an Karikatur und Opera buffa. Es scheint, als wolle der Komponist uns sagen: »Das bin eigentlich gar nicht ich. Ich spiele bloß den Choleriker, den Zerstreuten, den Pedanten, das ungezogene Kind oder die Unschuld vom Lande, um mich und euch zu unterhalten.«

Der Beginn von Beethovens sogenannten »Eroica-Variationen« beschränkt sich auf die Gegenüberstellung stärkster, ja übertriebener Kontraste von laut und leise.

Es wird abwechselnd *pp* geflüstert und *ff* gebrüllt oder auf Zehenspitzen gegangen und aufgestampft. Zur Komik der Situation trägt bei, daß der Baß allein vorgibt, das komplette Thema zu sein, welches sich doch erst nach drei Variationen als Beginn der eigentlichen Variationenreihe zu erkennen gibt; ferner, daß Generalpausen die *ff*-Schläge vom Rest der Musik isolieren; und weiterhin, daß das nachfolgende einzelne ♭ mit der Bezeichnung *piano* wie ein Schauspieler auftritt, der seinen Finger an die Lippen legt und uns bedeutet: »Um Himmels willen, nicht so heftig!« Im Verlauf der Variationen spielt Beethoven mit dem Gegensatz von laut und leise, von sich verändernden und obstinat wiederholten Noten. Manchmal reißen die lauten Tonwiederholungen gleich das ganze Stück an sich, so in Variation 9 als erbostes Grunzen oder in Variation 13 als hysterisches Gekreisch. Variation 7 wartet in ihrem Mittelteil mit fettem Bühnenlachen auf. Das Rondo von Beethovens B-Dur-Konzert beginnt mit eigensinnigen Akzenten auf dem falschen Taktteil und »korrigiert« sie dann witzig vor der Coda.

Auch Tempokontraste können von komischer, ja geradezu theatralischer Wirkung sein: In Variation 21 der Diabelli-Variationen Beethovens reden zwei komische Figuren – eine stürmisch-robuste und eine grämliche – aneinander vorbei. Gegen

Ende von Beethovens G-Dur-Sonate op. 31/1 lösen verschiedene Tempi einander ab, mit Adagios, deren Langsamkeit und Pausen, deren Länge die Hauptmelodie des Satzes bis ins Uferlose zerdehnen, und mit einem Schlußpresto, das die 30 Sekunden wieder einzuholen versucht, die man vorher vertrödelt hat.

Der Pianist, dem es am Ende dieser Sonate nicht gelungen ist, jemandem einen Lacher zu entlocken, sollte Organist werden.

Als eine Schülerin Hans von Bülows einmal versuchte, den gefürchteten dritten Satz von Beethovens »Lebewohl«-Sonate zu bewältigen, unterbrach Bülow sie und rief: »Halt! In der Freude des Wiedersehens reißen sie aus, verwickeln sich in ihre Schleppe, stürzen hin und werfen alle Blumentöpfe im Garten um.«* Ich glaube, daß ein Anflug dieses Gemütszustands manche klassischen Allegro- oder Prestosätze erst wachküßt — doch sollte der Spieler dabei die Kontrolle über die Blumentöpfe seiner Noten nicht verlieren.

Zu den Stücken, die einzig aus der Perspektive komischer Besessenheit zu begreifen sind, gehört der erste Satz von Beethovens Sonate op. 31/1:

* Theodor Pfeiffer, »Studien bei Hans von Bülow«, Berlin 1894, S. 55.

Wäre das Stück nichts als »tönend bewegte Form«, man könnte es ruhigen Gewissens der Vergessenheit preisgeben. Nicht weniger als siebenmal beginnt Beethoven im Verlauf dieses Satzes das gleiche Anfangsthema in der gleichen Tonlage und Grundtonart G-Dur. Wer glaubt, dies sei aus Achtlosigkeit und ohne besondere Absicht geschehen, der hebe die Hand.

Während einer meiner Aufführungen des Stücks im Konzertsaal flüsterte, wie mir hinterbracht wurde, eine Dame der anderen zu: »Er spielt seine Hände nicht zusammen!« Weitere Hinweise darauf, daß Beethoven Komisches im Sinn hatte, finden sich im kurzen *staccato* und in der bizarren Regelmäßigkeit knapper, abgehackter Klangstrecken. Der Charakter des Satzes ergibt sich als eine Mischung aus zwanghafter Entschlossenheit und Zerstreutheit. Wenn das Stück überhaupt vom Fleck kommt, gerät es dorthin, wo es nicht hin will oder hin soll, etwa nach H-Dur statt in die beim Seitenthema übliche Dominante D-Dur, oder (in der Reprise) gar nach E-Dur statt zurück in die Grundtonart. Was Beethoven hier präsentiert, verblüfft und belustigt als Verstoß gegen die harmonischen Erwartungen (während ähnliche Vorgänge in der späteren »Waldstein-Sonate«, wie Donald Francis Tovey bemerkt hat, bereits zum natürlichen Bestandteil erweiterter harmonischer Perspektiven geworden sind). Die Coda zeigt jedem, dem es vorher nicht aufgefallen war, daß Beethoven mit uns seinen Scherz treibt.

Der langsame Satz derselben Sonate trägt die außerordentliche Bezeichnung *Adagio grazioso*. Ich möchte das Anfangsthema erst in einer vereinfachten Version vorstellen, die von mir stammt:

Hier nun Beethovens eigener Text:

48

Beethovens Original klingt, so scheint mir, wie eine von Rossini angefertigte Parodie meiner eigenen liebreizend-humorlosen Fassung. (Rossini war damals übrigens zehn Jahre alt.) Beethovens *Adagio grazioso* balanciert zwischen Grazie und Geziertheit, Nostalgie und Vorahnung, Lyrik und Ironie, Sympathie und Spott. Was verspottet Beethoven? Den Stil seiner eigenen frühen Rondos? Die geläufige Gurgel und das Bühnengehaben einer Primadonna? Die fast groteske Beweglichkeit einer Maria Taglioni oder Fanny Elßler, wie sie uns das Fingerballett von gutgeölten Trillern, *staccato*-Achteln und musikalischen Pirouetten vor Augen führt? Vielleicht ist dieses Adagio das erste neoklassische Musikstück. Es entbehrt nicht der Komik, daß Igor Strawinsky ausgerechnet diese Beethoven-Sonate, angeblich als einzige, nicht mochte.

V

Die Kombination inkongruenter Elemente gilt als ein Merkmal des Witzes. Im Finale von Beethovens Sonate op. 10/2 wird die Gelehrsamkeit der Fugentechnik respektlos »mißbraucht«. Adolf Bernhard Marx verglich den Satz mit »einem Kind, das einen alten Mann am Barte zupft«.

Natürlich wird eine ernsthafte Fugenexposition erst gar nicht angestrebt, und der zwischen Kontrapunkt und Homophonie, Sonate und Rondo, feuriger Energie und Gelächter hin und her gerissene Hörer findet sich verwirrt vor die Frage gestellt, was der Komponist denn eigentlich wollte.

Schon Haydn wurde (von Griesinger) die Fähigkeit nachgesagt, den Hörer »durch leichtfertige Wendungen des anscheinenden Ernstes in den höchsten Grad des Komischen zu necken«. Für Zeitgenossen Carl Philipp Emanuel Bachs wie Christian Gottfried Krause, dessen Buch »Von der musikalischen Poesie« Lessing zu seinen Lesern zählte, mußte Erhabenheit durch eigens dazu bestimmte musikalische Stilmittel ausgedrückt werden. (Zu den erhabenen Regungen, die Krause erwähnt, gehören Großmut, Majestät, Pracht, Erstaunen, Zorn, Wut, Rache und Verzweiflung!) Haydn stellt diese Stilmittel des Erhabenen dem Komischen, also der niedrigsten Kategorie der damaligen Poetik, unerlaubt zur Verfügung. Jene »mescolanza di tutti generi«, die Salieri an Haydns Messen beanstandete, trifft auf dessen komische Musik kaum weniger zu. Der große Erfolg seiner Symphonie »Il distratto«, die nichts weiter ist als die Aneinanderreihung der Stücke einer komischen Schauspielmusik in sechs Sätzen, zeigt, wie fließend die Grenzen zwischen den Gattungen geworden waren, wie bereitwillig das Publikum solche Musik auch ohne die Bühne akzeptierte und wie stark das Bedürfnis der Hörer, zumal in Frankreich, darauf hinzielte, herauszufinden, was Musik »ausdrückt« oder »darstellt«.

Die Einführung des Komischen in Streichquartett, Symphonie und Sonate gehört zu den großen Leistungen Haydns. Carl Friedrich Zelter erklärte seinem Freund Goethe in einem Brief vom 9. März 1814, daß Haydns Kunst in früheren Jahren »getadelt ward, weil sie den bitteren Ernst seiner Vorgänger, J. S. Bach und C. Ph. E. Bach, »gleichsam travestierte«. In ihrer Frühzeit parodierte die Opéra comique den Stil Lullys. Es lag Haydn gewiß fern, mit dem von ihm hochverehrten Carl Philipp Emanuel etwas Ähnliches anzustellen*. Der Hörer wird

---

* Von C. Ph. E. Bach übernahm Haydn nicht nur exemplarische Merkmale

vielmehr auf witzige Art aufgefordert, dem Komischen einen höheren Stellenwert im Leben zuzuweisen. Das Komische soll ernster, zuweilen auch das Ernste komischer genommen werden. Die Bezeichnung »das hohe Komische« war für Haydns Musik wie geschaffen; sogar manche seiner Adagios gehören, dem »Musikalischen Almanach auf das Jahr 1782« zufolge, zum »hohen Komischen«, obwohl bei einem Adagio der Mensch doch »eigentlich weinen sollte«.

Der Beginn des Finales von Beethovens op. 10/2 hat ein »Lachthema«, und Gelächter beherrscht insgesamt den Satz. Daß Musik lachen könne, wird manchmal bestritten, wogegen wohl noch nie jemand daran gezweifelt hat, daß sie seufzen kann. Auf manche von uns wirkt Gelächter ansteckend. Dem Melancholiker mag es unerreichbar sein oder Pein bereiten. Andere finden es vulgär, sehen in der Ernsthaftigkeit ein erstrebenswertes Zeichen der Reife und in allem, was Gelächter erregen könnte, eine Entweihung höherer Zustände. Vom Sockel seines Ernstes herabsteigen hieße den Respekt vor sich selbst verlieren.

Auch Joseph II. fehlte das Verständnis für Haydns »Späße«. Lachen gefährdet den Staat und die Religion: Plato wollte es verbieten. Lachen verträgt sich nicht mit dem Heiligen und dem Absoluten. Andererseits ist Lachen ein Privileg der Götter – als sardonisches Lachen in der »Ilias« und der indischen Mythologie, als »selige Ruhe und Heiterkeit« im »unauslöschlichen Göttergelächter« Hegels.

Umberto Eco, der sich mit der Bedeutung des Lachens in seinem Roman »Der Name der Rose« auseinandersetzt, zitiert Plinius den Jüngeren: »Aliquando praeterea rideo, ioco, ludo, homo sum.« (Manchmal lache ich, scherze ich, spiele, bin

seiner frühen Sonaten (nach Andreas Staier: klare formale Disposition, die Einheit von Gefühlsausdruck und thematischem Material in jedem Satz sowie konsequente motivische Arbeit), sondern auch die Lust an der Überraschung. Wenn C. Ph. E. Bach es innerhalb der »Bizarrerie«, die für seinen Stil charakteristisch werden sollte, jemals versucht hat, komisch zu sein, so konnte dies eigentlich nur fehlschlagen. Wo das Prinzip der Überraschung herrscht, bleibt für den Humor kein Spielraum – wie man später bei Berlioz nachprüfen kann.

Mensch.) Das Lachen der Menschen ist wohl kaum das Lachen der Götter. Wer jemals ein kleines Kind beobachtet hat, das seine Eltern erblickt, ein neues Spielzeug in die Hand nimmt oder sich in ein aufregendes Abenteuer hineinstürzt, ahnt, daß nicht jedes Lachen im Katastrophalen wurzeln oder Überlegenheit ausdrücken muß. Im »Zarathustra« heißt es: »Fand er zum Lachen auf der Erde selber keine Gründe? So suchte er nur schlecht. Ein Kind findet hier noch Gründe.«

Moderne Nachschlagewerke wie »The New Grove« oder »Die Musik in Geschichte und Gegenwart« haben für das Stichwort »Humor« keine Verwendung. Im »Musikalischen Conversations-Lexikon« von Hermann Mendel (Bd. 5, Berlin 1875, S. 330) hingegen gibt es einen schönen Aufsatz über dieses Thema. Darin wird Humor von anderen Erscheinungsformen des Komischen als etwas Umfassenderes unterschieden: als ein »Typus der Welt- und Lebensanschauung«. Für »den Humoristen«, so sagt das Lexikon (und beruft sich damit, ohne ihn zu nennen, auf Jean Paul), gibt es »keine Thoren, sondern nur Thorheit und eine tolle Welt. Darum findet er Welt und Menschen weder lächerlich noch abscheulich, sondern bedauernswerth...« Humor steht so in Beziehung zum tragischen Untergrund des Lebens, über den er sich lachend oder lächelnd erhebt. Am Ende erweisen sich Beethovens Diabelli-Variationen, in diesem Jean Paulschen Sinn, als ein Hauptwerk des musikalischen Humors.

VI

Wie Sie vielleicht bemerkt haben, ist der Name Mozart bisher kaum gefallen. Auf der Suche nach Beispielen in Mozarts Werken wurde mir klar, daß ich zu Unrecht angenommen hatte, Mozarts absolute Musik müsse eine Fundgrube des Komischen sein, weil seine Briefe und seine Opern dies sind und weil er in Gesellschaft so gerne Unsinn trieb. Für Haydn und Beethoven war, bei aller Liebe zum Gesanglichen, sinnliche Schönheit des Klanges nicht das oberste Gebot; sie blieben Instrumentalkomponisten. Die Vorstellungskraft Mozarts oder Schuberts dagegen scheint mir, selbst in ihren Instrumentalwerken, überwiegend vom Vokalen geleitet; bekanntlich schalt Hans Georg Nägeli Mozarts Symphonien als zu opernhaft. Gesang hat mit dem Komischen ebensowenig zu tun wie Sinnlichkeit. Er bewohnt einen Bereich des Schönen, der sich dem Komischen erst unter dem Einfluß des Wortes und der Szene eröffnet. Wo Gesang selbst komisch wird, grenzt er ans Groteske und Parodistische, an Stöhnen, Schreien, Quieken oder Grunzen. Die Musik unserer Zeit hat sich solche Klänge oder Geräusche, die dem Absurden und dem demonstrativ Physischen angemessen sind, dienstbar gemacht.

Zur Schönheit der Mozartschen Kantilene gesellt sich die Schönheit seiner musikalischen Proportionen, die Suggestion völliger formaler Ausgewogenheit. Neben Mozarts wahrhaft klassischer Ordnung erscheint Haydn immer wieder als der kapriziöse Abenteurer: Wo Mozart es fertigbringt, mit dem Erwarteten zu überraschen, glänzt Haydn im Unerwarteten. (Der Paukenschlag im Adagio der Symphonie Nr. 94 ist nur ein Beispiel unter vielen.)

Für Schumann waren Beethoven und Schubert jene Meister, »die jeden Lebenszustand in die Tonsprache« übersetzen konnten. In einer Notiz über »Das Komische in der Musik« meint er seltsamerweise »in einzelnen *Moments musicaux* von Schubert sogar Schneiderrechnungen zu erkennen, die er nicht zu bezahlen imstande, so ein spießbürgerlicher Verdruß schwebt darüber«. Als ein gewisser Joseph Dessauer eines von Schuberts Liedern allzu melancholisch fand, fragte ihn der Komponist angeblich: »Kennen *Sie* eine lustige Musik?« Eduard von Bauernfelds Mitteilung klingt glaubwürdig. Was Schubert auch immer unter dem Lustigen verstanden haben mag, das er in der Musik offenbar nicht fand – seine eigene Musik scheint es kaum gesucht zu haben. Chopin und Liszt bleiben in ihrer Musik vom Komischen so gut wie unberührt. Dagegen ist Schumanns Bedürfnis nach dem Komischen oft genug zu spüren; unter den romantischen Musikern ist er der einzige, der sich den Bemühungen des deutschen romantischen Schrifttums um Humor und Ironie nicht verschlossen hat. Daß es komische

Musik gibt, steht für Schumann außer Zweifel. Allerdings ist Schumanns »Humor« – wo immer man diesem Wort in seinen Kompositionen begegnen mag – meist »guter Humor«: Das Versöhnliche und Gemütvolle steht der Aufsässigkeit im Weg. Auf der anderen Seite vermag sich bei ihm das Skurrile und Bizarre nur schwer vom Depressiven zu lösen. Richard Wagner soll einen bekannten Satz aus Schillers »Wallenstein« ins Gegenteil verkehrt haben: Heiter sei das Leben, ernst die Kunst. Es scheint, als ob der romantische Komponist die Rechtfertigung komischer Texte brauchte, um, in Lied oder Oper, Komisches zu komponieren.

Konzerte sind heutzutage eine ernste Sache. Musik hat, bei den meisten Interpreten und dem überwiegenden Teil des Publikums, nichts zu lachen. Was das Publikum im Interpreten feiern möchte, sind der Held, der Diktator, der Poet, der Magier und der Verführer, oder das hilflose Gefäß einer höheren Eingebung. Der Übermittler komischer Musik hingegen muß demonstrieren können, daß er sich selbst nicht allzu ernst nimmt. Komische Musik muß auch komisch gespielt werden. Sie ist weit abhängiger von der Einsicht des Spielers als ein Nocturne, ein Bravourstück oder ein Trauermarsch. Doch ist es mit der Fähigkeit, etwas komisch zu spielen, noch nicht getan. So wie die Dinge liegen, muß das Komische dem Publikum auch noch sichtbar gemacht werden, damit es überhaupt bemerkt, daß etwas Komisches passiert, und den Mut faßt, es komisch zu finden.

Beim Spielen vergnügt auszusehen will vielen von uns allerdings kaum gelingen. Allzu leicht schlagen sich Konzentration und nervöse Spannung in gequälten oder grimmigen Mienen nieder. Der Anfang eines klassischen Stücks legt dessen Grundcharakter sofort fest; wer zu Beginn der bereits erwähnten C-Dur-Sonate von Haydn so aussieht, als sei er dabei, ein schwieriges Kreuzworträtsel zu lösen, richtet mehr Schaden an als der Spieler, dem es während des Adagios der sogenannten »Mondschein-Sonate« in den Sinn käme, fröhlich zu lächeln. Niemand wird das cis-Moll-Adagio für ein fröhliches Stück halten, während doch der hochkomische Beginn der Haydn-Sonate samt seinen Eselsschreien häufig so herauskommt, als praktizierte gerade jemand die Quadratur des Kreises. Schon vom ersten Ton an müßte hier der Spieler dem Publikum wortlos und diskret zu verstehen geben, daß es sich amüsieren darf.

Als das englische Wort »humour« nach Deutschland drang, übersetzte Lessing es mit »Laune«. Nach Kant bedeutet »*Laune* im guten Verstande... das Talent, sich willkürlich in eine gewisse Gemüthsdisposition versetzen zu können, in der alle Dinge ganz anders als gewöhnlich (sogar umgekehrt) und doch gewissen Vernunftprincipien... gemäß beurtheilt werden«. Was Kant hier sagt, scheint mir den besonderen Fähigkeiten eines komischen Interpreten treffend gerecht zu werden. »Diese Manier gehört indeß«, wie Kant aber noch hinzufügt, »mehr zur angenehmen als schönen Kunst, weil der Gegenstand der letztern immer einige Würde an sich zeigen muß...«[*]
Ich für meinen Teil folge Haydn und Beethoven mit dem größten Vergnügen auch dorthin, wo die Kehrseite des Erhabenen zu ihrem Recht kommt und Respektlosigkeit der Würde ein Gesicht schneidet.

(1984)

---

[*] Immanuel Kant, »Kritik der Urteilskraft« (1790), § 54, Berlin 1908, S. 336.

Das umgekehrte Erhabene:
Beethovens Diabelli-Variationen

I

Bei allem, was sie an Ernst und Lyrik, an Geheimnisvollem und Depressivem, an Sprödigkeit und besessener Virtuosität enthalten, sind Beethovens Diabelli-Variationen ein Kompendium musikalischer Komik. Es wäre ja ein Mißverständnis, wollte man im späten Beethoven ausschließlich den Vermittler weltentrückter Mysterien sehen. Anton Schindler nennt die Variationen mit Recht ein »von ungewöhnlichem Humor sprudelndes Werk« und vermerkt, daß man es ihnen »leichtlich ansieht, in welch rosiger Stimmung sie niedergeschrieben worden«. Wilhelm von Lenz sieht in ihnen eine Satire auf ihr Thema; Beethoven glänze darin »als der geweihteste Hierophant des Humors«.

Komisch ist schon Anton Diabellis Thema (das er 1819 an 50 Komponisten mit der Bitte übersandte, jeweils eine Variation für ein Sammelwerk beizutragen). Es ist komisch, weil seine beiden Hälften so ähnlich sind und weil das Thema versucht, etwas zu sein, was es nicht ist. Sehr walzerhaft ist dieser Walzer nicht. Betrachtet man ihn ohne seine Tempovorschrift *vivace* und seine Vortragszeichen, entdeckt man darin ein verzopftes Menuett. *Mit* den Zeichen hingegen gebärdet sich das Stück etwas zu heftig als moderne Bagatelle. Konrad Wolff, ein Kenner des Werkes, hat sich sogar ernsthaft die Frage gestellt, ob diese »un-Diabellischen« Crescendi und Sforzandi nicht von Beethovens Hand stammen könnten.

Auf diesen Walzer folgt sofort ein Prunk- und Parademarsch. (Daß dies ein späterer Einfall Beethovens war, hat William Kinderman mitgeteilt*. Der Marsch ist eines von zehn Stücken,

---

* William Kinderman, »Beethoven's Diabelli Variations«, Oxford 1987.

die dem Werk 1822, nach der Vollendung der letzten drei Klaviersonaten und der Missa solemnis, hinzugefügt wurden; die Mehrzahl der Variationen hatte Beethoven bereits 1819 komponiert.) Im weiteren Ablauf finden sich mindestens acht Variationen, in denen es lacht oder kichert; andere wenden sich ins Groteske und Diabolische. Daß Diabelli von seinen Klienten »Diabolus in musica« genannt wurde, darf man getrost annehmen.

Von der komischen Ausstrahlung des Themas einmal abgesehen, ist dessen Macht über den Gesamtverlauf der Variationen relativ gering. Das Thema als ganzes regiert in diesem Werk nicht mehr seine ungebärdigen Sprößlinge, eher bestimmen nun die Variationen, was ihnen das Thema Brauchbares zu bieten hat. Diabellis »Walzer« wird von Beethoven kommentiert, kritisiert, verbessert, parodiert, verlacht, ad absurdum geführt, mißachtet, verzaubert, veredelt, beklagt, beweint, zerstampft und schließlich humoristisch verklärt.

Selbst die experimentelleren unter Beethovens Variationenwerken hatten sich bisher an zumindest einem der »klassischen« Merkmale des Themas orientiert: die F-Dur-Variationen op. 34 an der Melodie, die Eroica-Variationen op. 35 am Baß. In den Diabelli-Variationen verfährt Beethoven variabel nach Laune und Bedarf. Manche Variationen bevorzugen ein einziges Motiv; so halten sich Nr. 2, 6, 9, 11, 12 und 25 hauptsächlich an die Verzierungsfigur des Beginns, Nr. 7 und 19 an die Akkordbrechung und Nr. 27 und 28 an das Sequenzmotiv der Takte 9–12. Bei aller neuartigen Freiheit in der Auswahl und Anwendung der Bestandteile sorgt Beethoven stets dafür, daß die Beziehung zum Thema nicht abreißt. Doch bleibt dessen motivische Ausweidung wichtiger als der Einfluß seiner Gesamtgestalt. Beethoven behandelt das Variationenthema gleichsam wie das Anfangsthema einer Sonate. Variationen- und Sonatentechnik reichen sich die Hand.

Ein wichtiges Merkmal des Themas allerdings erscheint mit einiger Konsequenz wieder: Ich spreche von den Verkürzungsvorgängen in beiden Teilen. Freilich werden auch sie variiert und verfeinert. Ohne weiteres modifiziert Beethoven hingegen den Grundriß des Themas und wirkt so der Gleichartigkeit beider Hälften entgegen. Fast ein Drittel der Variationen wird in dieser bisher unerhörten Weise abgewandelt, nicht eingerechnet die Fuge und jene Stücke, in denen Wiederholungen fehlen. Unzufriedenheit mit dem Thema ist gewiß nicht die einzige Ursache solcher Freiheiten. In einem Werk, das die Tonart C-Dur (oder, recht selten, c-Moll) eine knappe Stunde hindurch festhält, muß der Hörer mit neuartigen Mitteln stimuliert werden. Zum ständigen Wechsel der Charaktere tritt so die Variation des Formschemas selbst.

Einzig die Es-Dur-Fuge (Var. 32) sprengt den Rahmen der Grundtonart. Das Stück erinnert an den lapidaren Stil Händels, birgt aber zugleich ein Höchstmaß an aggressiver Spannung. Beethovens besondere Schöpfung als Fugenkomponist ist ja die explosive Fuge, deren scheinbar unbändige Energie das Chaos beschwört. Die Annahme, Beethoven habe verzweifelt mit der Fugenform gerungen, wird zuvor, im spiegelglatten Kontrapunkt der Fughetta (Var. 24), auf das herrlichste widerlegt. In ihrer jenseitigen Reinheit gehört diese Fughetta zu den wenigen Stücken, die in den Diabelli-Variationen das Erhabene repräsentieren. (Wenn Humor, wie Jean Paul meint, als »das umgekehrte Erhabene« zu verstehen ist, erleben wir in den Variationen 14, 20 und 24 gleichsam eine Umkehrung der Umkehrung.)

Drei Variationen in c-Moll (29–31) bereiten den Boden für den Fugenausbruch. Die dritte dieser Elegien verbindet wiederum Altes und Neues: Wir hören eine bachsche Aria, deren Figuration Chopin vorausahnt. Die abschließende Variation huldigt dem Geiste Mozarts; ihr *Tempo di minuetto* entlarvt aus der Distanz, ironisch und liebevoll zugleich, das Anfangsthema. Die »Satire auf ihr Thema« erweist sich als humoristisch im umfassenden Sinne Jean Pauls.

II

Bei der Betrachtung klassischer Variationenwerke versuchen wir unwillkürlich, in den Variationen das Thema zu identifizieren, Übereinstimmung herzustellen. Fast alle Kommentatoren der Diabelli-Variationen haben sich darum bemüht, das Werk mit Hilfe solcher Gemeinsamkeiten im klassischen Kanon zu verankern. Ich möchte das Gegenteil tun und darauf hinweisen, daß die Diabelli-Variationen eine ganze Reihe klassischer Konventionen hinter sich zurücklassen. Obwohl Beethoven in diesem Werk sonst ausschließlich die übliche italienische Terminologie benützt, heißt es im Originaltitel nicht »Variationen«, sondern »Veränderungen«. Die kühnsten dieser Veränderungen sind strukturell. »Einen Umweg einschlagen oder die Taktzahl modifizieren, das sind Risiken, auf welche sich die Meister der klassischen Variationenform kaum jemals einlassen«, sagt Donald Francis Tovey*. Es ist ein Jammer, daß Tovey diese Erkenntnis nicht auf die Diabelli-Variationen angewendet hat – vielmehr fragt er sich, ob Beethoven in zweien oder dreien der Variationen nicht etwa »versehentlich« einen Takt ausgelassen habe.

In der Folge möchte ich jene Variationen anführen, die den Aufbau des Themas verkürzen, erweitern oder in seiner Organisation verändern. Die erste Hälfte von Var. 4 und die zweite von Var. 11 »verlieren« dort einen Takt, wo zwei Phrasen sich kaum merkbar ineinanderschieben. Von komischer Wirkung ist der Überschuß von acht (= zweimal vier) Takten in Var. 21, während Var. 22 das Thema mit Hilfe von Mozarts »Notte e giorno faticar« vom Beginn des »Don Giovanni« parodiert. Ein Bonus von zwei Takten gibt hier Leporello** Gelegenheit, nach C-Dur zurückzufinden, während der Verlust des Schlußtaktes der ersten Hälfte von Var. 25 Inkompetenz vortäuscht.

---

* Donald Francis Tovey, »Beethoven«, London 1944, S. 125, 129; Tovey, »The Forms of Music«, London 1957, S. 244.
** Beethovens Verhältnis zu Diabellis Thema ist mit Leporellos Verhalten Don Giovanni gegenüber verglichen worden: Es sei kritisch und dennoch loyal. Für mich ist in den Diabelli-Variationen eine Grenze klassischen Gehorsams überschritten.

Var. 29 enthält in jeder Hälfte zwei überzählige Takte.

Die Struktur des Themas wird erst wiederhergestellt, wenn wir diese Takte eliminieren – und uns klarmachen, daß zwei Takte des Themas einem Takt dieser, dermaßen verkürzten, Variation entsprechen. In Var. 30 werden lediglich die letzten vier Takte wiederholt. Var. 31 zieht zunächst die ersten acht Takte des Themas in zweien zusammen, gibt aber dann den Metastasen des Schmerzes Gelegenheit zu wuchern: In unregelmäßigen Hälften von sechs beziehungsweise fünf Takten findet sich jeweils ein Schlußtakt, der statt neun Achteln zwölf enthält.

Während manche dieser »Deformationen« leicht der Beobachtung entgehen, machen sich fehlende Wiederholungen um so auffallender bemerkbar. Wo in anderen Variationenwerken Beethovens unregelmäßige Wiederholungen auftreten, bedeuten sie stets Erweiterungen. Sie verdoppeln, was das Thema nur einmal gesagt hatte, ohne daß dies jemals auf Protest gestoßen wäre. In den Diabelli-Variationen hingegen ist es die sporadische Abwesenheit von Wiederholungen, die manche Musiker enttäuscht und erbittert – sie fühlen sich um ihre einfachsten strukturellen Erwartungen geprellt. (So wiederholt Artur Schnabel in seiner berühmten Schallplattenaufnahme eigenmächtig den ersten Teil von Var. 2.) Beethoven gibt hier psychologischen Erwägungen den Vorzug. Er reagiert auf den relativen Mangel an Abwechslung in jenen Stücken, die weitgehend auf eine einzige kurze rhythmische Formel gestützt sind. In den Variationen 2, 11 und 12 fehlt die erste der Wiederholungen; mit dem Verzicht auf beide suggerieren Var. 20 und 29 höchste Konzentration. Var. 30 wiederholt lediglich die vier seufzenden Schlußtakte. Nun gibt es aber andere Variationen, die an beiden Wiederholungen festhalten, obwohl sie ebenfalls auf einer einzigen rhythmischen Kurzformel insistieren. Warum, so hat man gefragt, ist Beethoven dort nicht ähnlich vorgegangen? Weil, so möchte ich antworten, in Var. 1 und 9 solche Insistenz sich komisch ausnimmt: als sei die Darbietung pompöser Muskelkraft von einem Hirn gesteuert, das nur eines denken kann. In Var. 25 muß man das Fehlen des Schlußtaktes zweimal erleben, um es für möglich zu halten. Var. 26 kompensiert die Gleichförmigkeit ihrer Sechzehntelbewegung durch die Weite des Tonumfangs. Und Var. 28 schließlich bietet manische Gymnastik an der Grenze zwischen Zorn und Gelächter.

III

Unter den dynamischen Bezeichnungen des »Walzers« fallen vier *crescendi* von identischer (jeweils zweitaktiger) Länge besonders auf. Sie vor allem geben dem Thema eine groteske Note. Wir empfinden sie – im Sinne Konrad Wolffs – als undiabellisch, doch erweisen sie sich bei näherem Hinhören als nicht minder unbeethovensch. Sie wirken aufgesetzt, bleiben unstrukturell. Überdies sind sie die einzigen charakteristischen Merkmale des Themas, denen Beethoven in seinen Variationen keine Beachtung schenkt, zumindest keine wörtlich-musikalische, denn es scheint immerhin, als reagierte er psychologisch auf sie. Der groteske Zug, den sie (unstrukturell) ins Thema bringen, regt Beethoven in der Folge dazu an, grotesk (und strukturell zugleich) zu komponieren. Wenn die unvermittelte, belustigende oder beunruhigende, Gegenüberstellung disparater Elemente das Groteske kennzeichnet, dann sind die Diabelli-Variationen grotesk zur Genüge. Von Var. 13 an herrscht fast ununterbrochen drastische Abwechslung. Nichts könnte die komische Grundhaltung des Werkes besser charakterisieren als die Tatsache, daß auf die erhabenen Stücke Nr. 14, 20 und 24 sofort possenhafte folgen. Auf der anderen, beängstigenden Seite steht die Plötzlichkeit, mit der nach Var. 28 die depressive Mollsphäre sich des Werkes bemächtigt. Sie erinnert an eine Szene aus Alain Resnais' Film »Letztes Jahr in Marienbad«: Immer heller wird darin ein Interieur des Schlosses ausgeleuchtet, bis das grellweiße Bild jäh in die Dunkelheit des Gartens abstürzt.

Auch für groteske Überraschungen *innerhalb* der Variationen ist gesorgt. Ich möchte hier drei Beispiele erwähnen. Var. 13 konfrontiert Kürzestklänge mit Stille. In Var. 15 springt der Baß unvermutet in die Tiefe (Takt 22), jeden verblüffend, der hier Logik oder Wohlklang erwartet – seit Ignaz Moscheles wird diese Stelle denn auch häufig »korrigiert« und verharmlost. Var. 21 schließlich zerbricht beide Hälften in jeweils zwei verschiedene Taktarten, Tempi und Charaktere.

IV

Eine Grenzüberschreitung anderer Art ereignet sich in der mysteriösen 20. Variation. Die vieldiskutierten rätselhaften Harmonien der Takte 9–12 seien, wie Hans von Bülow versichert hat, »ziemlich leicht zu erklären«.

In Wahrheit erweisen seine und andere Erklärungen meist nur, daß Beethovens Kommentatoren sich einen Beethoven wünschten, der den Rahmen des Erklärbaren nicht sprengt*. Ich sehe nicht ein, weshalb diese Stelle nicht unerklärlich bleiben, »irrational« komponiert sein sollte. Nicht von ungefähr nannte Liszt die Var. 20 »Sphinxe«. Wie die H-Dur-Akkorde in Haydns C-Dur-Finale der Sonate Hob. XVI:50, aber mit denkbar verschiedener Wirkung, setzen sich diese Harmonien über die musikalische Vernunft hinweg. Und wie in Haydns burleskem Rondo verschärfen solche Momente nur, was im Charakter des Stücks schon angelegt ist. Die mysteriöse Haltung von

---

* Wenn es einen logischen Schlüssel zu dieser Harmonienfolge gibt, dann finden wir ihn am ehesten im Motivischen. Jürgen Uhde (»Beethovens Klaviermusik«, Stuttgart 1968, Bd. I, S. 542) spricht von einem »Kristall, das die Motivik erstarrt in sich enthält«.

Var. 20 ist ja durch die engen Stimmführungen ihres gleichsam unterirdischen Chorals und die hypnotische Langsamkeit ihres Schrittes bereits ausgesprochen. Im vorübergehenden Verlust ihrer Orientierung stoßen wir auf letzte Rätsel.

Unter den mehr als 20 kontrastierenden Stücken der Diabelli-Variationen bleibt das Gegensatzpaar 20/21 das extremste. Kinderman sieht in den Variationen 19–21 eine Gruppe von Stücken mit gemeinsamen Merkmalen – kanonischen Führungen und einer »strukturellen Opposition« ihrer Hälften. Dennoch halte ich eine Zäsur zwischen der hypnotischen Versunkenheit von Var. 20 und der Farce von Var. 21 für unerläßlich. In der zeitlichen Abfolge der Diabelli-Variationen steht Var. 20 genau in der Mitte. Lassen wir das innerste Geheimnis der Diabelli-Variationen ausklingen, bevor Var. 21 ein neues, groteskes Kapitel aufschlägt.

V

Wie Tovey sagt, hätte Beethoven aus den erhabenen Themen, die den Variationensätzen seiner Sonaten zugrunde liegen, kein riesiges Variationenwerk entwickeln können. »Diabellis Thema ist so prosaisch wie der hartgesottene Geschäftsmann, der es niedergeschrieben hat, aber es führt direkt zur Sache* ... Es ist ein Thema, das den Komponisten die Freiheit gibt, in jeder nur vorstellbaren Weise erkennbare Variationen zu schaffen.«

---

* » ... but it does mean business ...«

Die Vielfalt das verwendeten Tonmaterials und die Klarheit, mit der Diabelli es präsentiert hat, haben gewiß dazu beigetragen, daß Beethoven das von ihm erbetene Soll so großzügig überschritt. Als Diabelli Beethoven besuchte, um ihn an die versprochene Variation für seinen Sammelband zu erinnern, fragte der Komponist angeblich den Verleger: »Wie viel hat er beisammen? 32, antwortete Diabelli. Nun, so gebe er sie nur heraus, ich schreibe ihm allein 33.«* Innerhalb des Beethovenschen Klavierschaffens haben die Zahlen 32 und 33 ihre besondere Bedeutung. Auf 32 Sonaten folgen, als krönender Beschluß, unsere 33 Variationen, deren letzte sich auf den Adagio-Abgesang der 32. Sonate unmittelbar bezieht**. Vielleicht gibt es für Beethovens Hinwendung zur Zahl 33 noch ein weiteres, spielerisches Motiv. Zwischen den 32 Variationen ohne Opuszahl in c-Moll und den Variationenwerken op. 34 und 35 klafft eine numerische Lücke. Die Diabelli-Variationen füllen sie.

Ohne Zweifel hat Beethoven sich das von Diabelli zur Verfügung gestellte Tonmaterial zur Gänze bewußt gemacht. Als motivische Elemente des »Walzers« sehe ich

1. die auftaktige Verzierung, Wechselnote oder Appoggiatur;

2. das Intervall der Quarte und Quinte;

3. die Ton- bzw. Akkordwiederholungen sowie der Orgelpunkt (meist auf dem Dominantton g);

---

* Mitgeteilt von Wilhelm von Lenz (»Kritischer Katalog sämmtlicher Werke Ludwig van Beethovens mit Analysen derselben«, 4. Teil, Hamburg 1860, S. 138) nach einer Notiz von Karl Holz.
** Siehe Michel Butor, »Dialogue avec 33 variations de Ludwig van Beethoven sur une valse de Diabelli«, Paris 1971, S. 33 ff., sowie Kinderman, a. a. O., S. 118.

4. der gebrochene Akkord (in den Takten 1–4, 5–8 usw., in der rechten und in der linken Hand);

5. der Tanzrhythmus [♩ |♩ ♪ ♩ |♩] nebst seinen Varianten;
6. die Sequenzfigur

7. und die melodische Kurve in den letzten vier Takten beider Hälften.

Neben diesen motivischen gibt es zwei strukturelle Merkmale, die genauer Betrachtung wert sind. Ich meine die *Verkürzungen* in beiden Hälften des Themas sowie dessen *melodische Richtungen*, die in der ersten Hälfte absteigend, am Anfang der zweiten Hälfte aufsteigend in Erscheinung treten. (In Diabellis Thema beginnt die erste Hälfte mit absteigenden Quarten und Quinten, die zweite mit einer aufsteigenden Quinte.)

Während Beethoven das motivische Material des Themas nach Lust und Laune handhabt, bleiben diese beiden Faktoren nahezu konstant; nur vier der Variationen verzichten auf eine melodische oder motivische Richtung im oben erwähnten Sinn, nämlich Var. 12 – in der auch die Verkürzungsvorgänge kaum mehr spürbar sind – sowie 22, 28 und 29. In Var. 18 ergibt sich ein Abstieg der Tonhöhe in der Relation der Takte 1 und 3 beziehungsweise 5 und 7 zueinander, ein Aufstieg in den Takten 17 und 19 beziehungsweise 21 und 23. In Fughetta und Fuge setzt das (Haupt-)Thema jeweils abwechselnd mit einem Quart- und Quintschritt ein.

Die Tonwiederholung (beziehungsweise der Orgelpunkt) auf g, eines der motivischen Elemente des Themas, zeitigt ebenfalls strukturelle Folgen. In den ersten acht Takten beider Hälften (Takte 1–8 in der Oberstimme, 17–24 in der Mittelstimme) gibt sie den Harmonien das Rückgrat: Die Stücke Nr. 1, 10, 15, 16 und 21 machen dies deutlich, während in Var. 12 und 26 der Orgelpunkt als unausgesprochene Möglichkeit im Hintergrund schlummert. Unter den Variationen, die sich vom Orgelpunkt lösen, bewerkstelligt Nr. 8 dies am diskretesten (Takte 5–8), Nr. 9 am demonstrativsten (Takte 17–24). Am komischsten sind Var. 13, mit den »falschen« Anfängen ihrer beiden Hälften, und Var. 22, die nach dem Doppelstrich die Orientierung verliert. In den Mollvariationen 29–31 ist der Aufbau des Themas kaum mehr zu erraten; die Dominante büßt nun immer mehr an Bedeutung ein.

Ein weiteres, folgenreiches Element des Themas ist sein Tanzcharakter. Das Thema, wiewohl kein eindeutiger Walzer, ist tänzerisch; der Anfangsrhythmus des Basses hinterläßt in mindestens 16 der Variationen deutliche Spuren. Manche Variationen sind ihm nur indirekt verpflichtet: In Var. 26 wird die Sechzehntelbewegung durch den Tanzrhythmus heimlich belebt, wie schon Bülow festgestellt hat.

Eine Deutung dieses Dreiachtelstücks in triolischem Zweiachteltakt leuchtet mir nicht ein.

VI

Beethovens komische Variationenwerke entsprießen komischen Themen. Nicht nur die Eroica-Variationen op. 35 und die Variationen über »Kind willst du ruhig schlafen« gehören hierher, sondern auch, die Briten mögen es mir und Beethoven verzeihen, die bizarre Serie über »Rule Britannia«. Nicht alle Variationenwerke bleiben an den Themencharakter gebunden. So zieht die Aria der Bachschen Goldberg-Variationen eine Kette mannigfaltiger Charakterbilder nach sich. Im Gegensatz dazu bleibt, etwa in Mozarts Duport-Variationen oder Liszts Variationen über »Weinen, Klagen, Sorgen, Zagen«, das Thema für das ganze Werk psychologisch bestimmend. Die Diabelli-Variationen sind, obwohl sie auch lyrischen, erhabenen und depressiven Stücken Raum gewähren, in ihrem Gesamtverlauf doch vom Themencharakter geprägt.

An Variationen, die lachen oder hüpfen, herrscht kein Mangel. Wo die Lachsilben ha-ha, he-he und hi-hi mit der Musik in Einklang zu bringen sind, ist musikalisches Gelächter, Gemecker und Gekicher leicht auszumachen. Es gibt aber auch Variationen, die komisch wirken ob ihrer Humorlosigkeit. Der bedeutungsvolle Gestus von Var. 1 und 9 oder die idiosynkratische Verranntheit von Var. 23, 27 und 28 mögen als Beispiele dienen. Im großen Zusammenhang des Werkes möchten solche Stücke nur scheinbar ernst genommen sein.

Ich habe mir das Vergnügen gemacht, Titel zu den Diabelli-Variationen zu erfinden. Neben der Unterhaltung dienen diese Titel auch einem praktischen Zweck. In einem Zyklus kurzer Stücke gilt es, Charaktere mit aller Schärfe zu erfassen und präzise voneinander abzuheben: Ihr Wechsel muß prompt und sicher erfolgen. Nicht immer stützen, wie in Liszts »Années de pèlerinage« oder in einem Liederzyklus, außermusikalische Anhaltspunkte die Orientierung. Wo die Komponisten sich gescheut haben, solche Hilfsmittel beizustellen, wird der Spieler gut daran tun, sich selbst zu helfen und seine eigene verbale Bewußtheit zu mobilisieren. Wer Kontraste, Charaktere, Atmosphären wenigstens andeutend in Worte zu fassen vermag, stärkt damit sein psychologisches Gedächtnis. So haben Anton Rubinstein und Alfred Cortot das Meisterwerk eines Romantikers, der sich gehütet hat, mit poetischen Assoziationen umzugehen, nämlich Frédéric Chopins 24 Präludien, mit nützlichen Titeln versehen.

In einer anregenden Übersicht hat Uhde* die Diabelli-Variationen nach dem Muster von Bartóks »Mikrokosmos« zu erfassen gesucht. Die Mehrzahl seiner Titel begnügt sich mit abstrakt-musikalischer Terminologie (»Invention«, »Imitation«, »Akzente«, »Gelöster Auftakt«); seltener sind bildhafte Vor-

---

* a. a. O., S. 554 f.

stellungen wie »Säulen«, »Kaskaden«, »Schleife«, »Kristall« und »Wirbel«. Zusätzlich ordnet Uhde den Klang jeder einzelnen Variation bestimmten Instrumenten oder Instrumentalgruppen zu.

Auch die vier klassischen Elemente Erde, Feuer, Wasser und Luft könnten, wie mir scheint, beim Orten der Diabelli-Variationen gute Dienste leisten. Var. 1 und 9 sind recht irdisch, Var. 20 unterirdisch. Var. 16/17 und 23 gehören dem Feuer, Var. 12 und 26 dem (sanft fließenden) Wasser. In Var. 2 und 33 ist die Schwerkraft aufgehoben, wir schweben (überirdisch) in der Luft. Manche Variationen vereinen das Unvereinbare, kombinieren Elemente, wie nur die Musik es möglich macht: Var. 6 und 27 verbinden Feuer und Wasser, Var. 13 Erde und Luft. In Var. 10 sind gar Luft, Feuer und Wasser gleichzeitig vorhanden; und die Fuge, die als eine Verquickung von Erde und Feuer begann, überantwortet sich dem Wasser beim Eintritt des dritten Themas.

Assoziative Krücken zu den Diabelli-Variationen sollten eigentlich nicht ohne Humor auskommen. Als ich meine eigenen Titel niederschrieb, hatte ich jene des Kaiserlich Russischen Staatsrats Wilhelm von Lenz aus dem Jahre 1860 – die ersten, die je im Druck erschienen sind – noch nicht entdeckt. Bei Lenz heißt Var. 1 »Der Mastodon und das Thema; eine Fabel«, Var. 7 ereignet sich »Im Tyrol«, und das Wort »Raptus« steht für die Variationen 6, 23, 26 und 27. Hier kommt tatsächlich etwas von Beethovens »rosiger Laune« zum Vorschein. Ich hoffe, daß meine eigenen Titel den Ernst des Werkes relativieren, ohne den Scherz zu weit zu treiben.

Thema	Angeblicher Walzer
Var. 1	Marsch: Gladiator, seine Muskeln vorweisend
2	Schneeflocken
3	Zutrauen und nagender Zweifel
4	Gelehrter Ländler
5	Zahmer Kobold
6	Trillerrhetorik (Demosthenes vor der Brandung)
7	Drehen und Stampfen
8	An Brahms
9	Fleißiger Nußknacker

An Beethoven? In der Coda der letzten Variation spricht Beethoven gleichsam in eigener Sache. Er zitiert, wenn auch nicht wörtlich, sich selbst. Etwas von der Entrückung des Variationensatzes seiner letzten Sonate op. 111, deren Komposition ja bereits vor der Vollendung der Diabelli-Variationen abgeschlossen war, ist hier noch einmal zu spüren. Figurationen und imitierende Lebewohl-Motive weisen von einem Werk zum anderen. Schon die Arietta von op. 111 gehört in den Umkreis der Diabelli-Variationen; sie teilt, als ein weiteres, entfernteres Familienmitglied, mit Diabellis »Walzer« nicht nur die Tonart, sondern auch eine Reihe struktureller und motivischer Züge. Zugleich könnte der Charakter der beiden Themen allerdings kaum verschiedener sein. Die Wirkung seines »Schusterflecks« muß Diabelli tief befriedigt haben.

VII

Wie gliedern sich die zehn Variationen von 1823 in den vier
Jahre früher komponierten Corpus von Stücken ein? Was fügen
sie ihm hinzu? Mit Hilfe von Var. 1 und 2 erhält die »Gruppe
des Aufstiegs« (Uhde) eine breitere Basis, von der aus sich die
ersten zehn Variationen in allmählich zunehmender Geschwindigkeit und Intensität entfalten, unterbrochen lediglich durch
das »brahmssche« Intermezzo von Var. 8. Var. 15 und 25 sind
eingeschoben, um als »Parodien« (Kinderman) das Anfangsthema wieder ins Gedächtnis zu rufen. Die Variationen
23–26 verstärken die von Uhde so genannte »Scherzo-Grup-
pe« (21–28) und bereichern sie durch den extremen Kontrast
der Fughetta (24), die nun wie ein esoterisches »Trio« (Uhde)
in der Gruppe steht. Deren Schlußstück (28) bildet den Höhepunkt konvulsivisch zuckender oder lachender Aufregung, bevor inneres Dunkel uns überfällt. Hier finden wir nun, statt der
einzelnen c-Moll-Variation von 1819 (30), eine erweiterte
c-Moll-Sphäre mit Hilfe der Variationen 29 und 31. Dem immer
virulenter um sich greifenden Schmerz dieser Stücke entspricht
ihre wachsende Ablösung von der Struktur des »Walzers«.
Aber diesen Elegien fällt auch eine formale Aufgabe zu. Ein
großes Variationenwerk entwickelt »den ungeheuren Schwung
von etwas um seine Achse Rotierendem oder sich in einer Um-
laufbahn Bewegendem. Das schwierigste Problem in der Kunst
der Variationentechnik ist, diesem Schwung Einhalt zu gebie-
ten.«* In den Diabelli-Variationen sind die langsamen Mollvariationen der Bremskeil, der das Drängen zum Stillstand
bringt. Die Fuge (Nr. 32) folgt darauf nicht als das Finale, denn
sie steht in der Mediante Es-Dur, sondern als eine Quelle neuer,
unverbrauchter Energien – eine elementare Feuer-und-Wasser-
Probe, aus welcher der »Walzer« neu geboren und zum Menuett geläutert hervorgeht (Nr. 33). Ich will mich aber nicht auf
orphische Mysterien oder freimaurerische Initiationsriten be-
rufen; lieber begnüge ich mich mit einem Satz, der das Ereignis
der Diabelli-Variationen in einer Formel zusammenzufassen

* Tovey, »Beethoven«, a. a. O., S. 125.

scheint: »So findet sich auch, wenn die Erkenntnis gleichsam durch ein Unendliches gegangen ist, die Grazie wieder ein.« Er stammt aus Heinrich von Kleists Schrift »Über das Marionettentheater«. Ob Beethoven ihn gekannt hat?

(1989)

Der Notentext und seine Hüter
Randbemerkungen zu Beethovens Klavierkonzerten

Es gibt zweierlei Interpreten, die ein Weiterschleppen von Fehlern begünstigen. Die einen lesen, von der Druckerschwärze hypnotisiert, Noten so unkritisch, wie man üblicherweise die Zeitung liest: Was dasteht, wird geglaubt. Den anderen ist die Vaterfigur des Komponisten im Grunde zuwider. Was sie sich wünschten, ist eine Art musikalischer Parthenogenese. Hat es den Komponisten je gegeben? Und wenn schon, was geht er uns heute noch an? Wußte er überhaupt, was er tat? Wir wissen es jedenfalls besser.

Daß man in den Klavierkonzerten Beethovens immer noch auf fundamentale Mißverständnisse stößt, verdanken wir neben solchen Musikern der Tatsache, daß eine moderne Urtextausgabe dieser Werke allzulange auf sich warten ließ. Die neue Beethoven-Gesamtausgabe hat nun wenigstens für die Konzerte op. 15, 19 und 37 willkommene, wenn auch nicht ganz makellose, Abhilfe geschaffen. Die Verzögerung einer Neuausgabe hing mit dem merkwürdigen Schicksal des Autographs von Beethovens c-Moll-Konzert zusammen. Es galt nach 1945 als verschollen, tauchte dann viele Jahre später in einer polnischen Bibliothek wieder auf und wurde schließlich an die Deutsche Staatsbibliothek in Berlin zurückgestellt. Dieses Autograph weist die Taktart des ersten Satzes als 4/4 aus statt des weitverbreiteten *alla breve*, was niemanden überraschen wird, der Franz Kullaks immer noch unübertroffenen Klavierauszug von 1881 oder Carl Czernys Schrift »Über den richtigen Vortrag der sämtlichen Beethoven'schen Klavierwerke« in seiner Pianoforte-Schule op. 500 (1842) zu Rate gezogen hat.

Leider steht das *alla-breve*-Zeichen in der alten Gesamtausgabe von Breitkopf & Härtel (1862), deren Partituren und Orchestermaterial der Beethoven-Konzerte immer noch weithin verwendet werden. Es hat seither in die meisten Ausgaben Eingang gefunden; nicht nur in der ohnehin höchst anfechtbaren Taschenpartitur bei Eulenburg ist es wiedergegeben, sondern auch im Beethoven-Verzeichnis von Kinsky/Halm und im Kadenzenband der neuen Gesamtausgabe bei Henle. Sämtliche Originalquellen enthalten ₵.

Warum so viel Aufhebens um einen senkrechten Strich? Gibt das Tempogefühl des Interpreten nicht ohnehin den Ausschlag? Gewiß, doch sollte man, bei aller gebotenen Freiheit, dieses »Gefühl« vor dem Komponisten verantworten können.

Der Unterschied von C und ₵ kann manchmal geradezu Berge versetzen. Er beeinflußt nicht nur die Zählzeit (das Setzen von Schwerpunkten innerhalb des Taktes) und den Charakter, sondern zweifellos auch das Tempo; Beethoven hat in seinen eigenen Metronomisierungen – wie wörtlich man sie auch nehmen möchte – gezeigt, daß zwei verschiedene Tempokategorien gemeint sind. Was ein *alla breve* im c-Moll-Konzert anrichtet, erweist sich schon an den ersten Takten: Den Achtelnoten des Anfangsthemas ist der rhythmische Halt entzogen. Einem Stuhl, der vier Beine braucht, wird zugemutet, auf zweien zu stehen.

Verantwortlich dafür ist wohl Carl Reinecke, der Herausgeber der Klavierkonzerte der alten Gesamtausgabe, der auch den zweiten Satz des Es-Dur-Konzerts mit seinem Rotstift nicht verschonte: Hier ist ihm umgekehrt das authentische ₵ zum C geraten. (Dies war die häufigere Prozedur. Die alte Mozart-Gesamtausgabe hat zahlreiche Sätze der Konzerte Mozarts ebenso »korrigiert«.)

Es ist uns zur lieben Gewohnheit geworden, das *Adagio un poco mosso* des Es-Dur-Konzerts so feierlich wie möglich vorzutragen. Wieder sind es Czerny und Kullak, die auf das *alla breve* hingewiesen haben, Czerny mit dem ausdrücklichen Vermerk: »das Adagio *(alla breve)* darf nicht schleppend gehen«. Immerhin ist Czerny, unter den Augen Beethovens, der Solist der ersten Wiener Aufführung im Jahre 1812 gewesen.

Czernys Anmerkungen zu den Klavierwerken Beethovens sind in deutscher und englischer Sprache greifbar. (Paul Badura-Skoda hat sie neu herausgegeben und kommentiert.) Sie bleiben das Wesentlichste, was zum Vortrag dieser Werke überliefert wurde. Einleuchtend und praktischer Erfahrung entsprungen scheinen mir, zumindest als Annäherungswerte, Czernys Metronomangaben zu den ersten Sätzen der Konzerte op. 15, 19 und 37. Obwohl alle drei Sätze die gleiche Tempobezeichnung *Allegro con brio* tragen, ist jeder von ihnen seiner Individualität gemäß metronomisiert (op. 15 ♩ = 88, richtiger ♩ = 176; op. 19 ♩ = 152; op. 37 ♩ = 144). Über die Gemeinsamkeiten der wachen Aktivität und alerten Gespanntheit hinaus haben sie nämlich Verschiedenes zu sagen. Gerade das scharfe, von jedem *maestoso* wegführende Tempo des C-Dur-Konzerts hat seinen erfrischenden Reiz, wenn man nicht davor zurückscheut, die Durchführung als ein eigenes Stück im Stück zu sehen, als eine andere, verhaltenere, gleichsam romantische Sphäre, aus der das *glissando* vor der Reprise den Hörer drastisch wieder herausholt. Ich kenne keinen Allegrosatz Beethovens, dessen Durchführung ähnlich in Parenthese gesetzt wäre.

In den langsamen Sätzen allerdings sei angesichts mancher recht eiliger Tempovorschläge Czernys an den Rat Hans Schmidt-Isserstedts erinnert: »Spielen Sie flüssig, aber nicht überflüssig.«

Drei Textkorrekturen:

1. Im Adagio des B-Dur-Konzerts muß statt der Zweiunddreißigstelnote der Takte 76 und 79 jeweils eine Sechzehntelnote gelesen werden.

2. Im ersten Satz des c-Moll-Konzerts sind drei Takte der Paukenstimme (Takte 334–336), die in der neuen Gesamtausgabe zum erstenmal bekanntgemacht werden, zu ergänzen.

3. In der Kadenz zum c-Moll-Konzert fehlt zwei Takte vor Beginn des Doppeltrillers in beiden Gesamtausgaben die Baßoktave G₁–G, obwohl sie unübersehbar im Autograph prangt. (Eine Faksimileausgabe aller Beethoven-Kadenzen liegt vor.)

Im G-Dur-Konzert mache ich von einzelnen Änderungen und Korrekturen Beethovens Gebrauch, die Badura-Skoda in der »Österreichischen Musikzeitschrift« vom Oktober 1978 mitgeteilt hat. Beim Es-Dur-Konzert ziehe ich die Klavierstimme der Londoner Ausgabe von Clementi heran, die, wie wir durch Alan Tyson wissen, gleichzeitig mit dem Wiener Erstdruck in den Handel kam.

Daß die Kadenz zum ersten Satz des G-Dur-Konzerts, die ich spiele, tatsächlich von Beethoven stammt, sei allen Zweiflern versichert: Das Autograph ist vorhanden und trägt, als wortspielerischen Hinweis auf ihre pianistischen Tücken, die Überschrift *Cadenza ma senza cadere*. Man hat mir oft vorgeworfen, ich verschwendete meine Zeit mit diesem bizarren Stück, da doch eine lyrischere, dem Satz angemessenere Kadenz vorhanden sei. Tatsächlich stößt die *Cadenza ma senza cadere* ihre Hörer vor den Kopf wie kaum eine andere. Nun ist der Kadenzenschreiber Beethoven aber gerne bizarr. In der Mehrzahl seiner Kadenzen verwandelt sich der Architekt in einen genialischen Anarchisten; fast alle klassischen Ordnungsprinzipien bleiben dabei auf der Strecke, wie ein Vergleich mit den Kadenzen Mozarts, aber auch mit jenen späterer Komponisten erweist – sofern man nicht gerade an die Kadenzen Artur Schnabels zum c-Moll-Konzert von Mozart denken will, die den Wiedereintritt des Orchesters kaum mehr motivieren. Es macht Beethoven nichts aus, Stil und Charakter des Satzes aggressiv aufzubrechen, und die kühnsten harmonischen Umwege sind ihm gerade recht. Seine große Kadenz zum C-Dur-Konzert weist in ihrem Klavierstil schon voraus auf Liszt.

Beethovens humoristische Warnung *ma senza cadere* erinnert an seine sporadisch auftretende Neigung, bravouröse Anforderungen bis an die Grenze des Möglichen zu treiben. In einzelnen Fällen wird diese Grenze sogar, eher boshaft als versehentlich, überschritten. So sind die brillanten Oktaventriolen im ersten Satz der Sonate op. 2/2 (Takte 84 usw.) mit einem absurden Fingersatz versehen, der in jedem langsamen Tempo unpraktisch wäre, im vorgeschriebenen *Allegro vivace* aber vollends unspielbar wird. (Selbst ein so orthodoxer, der Originalnotation verpflichteter Sachwalter Beethovens wie Heinrich

Schenker empfahl hier den Gebrauch beider Hände.) Ein anderer Fall, da Beethoven mit den Spielern (und dem Verleger) seinen Scherz zu treiben scheint, ist seine Version der »Großen Fuge« zu vier Händen, in der dem rechten Pianisten die beiden Geigen, dem linken Bratsche und Cello wörtlich und ohne Rücksicht auf Stimmenkreuzungen oder blaue Flecken zugemutet sind.

Außerdem gibt es da noch im ersten Satz des C-Dur-Konzerts die bekannte Oktavenpassage direkt vor dem Eintritt der Reprise. Was Beethoven hier hingeschrieben hat, ist in zweifacher Hinsicht verwirrend: *fortissimo*-Oktaven in Sechzehnteln für die rechte Hand, aber auch den Baßton g für die linke. Dieser Ton trägt die Bezeichnung *forte*, die ebenfalls einsetzenden Streicher dagegen haben *pianissimo*. Der Herausgeber der Bärenreiter-Partitur wünscht sich hier, in seinem kritischen Bericht, einen »möglichst gebundenen Einzelanschlag« der rechten Hand, damit der Baßton nicht verlorengehe. Ich hörte einmal eine kuriose Aufführung, deren Dirigent mir heute noch leid tut; der berühmte Solist hatte ihn zu einem *Allegro moderato maestoso* als Grundtempo des ganzen Satzes gezwungen, um die Oktaven in der oben empfohlenen Weise unterzubringen. Dies entsprach zwar der Maxime, man solle jede Note so spielen, wie der Komponist sie notiert hat – einer Maxime, der ich nur mit größeren Vorbehalten zustimme –, schadete aber dem Satzcharakter ganz außerordentlich. Überdies gehörten sehr schnelle Oktaven wohl zu Schuberts und Webers, kaum aber zu Beethovens technischer Ausrüstung, es sei denn, es handelte sich um *glissando*-Oktaven. Sie sind mit *legato*-Bögen versehen wie die hier diskutierte Passage oder die Oktavenskalen in der Stretta der Waldstein-Sonate, beide von Czerny als »geschliffene« Oktaven erwähnt.

Was erfordert die Stelle musikalisch? Wir stehen auf einem traumverlorenen Orgelpunkt der Hörner, in den sich Akkorde im Pedalnebel schieben. Der Eintritt der Oktavenpassage befördert uns brüsk in den hellwachen, witzigen Charakter des Anfangs zurück. Das *pp* des Streichereinsatzes scheint darauf hinzudeuten, daß Beethoven ein *ff* zunächst erst zwei Takte später geplant hatte. Vergaß er bei der (nachfolgenden?) Niederschrift der Klavierpassage, das dynamische Zeichen zu korrigieren*? Als Resultat einer solchen Korrektur würde der Baßton des Pianisten überflüssig. Die überzeugendste, wenn auch freieste Lösung scheint mir jene Edwin Fischers: Er setzte die Passage eine Oktave höher an und spielte von dort aus ein schwungvolles, erst nach der Baßnote beginnendes Doppelglissando. Diese Ausführung ignoriert zwar den Umfang des Beethovenschen Instruments ebenso wie den notierten Sechzehntelrhythmus. Dennoch entspricht sie am genauesten der psychologischen Situation. Zudem schlägt sie eine pianistische Brücke zum Bravourstil der (später komponierten) großen Kadenz. Es hat Pianisten gegeben, die dem C-Dur-Konzert insgesamt ferngeblieben sind, weil die Notation dieser Takte sie vor ein unlösbares Dilemma stellte. Vielleicht hätte es Beethoven Spaß gemacht, Interpreten ratlos zu sehen, die der Unfehlbarkeit des Komponisten blind vertrauen.

(*1983*)

---

* Leider widerlegt das Autograph diese Vermutung; Beethoven hat zuerst den Oktavenlauf notiert.

Schuberts letzte Sonaten

I

Mit Schubert starben ungeheure Möglichkeiten, wenn auch kaum, wie Grillparzers Grabschrift es ausdrückt, »viel schönere Hoffnungen«. Schuberts letzte drei Sonaten sind, soweit wir wissen, in der kurzen Zeit zwischen Mai und September 1828 entstanden. Ins reine geschrieben hat er sie wenige Wochen vor dem Ausbruch seiner Krankheit, der er dann im November erlag. Vielleicht hat dieser Bauchtyphus nur den letzten, tödlichen Anstoß gegeben; Schuberts durch Syphilis, aber auch durch eine in diesem Jahr geradezu rauschhafte Produktivität geschwächter Organismus war ihm jedenfalls nicht gewachsen. Keineswegs erscheint mir dieser Tod jedoch als etwas Vorausgeahntes oder gar bewußt Herbeigeführtes. Ebensowenig sind die letzten drei Sonaten als eine abschließende Botschaft zu verstehen.

Der Stil des Jahres 1828 ist kein »Altersstil«, wie ich ihn, trotz aller Einwände Wolfgang Hildesheimers, beim späten Mozart wahrnehme. Eine neue, feierliche, zart-hymnische Note läßt sich in den ersten beiden Sätzen von Schuberts B-Dur-Sonate oder im Adagio seiner c-Moll-Sonate freilich konstatieren; sie erscheint weniger erstaunlich, wenn wir an die Es-Dur-Messe des gleichen Zeitabschnitts denken, ein zuwenig bekanntes Hauptwerk, das auf die Instrumentalkompositionen dieser Periode ausgestrahlt hat, während es selbst vom Expressionismus der Heine-Lieder nicht unberührt blieb. Plagale Harmonien – die Schlüsse des Gloria und »Et incarnatus est« – sind nicht nur in manche Satzschlüsse der Sonaten eingegangen, sie bestimmen auch das Anfangsthema der A-Dur-Sonate, das im ersten Entwurf noch ohne die energischen Sprünge der linken Hand wie ein reiner Chorsatz dasteht.

Tatsächlich liegen plagale Fortschreitungen noch vielen anderen Themen der letzten drei Sonaten zugrunde.

Auch der Beginn der B-Dur-Sonate gehört dieser »sakralen« Sphäre an. Ein Vergleich mit Mozarts spätem Klavierkonzert KV 595, ebenfalls in B-Dur, erweist dies mit großer Klarheit: Wo Mozart in eine zweite Kindheit führt, höre ich bei Schubert feierliche Versenkung. Dennoch reichen beide Werke in der ruhigen Zuständlichkeit ihrer Haltung, in ihrer Sanglichkeit und schwebenden Melancholie einander die Hand.

Daß ein B-Dur-Thema in die entfernte musikalische Perspektive von h-Moll gerückt wird wie am Beginn der Durchführung von Mozarts KV 595, könnte geradezu ein Einfall Schuberts sein, der chromatische Nachbartonarten liebte. Schubert selbst gelingt im ersten Satz der B-Dur-Sonate eine unvergeßliche harmonische Projektion ganz anderer Art: Er zitiert, *pianississimo*, kurz vor dem Ende der Durchführung, das Hauptthema in der Grundtonart B-Dur − und doch erleben wir es, als der d-Moll-Sphäre angehörend, wie aus äußerster Distanz (Takte 193−199). Wenn das Anfangsthema wenige Zeilen später in seiner Grundgestalt wiederkehrt, haben wir unseren Standpunkt völlig verändert − das Thema ist uns in seiner hymnischen Zartheit nun in einer Weise nahe, daß man sagen könnte, wir spürten es in uns.

II

Das Verständnis dieses Themas wird für das Verständnis des Satzes entscheidend sein. Ich sehe den Triller darin weniger als »störenden Fremdkörper« (wie Dieter Schnebel) oder als »Movens« im Gegensatz zum »Quietiv« der ruhig schwebenden

Melodie (wie August Halm), sondern vielmehr als die Öffnung einer dritten Dimension, in die wir ahnungsvoll hineinhorchen.

Die Fermatenpause gibt dem Klang Gelegenheit, sozusagen im Unendlichen zu verhallen. Nicht Kontinuität wird hier unterbrochen, sondern, wie im Paukenwirbel des Sanctus von Schuberts Es-Dur-Messe, Beziehung zwischen Musik und Stille hergestellt. Schuberts erste Skizze, die fast nur die Melodiestimme aufzeichnet, enthält bereits diesen Triller; sie enthält aber auch schon die beiden Noten g–f im vierten Takt, auf die sich der Triller bezieht.

Der Triller ges—f ist, so könnte man sagen, ein nachgedunkelter Reflex dieses Vorhalts. Die große und kleine Sekunde und ihre Kombination im Durchgang von drei Noten (g—ges—f) bleiben ja in der B-Dur-Sonate bedeutsam genug. Im Baß beherrschen f und ges (fis) einen großen Teil der Exposition. Das Anfangsthema erscheint (in einer Variante) sofort in Ges-Dur wieder (Takt 20): Es ist, als zöge über eine Entfernung von elf Takten hinweg die Nachwirkung des ersten Trillers den zweiten in die Tiefe. Später steht der erste Seitensatz in fis-Moll. Eine Quinte höher, also in cis, beginnt die Durchführung. In der gleichen Tonart steht auch der zweite Satz. Cis und fis melden sich wieder deutlich im Scherzo, diesmal als Des- und Ges-Dur. Das Finale beginnt auf der großen Sexte g, die während des ganzen Rondos in der Art eines *fp*-Hörnerakzents forciert wird. Das ges ist hier nur mehr als Durchgangsnote zwischen g und f zu bemerken, allerdings nicht in der Art eines ermatteten Absinkens, sondern eher wie ein Seufzer komischer Erleichterung. An einer der schönsten Stellen, im Epilog vor der abschließenden Stretta, tritt der Durchgang als ernsthafte Frage auf. In den folgenden Takten zarter Hingerissenheit spüren wir, daß die Trübung des ges, das »Dolens« der kleinen Sext, endgültig überwunden ist.

Presto

Die Presto-Coda ergibt sich ganz der Freude über diesen Sachverhalt. Insgesamt finde ich in diesem Satz viel weniger »seufzende Ermüdung« (Schnebel) als spielerische Kraft. Auch darin erinnert er an die letzte Komposition Beethovens, jenes nachkomponierte Rondofinale zum B-Dur-Quartett op. 130, welches die »Große Fuge« als Schlußsatz abgelöst hat.

III

Meines Wissens waren Artur Schnabel und Eduard Erdmann die ersten Pianisten, die Schuberts letzte drei Sonaten an einem Abend zu spielen wagten. Nach einer meiner Aufführungen desselben anspruchsvollen Programms las ich in einer Zeitung, ich hätte diese Werke wohl doch in jener Stadt »erfahren«, die auch Schubert geprägt hatte, selbst wenn ich mich, als ein von Wien Abtrünniger, dagegen sträubte, dies einzugestehen. Eine Erklärung, was denn an Schuberts Sonaten, an der »Winterreise«, an den Heine-Liedern, der Es-Dur-Messe oder dem Streichquintett heute noch erfahrbar wienerisch sei, blieb das Blatt seinen Lesern schuldig.

Schubert ist nie der musikalische Mundartdichter gewesen, für den ihn selbst ein Busoni gehalten hat. Eher holte er sich seine Anregungen jenseits der engeren Stadtgrenzen. Wir hören Ungarisches im Finale der B-Dur-Sonate, Böhmisches (Polka und Sousedská) im dritten der nachgelassenen Klavierstücke oder gar Spanisches im makabren Finale der c-Moll-Sonate, das ja tatsächlich mit dem ebenfalls 1828 verstorbenen Goya viel und mit Kupelwieser oder Schwind überhaupt nichts zu schaffen hat.

Was ist ein »Wiener Komponist?« (Die Zeitung nannte als weitere Namen Gustav Mahler und Alban Berg.) Ist das jemand, den die Wiener es büßen lassen, daß er nicht so komponiert hat wie Johann Strauß? Einer, dessen ungemütliche Musik den Wienern erst mühsam und mit Verspätung eingeflößt werden muß? Das Wien Metternichs beschreibt Schubert (1827) folgendermaßen: »'s ist freilich ein wenig groß, dafür ist es aber leer an Herzlichkeit, Offenheit, an wirklichen Gedanken, an vernünftigen Worten, und besonders an geistreichen Taten«. Man sieht, Schubert gehört in die illustre Reihe der Wiener, die an ihrer Stadt litten und leiden. Selbst heute kann man vielleicht nur in Wien lernen, wie ein Strauß-Walzer zu tanzen beginnt. Aber wann gab es denn eine Wiener Schubert-Tradition? Wer hätte denn, den Norddeutschen Brahms und das Hellmesberger-Quartett ausgenommen, im Wien des 19. Jahrhunderts Schuberts Instrumentalmusik gefördert? (Die Schubert-Enthusiasten Schumann, Mendelssohn, Liszt, Anton Rubinstein, Dvořák oder George Grove waren in Wien höchstens zu Gast.) Wie viele der großen Schubertsänger oder -dirigenten stammten denn schon aus Schuberts Heimat? Wo blieben denn, bis in die Jahre nach 1945, die namhaften Wiener Pianisten, die sich für Schuberts Sonaten eingesetzt hätten? Für einen Sauer, Rosenthal oder Godowsky hatten diese Werke keinerlei Bedeutung. Der Anstoß zu ihrer Entdeckung ging vom Berlin der zwanziger Jahre aus: von Schnabel und Erdmann. Gewiß, Schnabel hatte in Wien studiert, und sein Lehrer Theodor Leschetizky hatte ihn auf Schuberts ungespielte Sonaten hingewiesen; wie man sie spielen soll, hat er ihm schwerlich mitgeteilt*. Es ist bezeichnend, daß Wien von Schnabels enormem pädagogischen Einfluß unberührt geblieben ist.

Im heutigen Wien ist über Schubert nicht mehr zu erfahren als anderswo. Zwar hat sich das Stadtbild, vom Belvedere aus gesehen, nur unwesentlich verändert. Aber haust man heute noch, wie Schuberts Vater mit seiner Familie, in einer Einzimmerwohnung und bringt seine Kinder in einem Alkoven zur

---

* Auf Schnabels Schallplatte der D-Dur-Sonate D. 850 scheint mir das Wienerische im Scherzo allzu dick aufgetragen.

Welt, der als Küche diente? Spielen Erwachsene noch Blindekuh? Reicht man seine Manuskripte beim Zensor ein? Regiert die Geheimpolizei? Ist jene Volks- und Vorstadtmusik, von der Schubert sich beeindrucken ließ, noch lebendiger Teil einer musikalischen Gegenwart oder bloß ein schönes Relikt aus »besseren Zeiten«? Das Wort »Wien bleibt Wien« scheint eine böse Erfindung der Wiener zu sein.

IV

Schuberts letzte drei Sonaten sind erst elf Jahre nach seinem Tod gedruckt worden. Johann Nepomuk Hummel, der Schüler Mozarts und führende Klavierkünstler, dem Schubert sie zugedacht hatte, war verstorben; so ging die Widmung an Robert Schumann, der sich in der »Neuen Zeitschrift für Musik« mit romantischer Emphase für Schuberts Es-Dur-Trio, sein d-Moll-Quartett und die Klaviersonaten in a-Moll D. 845, D-Dur und G-Dur eingesetzt hatte. Leider reagierte er auf die späten Sonaten keineswegs ebenso hingerissen. Er beanstandet an ihnen »eine viel größere Einfalt der Erfindung« und die »Ausspinnung von gewissen allgemeinen musikalischen Gedanken, anstatt er sonst Periode auf Periode neue Fäden knüpft«. Wenn Schumann damit sagen wollte, daß in diesen Werken eine größere Konzentration des musikalischen Materials und seiner Verarbeitung waltet, wenn also das Wort »Einfalt« als Einheit zu verstehen wäre, dann könnte man ihm recht geben – und, anders als Schumann, den Gewinn solcher Einheit bewundern. Allerdings spricht er auch von einem »freiwilligen Resignieren auf glänzende Neuheit, wo er sich sonst so hohe Ansprüche stellt... Als könne es gar kein Ende haben, nie verlegen um die Folge, immer musikalisch und gesangreich, rieselt es von Seite zu Seite weiter, hier und da durch einzelne heftigere Regungen unterbrochen, die sich aber schnell wieder beruhigen.«

Man kann nur hoffen, daß Schumann seine Äußerungen später bereut hat. Daß es in Schuberts Sonaten immer weiterrieselt, möchte ich mir auch von ihm nicht sagen lassen*. Die »einzelnen heftigeren Regungen« sind nicht selten weitgespannte dramatische Durchführungen, wenn nicht gar, wie in der c-Moll-Sonate, die Heftigkeit ganzer Sätze. Das »freiwillige Resignieren auf glänzende Neuheit« wird schon allein durch den Mittelteil des Andantinos in der A-Dur-Sonate auf die drastischste Weise widerlegt. Selbst heute noch gehört dieser Aufschrei des Irrationalen zum Kühnsten und Erschreckendsten, was die Musik hervorgebracht hat.

V

»Als könne es gar kein Ende haben« – Schuberts »Längen«, die Schumann an Hand der C-Dur-Symphonie zwei Jahre später »himmlisch« erschienen, galten lange Zeit als Schuberts größte Schwäche. Selbst Mendelssohn hatte in Leipzig die C-Dur-Symphonie nicht ohne Kürzungen uraufgeführt, und noch zu Beginn dieses Jahrhunderts empfahl der Pianist Harold Bauer in der B-Dur-Sonate einige Striche. Inzwischen hat die Gewöhnung an die Dimensionen Bruckners und Mahlers den Überblick über weite musikalische Räume geschärft. Ein Wandel

---

* Dem Kritiker und Propagandisten Schumann, der seine deutschen Leser mit Berlioz, Schubert, Chopin und Brahms bekannt gemacht hat, gebührt unsere Bewunderung. Im einzelnen wird man ihn jedoch vorsichtiger zitieren müssen; gerade im Zusammenhang mit Schubert geistern ein paar unbedachte Sätze Schumanns auch weiterhin durch die Literatur. Daß etwa die ersten beiden Impromptus aus op. 142 (D. 935) nicht in Wahrheit der Beginn einer Sonate sein könnten, wie Schumann wollte, ergibt sich aus der jedem Sonatenhauptsatz widersprechenden Zweiteiligkeit des ersten Stücks nicht weniger als aus Form und Charakter des zweiten. Beide Stücke sind, ganz im Gegenteil, Prototypen des Schubertschen Impromptus, das erste als freie Fantasieform, die in kein geläufiges Schema paßt (D. 899/1 und 3, D. 935/1 und 2), das zweite als ABA-Form mit wörtlicher Reprise, jedoch ohne Charakterzüge eines Menuetts oder Scherzos (D. 899/2 und 4, D. 935/2). Noch unhaltbarer ist Alfred Einsteins Überzeugung, man hätte es beim zweiten Heft der Impromptus insgesamt mit einer Sonate zu tun; schon die Aufeinanderfolge von As-Dur und B-Dur als Tonarten der beiden Mittelstücke widerspricht einer solchen Annahme. Es wäre kaum der Mühe wert, auf derlei Behauptungen einzugehen, fände man sie nicht immer wieder in Büchern und Programmheften angeführt.

des musischen, nicht nur des musikalischen Appetits hat stattgefunden. Zur Zeit der Niederschrift dieses Textes, in den späten achtziger Jahren, genießen das »Marathon«, das nicht enden wollende Konzert, der in Zeitlupe geflüsterte sechsstündige Shakespeare, das Mammutunternehmen vielteiliger Fernsehfilme kritische Wertschätzung. In der Malerei sind es die Riesenleinwände der sogenannten »Neuen Wilden«. Maßlosigkeit ist gefragt. Nicht zusammenhalten soll ein Werk oder eine Darbietung, sondern aufbrechen, ausufern, in- und auseinanderlaufen. (Dagegen ist der Roman, der einmal die Totalität des Lebens, die Welt insgesamt zu repräsentieren vermochte, ins Private und Fragmentarische geschrumpft.)

Wo Schuberts Musik ehedem zu lang war, kann sie neuerdings nicht lang genug sein. Spielten einige ältere Pianisten den ersten Satz der B-Dur-Sonate in fast nervösem *alla breve*, also in Halben, so hört man ihn heute im Extremfall sozusagen in Achteln, als eine Art Trauerkondukt – und dazu mit wiederholter Exposition, die den Satz in diesem Tempo länger macht als die übrigen Sätze zusammengenommen.

Dem vorgeschriebenen Zeitmaß *Molto moderato* entspricht wohl keines von beiden. Moderato oder Mäßig, eine von Schubert bevorzugte Tempobezeichnung, ist meist als ruhiges Fließen, also als ein gemessenes Allegro, zu verstehen; Molto moderato würde sich einem keineswegs schleppenden Allegretto nähern. Daß Schubert hier oder im ersten seiner Impromptus das Wort Allegretto vermeidet, mag seinen Grund darin haben, daß Allegretto, wie Largo oder Grave, nicht nur ein Zeitmaß meint, sondern auch einen bestimmten Charakter. Schon der harmlos-freundliche Klang dieses Wortes deutet auf Tänzeln oder Schlendern hin. Übrigens bezeichnen Schuberts Tempovorschriften zu den ersten Sätzen seiner Sonaten ihr Anfangs- und nicht notwendigerweise ein Grundtempo.

Zur Frage der Wiederholungen bei Schubert sei aus einem Aufsatz von Antonín Dvořák (1894) zitiert, der nicht nur zum Herzlichsten und Klügsten gehört, was bis heute über Schubert gesagt wurde, sondern auch in manchen kritischen Einsichten seiner Zeit vorauseilt. (Dafür blieb er im Schubert-Schrifttum so gut wie unerwähnt.) Im Hinblick auf Schuberts Symphonien sagt Dvořák, Schubert wisse gelegentlich nicht, wann er aufhören solle; »dennoch sind sie keineswegs zu lang, wenn man die Wiederholungen wegläßt, ein Verfahren, das sich jetzt allgemein eingebürgert hat und mit dem ich völlig einverstanden bin«. Dvořák liebte Schubert und kannte die Klassiker. Sorg- oder Ahnungslosigkeit in formalen Dingen wird man ihm ebensowenig vorwerfen dürfen wie Brahms, von dem Edwin Fischer folgendes mitgeteilt hat: »Wie Komponisten über die Wiederholungen selbst manchmal denken, erhellt aus einer Bemerkung von Johannes Brahms gegenüber einem jungen Musiker, der sich wunderte, daß bei einer von Brahms dirigierten Aufführung die Exposition des ersten Satzes der zweiten Symphonie nicht wiederholt wurde. ›Früher‹, antwortete ihm Brahms, ›als das Stück den Hörern neu war, war die Wiederholung notwendig; heute ist das Werk so bekannt, daß ich ohne Repetition weitergehen kann.‹«

Ich will gewiß weder Schubert »verbessern« noch für das Weglassen sämtlicher Wiederholungen plädieren. Was Dvořák meint (Schubert sei nicht zu lang, vorausgesetzt, man mache ihn nicht länger als nötig), scheint mir den Expositionen einiger Sonatensätze besonders angemessen. Wiederholungszeichen sind, das kann man heute nicht energisch genug betonen, durchaus nicht immer Befehle. Statt sie automatisch auszuführen, als wäre der zu wiederholende Teil vom Komponisten ausgeschrieben, sollte man sich zunächst eine Reihe von Fragen vorlegen:

Ist innerhalb des Satzes oder Werkes die jeweilige Wiederholung notwendig, wünschenswert, möglich, fraglich oder schädlich?
Sind Wiederholungen Konzessionen an den damals altmodischen Musikhörer, der von den vorklassischen Tanzformen her daran gewöhnt war, von der Dominante zur Tonika zurückzukehren – Konzessionen ähnlich jener der Einbeziehung des Menuetts innerhalb der Sonate und Symphonie als Ruhepause für schwerfällige Ohren?
Wie umfangreich ist die Exposition eines Sonatensatzes, und in welcher Dichte wird die Musik innerhalb dieses Umfangs

präsentiert: in gedrängter Konzentration etwa oder in großzügiger Breite? (Der Umfang der Exposition im ersten Satz der A-Dur-Sonate Schuberts übertrifft an Takten jene von Beethovens »Appassionata« um mehr als das Doppelte; er übertrifft selbst die Exposition der Hammerklavier-Sonate, die dazu auch noch etwa doppelt so schnell und in gedrängtester Verarbeitung abläuft.)

Wie ähnlich sind einander Exposition und Reprise? (Bei Schubert meist nahezu identisch, so daß man, von einzelnen, allerdings wichtigen, Modulationen abgesehen und nur von der Durchführung unterbrochen, bereits zweimal durch die gleiche musikalische Landschaft wandert.)

Sind die Themen eines Satzes plastisch voneinander abgehoben wie meist bei Beethoven oder im Charakter einander angenähert, ja geradezu verschwistert, wie manchmal bei Schubert?

Stehen sich, in ähnlicher Weise, der erste und zweite Satz als Kontrast von Allegro und Adagio gegenüber wie gewöhnlich bei Beethoven, oder sind die Tempi benachbart wie so oft in Schuberts Moderatos und Andantes?

Welche Folgen hat die Wiederholung für das Gleichgewicht der Sätze innerhalb des *ganzen* Werkes? (Gerade die letzten Sonaten Schuberts scheinen mir sehr viel besser ausbalanciert, wenn die Wiederholung im ersten Satz entfällt, denn die Finalsätze stehen ja nun, als sogenannte Sonatenrondos, ebenfalls in einer sonatenähnlichen Form, die jedoch auf eine Wiederholung der Exposition verzichtet.)

Schließlich sei die Programmfolge des Konzerts, in dem ein Stück gespielt wird, berücksichtigt. Ist bei einer zyklischen Aufführung der letzten drei Schubert-Sonaten an einem Abend an das Spielen der Wiederholungen vernünftigerweise auch nur zu denken?

Unter den Wiederholungen Beethovens sind nur wenige, die nicht sofort einleuchten. Bei Schubert muß ich, im Dilemma zwischen formalen und psychologischen Überlegungen, den psychologischen oft den Vorrang geben. In der Musik wie beim Essen kann Quantität ein wichtiger Faktor sein. Auch musikalisch gibt es, wie der britische Kritiker Bernard Jacobson witzig ausgeführt hat, den Gourmand und den Gourmet, den Vielfraß und den Feinschmecker. Es gibt Musiker, die es einfach nicht fertigbringen, mit dem Musizieren aufzuhören, es sei denn, sie schliefen. Ähnlich gibt es Kritiker – und Jacobson zählt mit schöner Offenheit sich selbst dazu –, die sich an einem Stück, das sie lieben, einfach nicht satt hören können. Das Wort »Wiederholungszwang« bietet sich hier an. Ich bin, soweit ich etwas vom Essen verstehe, auf seiten der Gourmets: Marco Ferreris notorischer Film »La grande bouffe«, in dem sich einige gefräßige Herren vorsätzlich und unter Qualen selbst zu Tode befördern, hat mir den Appetit nicht verdorben. Gourmands sehen sich ihn erst gar nicht an.

Mit Vorliebe entzündet sich der Unmut strenger Experten an den großen Sonaten in A-Dur und B-Dur. Wehe dem Pianisten, der sich und seinem Publikum die Wiederholung dieser Expositionen erspart! Hat Schubert hier nicht eigens vor dem Beginn der Durchführung einige Überleitungstakte komponiert, die an den Anfang des Satzes zurückführen? Man dürfe, so heißt eines der Argumente, doch nicht einfach Originalmusik von Schubert weglassen; dies sei gleichbedeutend mit Strichen, die man dann nach Belieben auch anderswo anbringen könnte.

Man gestatte mir, anderer Meinung zu sein. Beide Expositionen enden in einer Weise, die ein einfaches Zurückgehen zum Anfang nicht erlaubt. Nur deshalb hat Schubert, der in manchen Äußerlichkeiten der Form und der Notation viel konventioneller war als Beethoven, einige Rückleitungstakte hingeschrieben. Beethoven wäre in einem solchen Fall gewiß ohne Wiederholung in die Durchführung weitergegangen, wie er dies zum Beispiel in der »Appassionata« auch getan hat: die f-Moll-Exposition endet in as-Moll und läßt die Durchführung überraschend in E-Dur beginnen. Es ist verlockend, sich vorzustellen, daß Beethoven, im Besitz von Schuberts harmonischen Mitteln, zum f-Moll-Beginn der Sonate etwa folgendermaßen zurückgeleitet hätte:

So oder anders – Beethoven hat es nicht getan. Er war souverän genug, sich über den Wiederholungszwang hinwegzusetzen.

Ein zweites Argument meint, die Rückleitung der B-Dur-Sonate füge dem Werk so aufregend Neues hinzu, daß man sie allein schon deshalb den Hörern nicht vorenthalten dürfe; der ganze Satz erscheine durch sie in einem anderen Licht. Selbst wenn nicht so viele andere Gründe – die Breite der Exposition, die Wörtlichkeit der Reprise, der gemeinsame lyrische Rahmen aller Themen, die lyrische Haltung auch des Andantes, das Gleichgewicht der Sätze – gegen die Wiederholung sprächen, müßte ich in diesem besonderen Fall Schubert unrecht geben. Eine irrationale Explosion wie jene im Andante der A-Dur-Sonate hat in der trostlosen Melancholie des Satzbeginns, aber auch in den chromatischen Partien des vorangehenden Satzes ihren Nährboden. Worin aber läge die Berechtigung der Überleitungstakte der B-Dur-Sonate? Wo kündigen sie sich an? Dürfen sie als Fremdkörper den großartigen Zusammenhang des ersten Satzes stören? Mit dem motivischen Material des Satzes hat der neue, synkopisch zuckende Rhythmus nichts gemein; ebensowenig weist er aber, sei es musikalisch oder psychologisch, auf die folgenden Sätze hin. Dem Ausbruch dramatischer Erregung, der uns in der Durchführung überwältigt, nimmt er seine Einzigartigkeit. Die herbste Enttäuschung bedeutet jedoch das Auftreten des Trillers im *fortissimo*; Schubert stellt hier ein Ereignis, das sonst stets in geheimnisvolle Entfernung gerückt bleibt, lärmend in den Vordergrund. Übrigens zeigt Schuberts Entwurf, in dem die Exposition ungleich kürzer ausgefallen war, auch hier noch die Vorschrift *pp*.

VI

Nicht nur in den »Moments musicaux« und in zahllosen Liedern, sondern auch in einem Werk wie der a-Moll-Sonate D. 784 konnte Schubert beispielhaft knapp sein. Zu den musikalischen Gourmands scheint er mir ohnehin nicht zu gehören. Aus den Entwürfen zu seinen letzten Sonaten kann man nicht nur lernen, wie kritisch Schubert beim Komponieren verfuhr – wenn man das nicht schon ahnte –, sondern auch, daß Schuberts Länge nur dort zwanghaft wirkt, wo sie Zwanghaftes ausspricht. Schubert braucht Raum, um sich frei und sinnvoll bewegen zu können. In manchen seiner früheren Sonaten ist ihm einzelnes noch zu eng geraten; Einfälle stoßen sich aneinander und können kaum atmen. In den Entwürfen zu den späten sind gerade die erweiternden Interpolationen besonders überzeugend. Man glaubt es kaum, aber das Seitenthema der A-Dur-Sonate stand im ersten Entwurf noch so da:

Schubert hat dann folgendes daraus gemacht:

Klassische Formen stecken Grenzen ab. Der Raum, in dem Schubert sich bewegt, hat mit solchen Eingrenzungen nur mehr wenig zu tun. Ein Haydn brauchte diese Weite nicht, auch wenn seine Lust an der Überraschung, sein Hang zum Flanieren, seine Naivität und Kühnheit Schubert nahestehen. Allerdings führt Haydn Überraschungen herbei, wo Schubert sich überraschen läßt. Mozarts Form ist ein ständiger Nachweis scheinbar zwang- und absichtsloser Vollendung. Bei Beethoven ist Form der Triumph der Ordnung über das Chaos, ein Triumph auch der Übereinstimmung mit dem, was »ausgedrückt« werden muß. Schuberts Form ist Sache des Anstands, ein zu wahrendes Dekorum, ein »Flor der Ordnung« – wenn ich mein Lieblingswort von Novalis verwenden darf –, durch den das schönste Chaos schimmert, das die Musik je gesehen hat.

Schon 1827 schrieb die Leipziger »Allgemeine musikalische Zeitung« über den ersten Satz der G-Dur-Sonate, in ihm sei »in nicht ungewöhnlicher Form und Anlage, alles Innere ungewöhnlich und phantastisch« gestaltet. Gustav Mahler sprach dann von Schuberts »ungebundener Anlage unterhalb der üblichen«, und Hans Költzsch kommt in seiner (im übrigen von Vor- und Fehlurteilen überwucherten) Studie* zu der Einsicht, Schuberts Eigenart als »Romantiker« sei eben, »das überlieferte klassische Fundament von innen heraus zu zersetzen, das heißt, nach außen hin bis zu einem hohen Grade noch bewußt das alte Gehäuse zu wahren. Auf diese Weise lassen meist nur einzelne Abweichungen vom Schema den ganzen Abstand der neuen Kräfte von der Tradition fühlbar werden, oft bringt gerade das allzu schematische Befolgen der formalen Gegebenheit dieselbe Wirkung hervor.«

In seinen großen Formen ist Schubert ein Wanderer; Abgründe ziehen ihn an, mit der Sicherheit eines Schlafwandlers geht er an ihnen entlang. Das Wandern ist der romantische Zustand, man überläßt sich ihm glücklich und hingerissen (wie im Finale der A-Dur-Sonate), oder man ist ein Getriebener und erfährt (wie in der c-Moll-Sonate) die Panik der Ausweglosigkeit. Unter dem Glück wohnt oft die Verzweiflung, jäh verdunkelt sich das Bewußtsein. Nichts ist typischer für Schubert als diese fie-

---

* Hans Költzsch, »Franz Schubert in seinen Klaviersonaten«, Leipzig 1927, S. 75.

bernden Heimsuchungen des Grauens, deren extremstes Beispiel (im zweiten Satz der A-Dur-Sonate) einen »Flor der Ordnung« nicht eimal mehr vortäuscht. An »Organisation« ist hier, von chromatischen Baßführungen abgesehen, kaum etwas anderes übriggeblieben als einzelne jener Motivpartikel, die den drei Sonaten gemeinsam sind und auf die ich nun eingehen will.

VII

Selbst wenn die Ordnung nur der Flor ist, durch den das Chaos des Gefühls schimmert: Sie gibt den Ausschlag, denn sie erst ermöglicht das Kunstwerk. Diese Ordnung ist jedoch nie vollständig. Die moderne Naturwissenschaft ist von der Idee eines strengen Plans, der die Entwicklung der Natur steuerte, abgekommen. Sie spricht als Hilfsvorstellung nicht mehr von einem Ingenieur, der einen Plan verwirklicht, sondern, wie François Jacob, von einem »Bastler«, der mit vorhandenen Komponenten operiert, so gut es geht — Gegebenes zusammenfügt oder -flickt, neue Kombinationen und Mutationen teils vernünftig, teils verspielt herstellt. In vergleichbarem Sinne »natürlich« verfährt der Komponist: Er hält sich an das vorhandene Grundmaterial, das ihm meist schon der Beginn der Komposition in die Hand gibt, er ordnet, arrangiert, variiert, entwickelt oder kommentiert mit Hilfe von Spiel- oder Arbeitshypothesen, die einen kleinen, aber wichtigen Freiraum offenlassen für die Würze des Zufalls, der Laune, des Laisser-faire.

Zu den Ordnungsvorstellungen, die auch Schuberts letzte Sonaten betreffen, gehört jene eines Zusammenhangs der Themen, eines Zusammenhalts der Sätze. Worin besteht dieser Zusammenhalt? Über die »innere Einheit«, das »Organische« eines zyklischen Werkes sind viele Worte verloren worden; man verließ sich dabei gern auf hermeneutische Regungen, statt musikalische Indizien aufzusuchen. Meines Wissens spricht als erster Walter Engelsmann in seinem Buch »Beethovens Kompositionspläne dargestellt in den Sonaten für Klavier und Violine«

(Augsburg 1931) von einer »Substanzgemeinschaft der Sätze«. Jede Sonate Beethovens sei »in allen Teilen, Sätzen und Themen aus einem einzigen Kopfthema oder Kopfmotiv entwikkelt«. Ein überzeugender Nachweis dieser These ist Engelsmann begreiflicherweise nicht gelungen. Zwei begabte und besessene Musiker-Denker, Rudolf Réti und Hans Keller, haben sie wenige Jahrzehnte später ähnlich apodiktisch wieder aufgegriffen. Beide haben, jeder auf seine Weise, Wichtiges zur Verfeinerung motivischer Wahrnehmung beigetragen, sie haben aber auch unbeabsichtigt gezeigt, daß man mit analytischen Einsichten nicht wie mit Dogmen umgehen sollte, die Wert oder Unwert einer Komposition verbürgen. Der Verführung, alles in ein System zwingen, alles damit erklären zu wollen, haben viele Analytiker nicht widerstanden; allzugern möchte man sehen, was kaum vorhanden ist, und übersieht, was auf der Hand liegen sollte. So entgeht Réti in seiner unnötig komplizierten Motivanalyse von Beethovens »Pathétique« die Bedeutung der Quarte und Quinte und ihrer Addition in der Oktave für den gesamten Themenbau.

op. 13 III

Nie geben Meisterwerke ihr ganzes Geheimnis, und wäre es auch nur jenes ihres handwerklichen Zustandekommens, preis; immer sind es nur einige Stränge des Geflechts, die ans Licht gebracht werden. Den Strang motivischer Verwandtschaften zu verfolgen lohnt sich weit mehr, als man oft wahrhaben möchte*.

Das Wort Analyse scheint auf einen Vorgang hinzudeuten, der das Ganze in seine Bestandteile auflöst; in Wahrheit lenkt sie, wenn sie einen Sinn hat, vom einzelnen aufs Ganze hin. Zu den eindeutigsten Beweisen musikalischen Zusammenhangs gehören, nicht erst seit der Zwölftontechnik, motivische und thematische Querverbindungen. Wenn Keller allerdings sagt, er möchte in den manifesten Kontrasten eines Werkes die latenten Elemente ihrer Einheit aufspüren, so frage ich mich zunächst: Müssen solche Elemente denn latent sein? Gibt es nicht auch viele manifeste Beweise der Einheit, die gemeinhin übersehen werden? Ich denke dabei nicht an so überaus volkstümliche wie den punktierten Rhythmus der »Wanderer-Fantasie«, Berlioz' *idée fixe* oder die Charaktertransformationen im übrigen unverändert kenntlich bleibender Themen bei Franz Liszt und César Franck. (In Liszts großer h-Moll-Sonate ist der Hintergrund der Motivzusammenhänge im Sinne Beethovens wesentlich interessanter als die vordergründige Verwandlung des Mephisto- in ein Gretchenthema.)

Eine verborgene Beziehung, sagt Heraklit, ist stärker als eine offenkundige (Fragmente, 54). Je subtiler der Komponist den

---

* An dem hier waltenden Mißtrauen tragen Arbeiten wie Johann Nepomuk Davids absurde »Analyse« der Jupiter-Symphonie Schuld; hingegen sind die Schriften Rétis oder Deryck Cookes vielen unbekannt geblieben.

Hörer führt, um so nachhaltiger ist der Eindruck – vorausgesetzt, daß ein gewisses Maß an musikalischer Vernünftigkeit, ein fester Boden nachprüfbarer musikalischer Tatsachen, dabei nicht verlorengeht.

VIII

Es wird nützlich sein, die motivischen Zusammenhänge eines Werkes an Hand einer Beethoven-Sonate darzustellen. Die Methode entstammt meiner eigenen Erfahrung im Umgang mit allen Sonaten Beethovens; sie deckt sich in einzelnen Zügen und Ergebnissen mit jener Rétis, verdankt ihm jedoch kaum mehr als die Benutzung des Begriffes *Interversion*. (Das Wort meint jene Varianten von Motiven oder Motivgruppen, die lediglich die Reihenfolge der verwendeten Töne verändern.)

Die wichtigsten Bauelemente späterer Themen am Beginn der als »Appassionata« bekannten f-Moll-Sonate op. 57 sind

1. der Dreiklang, akkordisch oder zerlegt;
2. das Intervall der Oktave (als Oktavsprung oder Oktavtransposition einer Phrase);
3. die Sekunde als Vorhalt oder als Trillerfigur, meist in ihrer einfachsten Form, nämlich der Wechselnote, oft auf der fünften Stufe;
4. der Tonraum der Terz, den die Verbindung des Wechselnotentrillers (c–d–c) mit dem schnellen Triller (d–e–d) absteckt;
5. die Tonwiederholung.

Von geringerer Bedeutung sind Quinte und Quarte, die ich hier unberücksichtigt lassen will.

Das c–d(des)–c der Trillerfigur tritt wenig später als klopfender Vorhalt des–c im Baß auf (3').

Beginn des 2. Themas

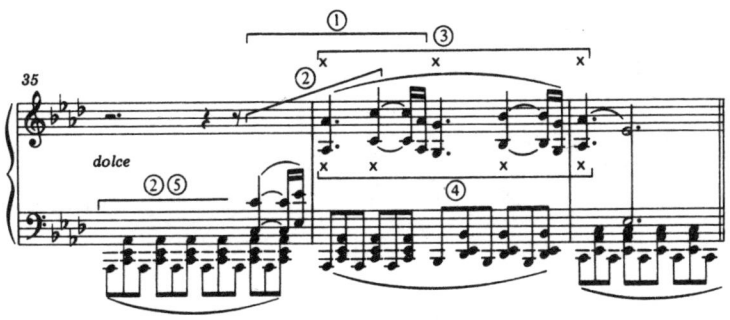

Beginn des 3. Themas

Beginn des Variationenthemas

Im weiteren Verlauf des Variationsthemas finden sich, als Ab-
wandlung des Klopfmotivs, die Zentralnoten des–c–des; sie
erscheinen im zweiten Teil des Themas noch dreimal in verschiedenen Stimmen. (Ich nenne psychologisch und quantitativ
beherrschende Töne, die als Angelpunkte des ganzen Werkes

immer wiederkehren, »Zentralnoten«.) Daß auch die Dreiklangsakkorde des Variationsthemas zu den Bauelementen gehören, zeigen dann die zweite und dritte Variation: Sie sind dort, wie sonst meist im Verlauf des Werkes, in Figurationen zerlegt.

Die Mehrzahl der Themen wird insgesamt von der Wechselnote (3) beherrscht. Der erste Ton des Anfangsthemas kann bereits, im Bezug auf die Takte 3 und 4, als Beginn der Wechselnote gedeutet werden, wie Schenker und Réti gezeigt haben. Das harmonische Schema des Beginns

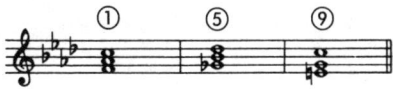

kehrt im zweiten Seitenthema und im Anfangsthema des Finales wieder, während das Variationsthema des Andantes die neapolitanische zweite Stufe in eine Subdominante mit Sixte ajoutée verwandelt.

Das »neue Thema« der Coda des Finales leitet sich aus dem ersten Seitenthema des ersten Satzes ab, genauer gesagt, aus seiner Erscheinungsform in Moll in dessen Coda (Takte 239–241). So weist eine Stretta auf die andere hin.

Nicht alle Werke verfahren derart rigoros. Manche versammeln sich eher spielerisch um eine Leitidee, in Beethovens D-Dur-Sonate op. 10/3 etwa um ein kurzes Motiv mit dessen Umkehrung und Interversionen.

Andere Werke greifen auf mehrere Grundformeln nach Belieben zurück oder entwickeln in ihrem Verlauf neues Material.

Auch Werkgruppen können materiell zusammenhängen. So benutzen Beethovens letzte drei Sonaten op. 109, 110 und 111 den Tonraum der Sexte als Kombination von Terz plus Quarte (Sext- bzw. Quartsextakkord). Oft füllen Terz- und Quartschritte den Sextenraum, wo nicht sechs benachbarte Noten dies tun wie im zweiten Satz und Arioso von op. 110. Das Zickzack von Terz- und Quartschritten wird nicht erst am Fugenthema, sondern schon gleich zu Beginn des ersten Satzes deutlich (hier sekundiert die linke Hand der rechten).

Analog dazu bringt die fünfte Variation in op. 109 Melodie und Baß zusammen.

Schon in der zweiten Variation meinte man, sich im Territorium von op. 110 zu bewegen.

Am Beginn von op. 109 ist das Zickzack aus Terzen und Quarten kaum weniger deutlich zu hören.

Der Baß gibt hier zugleich die sechs Noten des Hexachords zwischen Grundton und Terz, der die Baßführung aller Hauptthemen dieser Sonate charakterisiert.

Ein weiterer Hexachord, der in der Mittelstimme von gis (III) zu h (V) hinunterführt, taucht nicht nur im Verlauf dieses Werkes immer wieder auf,

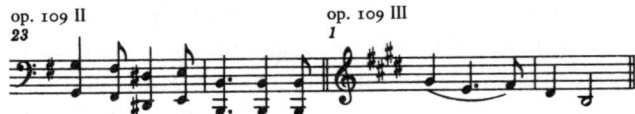

er schlägt auch eine Brücke zur Sonate op. 111.

Das Fugatothema der Durchführung im ersten Satz von op. 111 bildet dann eine chromatische Zickzackvariante.

IX

Während Beethovens Arbeit an den Sonaten op. 109, 110 und 111 über drei Jahre (1820–22) hinwegreicht, scheint eine andere berühmte Trias, jene der abschließenden Symphonien Mozarts (1788), in engster zeitlicher Aufeinanderfolge entstanden zu sein. Hier bieten sich Schöpfungen vergleichbarer Größenordnung als Parallele zu Schuberts letzten Sonaten an. Es stellt sich die Frage: Was geschieht, wenn ein großer Komponist mehrere Werke nahezu gleichzeitig komponiert? Sicherlich werden sie, wie die hier behandelten Stücke beweisen, in ihren Charakteren deutlich voneinander abgegrenzt sein. Wie verhält es sich jedoch mit dem thematisch-motivischen Material? Wird der Komponist damit ebenso rigoros verfahren, oder wird er territoriale Unschärfen gestatten? Was ich bei Mozart wie bei Schubert vorfand, sind *Werkfamilien*: einen frei kommunizierenden Gemeinbesitz motivischer, thematischer und harmonischer Elemente, der Schuberts Originaltiteln (Sonate I, Sonate II, Sonate III) eine Bedeutung gibt, die über ein zufälliges Nebeneinander von Werken oder deren kommerzielle Bündelung hinausreicht.

In den letzten drei Symphonien Mozarts wird man zunächst auf zwei Themen stoßen, deren Ähnlichkeit erstaunen läßt.

Im Rückblick wird klar, daß sie sich vom Beginn der Es-Dur-Symphonie KV 543 herleiten.

Zugleich enthält diese langsame Einleitung die drei- und vier-
malige Tonwiederholung, die in allen Sätzen aller Symphonien
auftritt, häufiger in ihrer dreifachen Form und meist als Klopf-
motiv. Auch die Anfänge von KV 550 und 551 sind, entsprechend jenem von KV 543, auf den dreifach wiederholten Schlag
gestellt.

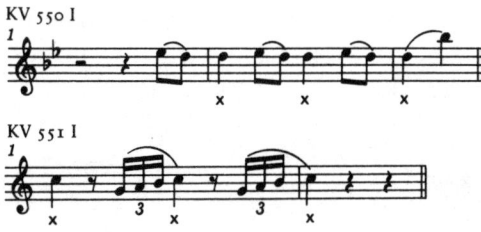

Die Fortsetzungsfigur im Anfangsthema der Jupiter-Symphonie
vermittelt schon eine Vorahnung der ersten Takte des Finales.

Sie ist nur eine von mindestens acht Vorankündigungen, denen
wir im Verlauf des Werkes begegnen. Als Krebsgang gibt es die
ersten sechs Noten des Finalethemas bereits im Menuett:

Der zweite Teil des Finalebeginns (Takte 5–8) erscheint im Trio desselben Satzes,

am ausgedehntesten und phantasiereichsten aber bereits zuvor im zehntaktigen Adagiothema. Doch schon in den vorangehenden Symphonien sind die ersten vier Noten oder auch größere Partien des Finalethemas immer wieder nachzuweisen, so im zweiten Satz von KV 550

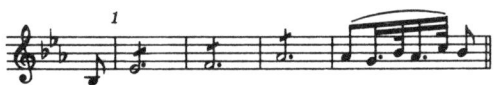

oder im Finale von KV 543.

Sucht man im Allegrobeginn des ersten Satzes von KV 543 nach den Anfangsnoten des Jupiter-Finales, so wird man ihnen gleich dreimal begegnen.

Die Takte 27–29 enthalten ein weiteres auffallendes Familienmerkmal aller drei Symphonien: den melodisch verwendeten, meist aufsteigenden Quartsextakkord, der nicht selten als oben eingehakter Sextenaufschwung auf sich aufmerksam macht.

Er gehört meistens der ersten, manchmal der vierten Stufe an. In der Jupiter-Symphonie beziehen sich sämtliche Hauptthemen auf den Sextenraum der vierten Stufe von C-Dur, c–a. Ein Themenbeginn wie jener des zweiten Satzes der g-Moll-Symphonie läßt sich als Verbindung des Quartsextakkords mit dem Beginn des Jupiter-Finales deuten.

In den ersten vier Takten des Adagios der Jupiter-Symphonie sekundiert der Baß dem Thema mit den ersten vier Melodienoten des Finales.

X

Es ist an der Zeit, uns wieder Schubert zuzuwenden. Die Trias seiner letzten Sonaten wird im Familienbesitz ihrer Tonfolgen und Tonräume weitgehend aus den ersten Zeilen der c-Moll-Sonate versorgt:

Dieses Thema, in seinem Tonumfang weitgespannt, in seinen Konturen schroff aufgesplittert, ist gleichsam der Steinbruch, der die meisten Bausteine der Trias enthält.

Besonders ergiebig sind dabei zwei Figuren, die bereits innerhalb des Themas durch mehrfache Wiederholung auf sich aufmerksam machen: jene der Takte 7/8 (b, c und Beispiel 40) sowie 14/15 (h)*. Da sie in den Umfang der kleinen Sexte beziehungsweise der verminderten Quinte eingebunden sind, nenne ich sie die *Sexten-* beziehungsweise die *Quintenformel.* Die erste dieser Formeln ist durch ihre Anfangsnoten als Krebs mit dem Tonraum der zweiten verwandt (h'). Am folgenreichsten für alle drei Sonaten ist die Formel h (Beispiel 1). Das Adagiothema der c-Moll-Sonate nimmt sie in der gleichen Tonart auf

* Siehe die Motivtafeln S. 114–128.

(2). Der Anfang des Menuetts (6) blickt, um eine Note verkürzt und ins Moll gewendet, auf die Lyrik des Adagios und des Allegro-Seitenthemas zurück. Es zeigt sich hier, und bestätigt sich in den Beispielen 7 und 9, daß der gleiche Tonraum als Dur ebenso wie als Moll harmonisiert werden kann. Die Quintenformel h' (4) deutete dies schon modellhaft an. An den Beispielen 9–13 fällt auf, daß sie alle in derselben »A-Dur-Lage« stehen, was innerhalb der A-Dur-Sonate weniger verwundert als bei ihrer Schwester in B-Dur (12, 13).

Der Vorhalt g–f im Anfangsthema der B-Dur-Sonate, von dem schon früher die Rede war, ist doppeldeutig; einerseits gehört er der Mittelstimme an und legitimiert die 18taktige Melodie als eine weit ausgreifende Version der Formel h. Andererseits ist er ein integraler Bestandteil dieser Melodie, die ohne diese beiden Noten geradezu trivial klingt. Der Beginn des Scherzos verschmilzt die »beiden Stimmen« dann vollends zu einer Einheit (21, 22). Vor dem dritten Thema des ersten Satzes bildet sich aus der Wechselnote f–g–f und den Tönen des Themenbeginns eine neue, stenographisch knappe Formel heraus, die unmittelbar darauf das Seitenthema hervorbringt (24).

Die Beispiele 25–34 gehen der Wirkung des Anfangs der c-Moll-Sonate nach (Formel a, 25). Aus der Sextenformel b und ihrer Fortsetzung f (34) ergibt sich unter anderem der Beginn des Finales (wenn man die Interversion der Töne gelten läßt). Schubert hat diesen Beginn in seinem Entwurf zweimal verändert. Die definitive Version klingt in den ersten beiden Takten deutlich an die Formel d an, während die erste Fassung noch Figuren des ersten Satzes beziehungsweise des Menuetts variiert hatte:

c-Moll I
229

c-Moll III
20

c-Moll IV (Skizze)
1

Aus diesem Themenkopf hatte Schubert dann den Anfang des Episodenthemas destilliert.

c-Moll IV
113

Mit der Deutlichkeit dieser Bezüge ging auch die alterierte Harmonisierung des Beginns verloren, die an die Takte 30/31 des Menuetts angeknüpft hatte.

c-Moll IV   c-Moll III
1   29

Die Melodie vor dem Schluß der Episode kombiniert das Arpeggio des ursprünglichen Satzbeginns mit der alterierten Harmonie:

c-Moll IV
214

Auf die psychologischen Ursachen und Wirkungen von Schuberts weitreichender Korrektur will ich später zurückkommen.

Mit den Sextenformeln b, c, d und ihren Fortsetzungen e und f beschäftigen sich die Beispiele 35–54. Von dieser Motivgruppe ist die B-Dur-Sonate kaum mehr berührt. Daß das fis-Moll-Andantino der A-Dur-Sonate in seinem verstörten Mittelteil auf die entfernte Tonart c-Moll und den Tonraum der Formel e (40–42) zurückgreift, fällt besonders auf: Nicht nur die Tonart, sondern auch der Charakter der c-Moll-Sonate kommt hier wenige Takte lang bedeutungsvoll zum Vorschein.

Die in Beispiel 40 ablesbare Variante der Sextenformel c'
enthält den Quartsprung und reagiert damit auf die Quarte in
der Melodiestimme zwei Takte davor. Den *Quartmotiven* innerhalb des Beginns der c-Moll-Sonate (f, g, i und c') sind die
Beispiele 55–71 gewidmet. Vor allem die Quartformeln f und g
wirken weit in die A-Dur- und B-Dur-Sonate hinein. Am Beispiel 64 ist der Verlauf der Diskantnoten des Scherzothemas
der A-Dur-Sonate vereinfacht wiedergegeben. Die Beispiele
65–67 haben gemeinsam, daß in ihnen zwei Elemente aufeinanderfolgen: eine lyrisch-melodische Ausspinnung der Quar-
tenformel und eine Figur holder Selbstvergessenheit (»Glücksformel«) zwischen der sechsten und der zweiten Stufe, die,
obwohl ein Konstitutionsmerkmal der A-Dur-Sonate (72–75),
ihren Weg in die B-Dur-Sonate gefunden hat. Daß sie dort in
Tonarten der A-Dur-Sphäre (66, 75) wiedererscheint, zeigt nur,
wie sehr diese Figur der A-Dur-Sonate angehört. Im fis-Moll
des Andantinos der A-Dur-Sonate kehrt die »Glücksformel«
sich ins Melancholische (73).

In mehrfacher Hinsicht ist das A-Dur-Thema aus dem Andante der B-Dur-Sonate ein vermittelndes Zwischenglied der
Sonaten in A-Dur und B-Dur. Melodisch und in seiner Sexten-
führung steht es dem Beginn der B-Dur-Sonate nahe. Vergleicht
man jedoch die Endfassung (77) mit dem Entwurf (78), so tritt
darin das akkordische Anfangsthema der A-Dur-Sonate noch
deutlichst zutage. Gewiß war es diese übergroße Ähnlichkeit,
die Schubert veranlaßt hat, das Thema anders zu formulieren.
Die Version des Entwurfs ebenso wie der ursprünglich rein
akkordische Beginn der A-Dur-Sonate (79) lenken die Aufmerksamkeit auf ein weiteres Bindeglied der Trias, den harmo-
nisch-melodischen *Terzen-* und *Sextengang* (80), der in fast
allen Themen enthalten ist, wenn auch manchmal in modifi-
zierter oder latenter Form. Auch dem Beginn der c-Moll-Sonate
liegt er verschlüsselt zugrunde:

Verminderte Quinte

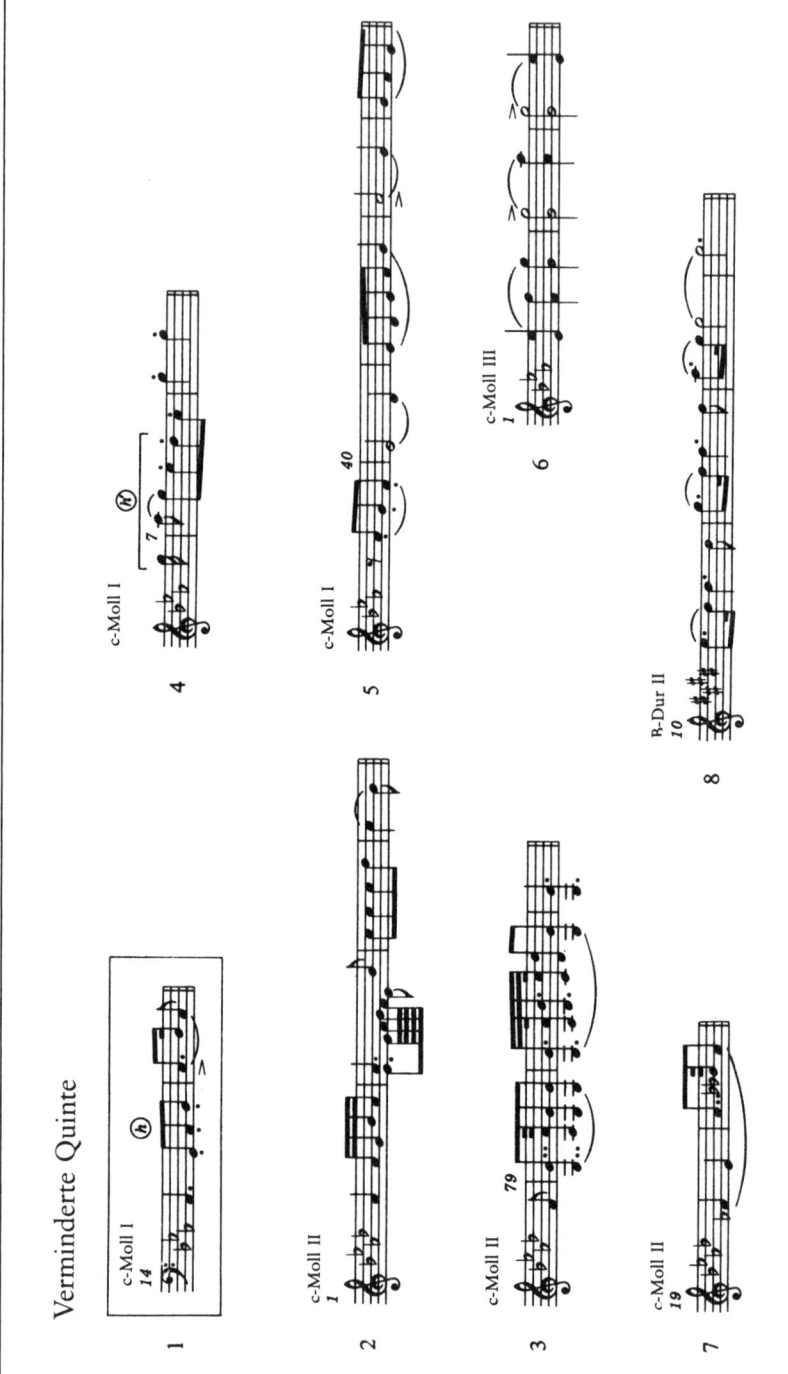

114

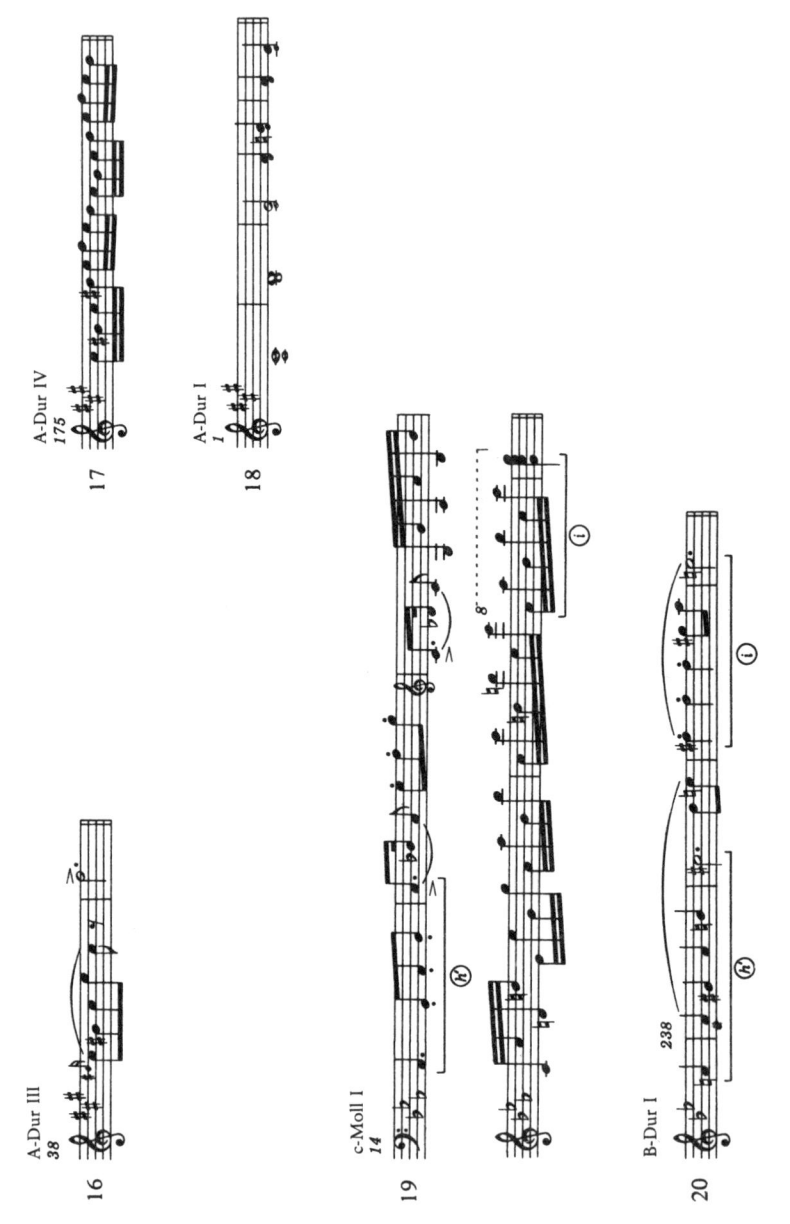

Verschmelzung zweier Stimmen

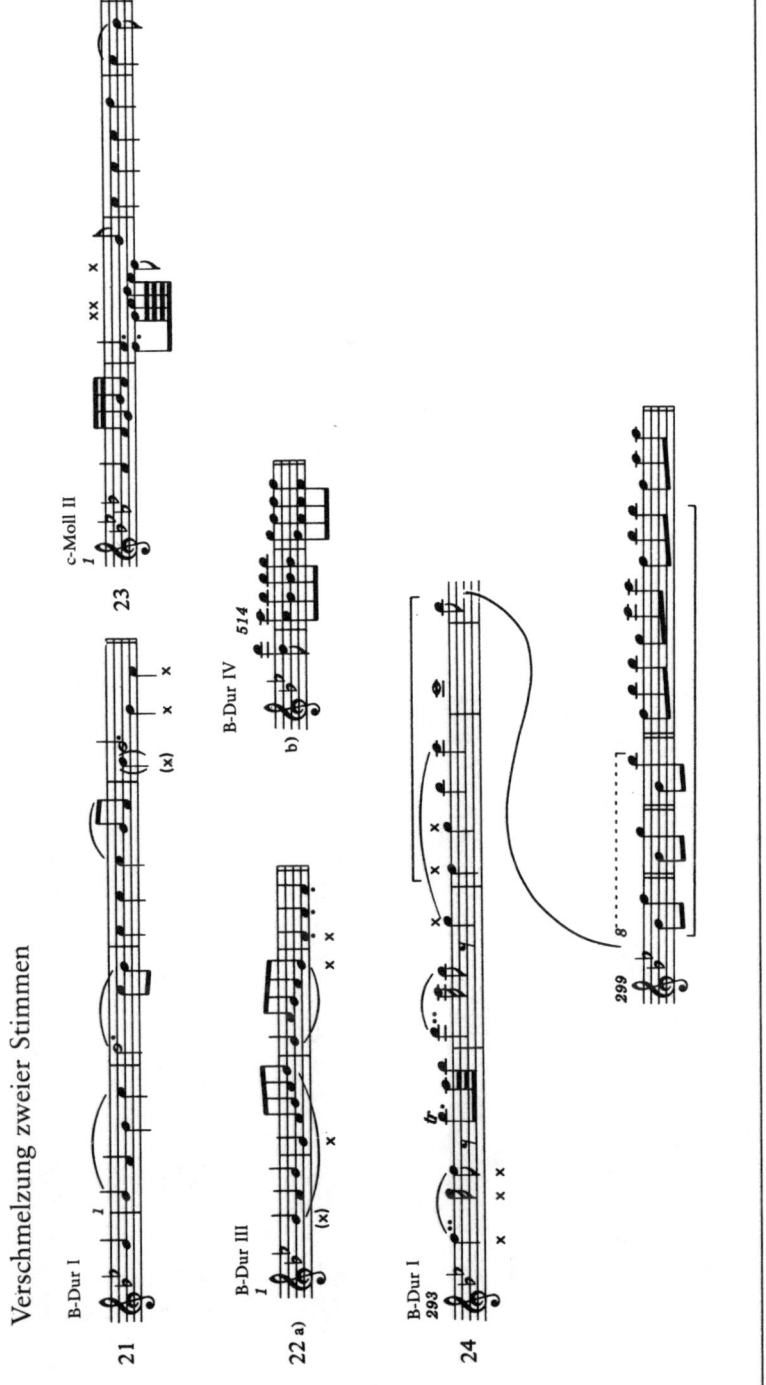

Sexte: Formel a

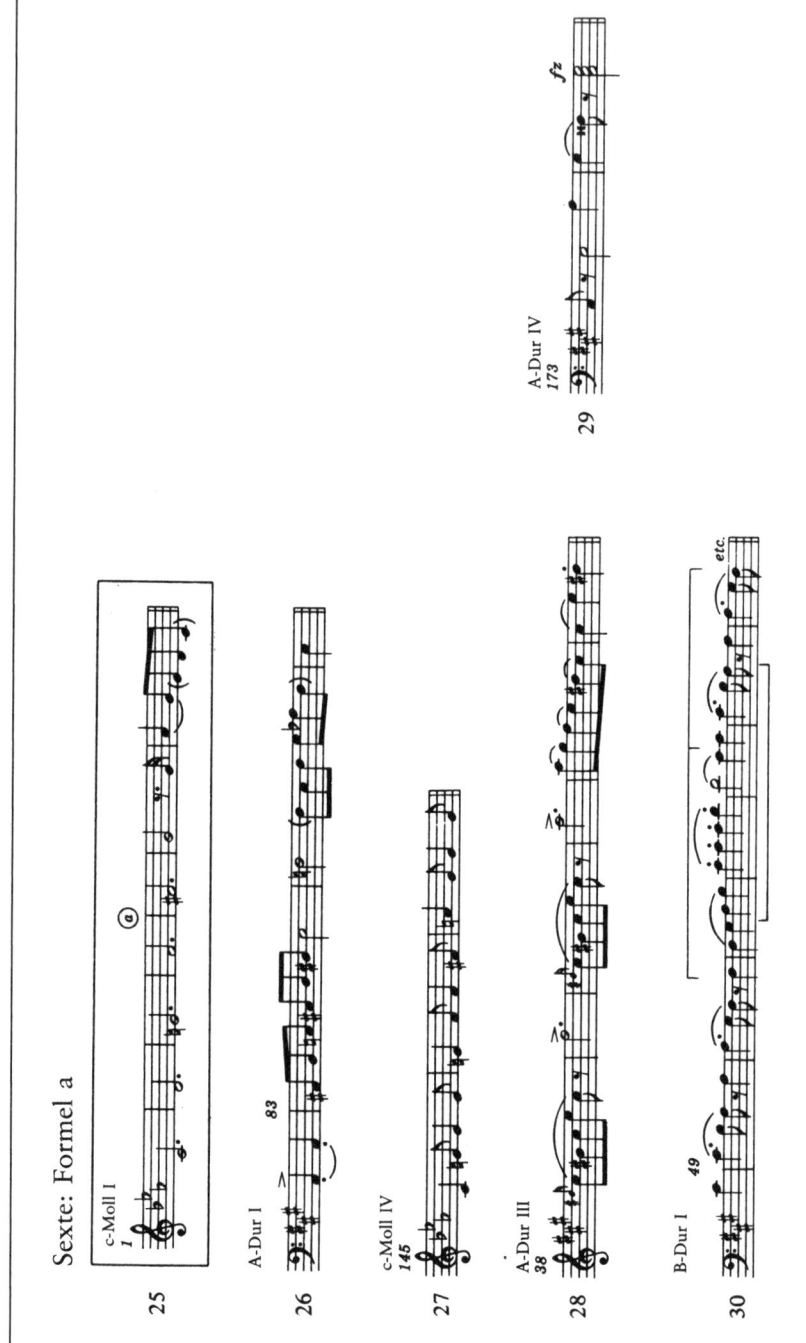

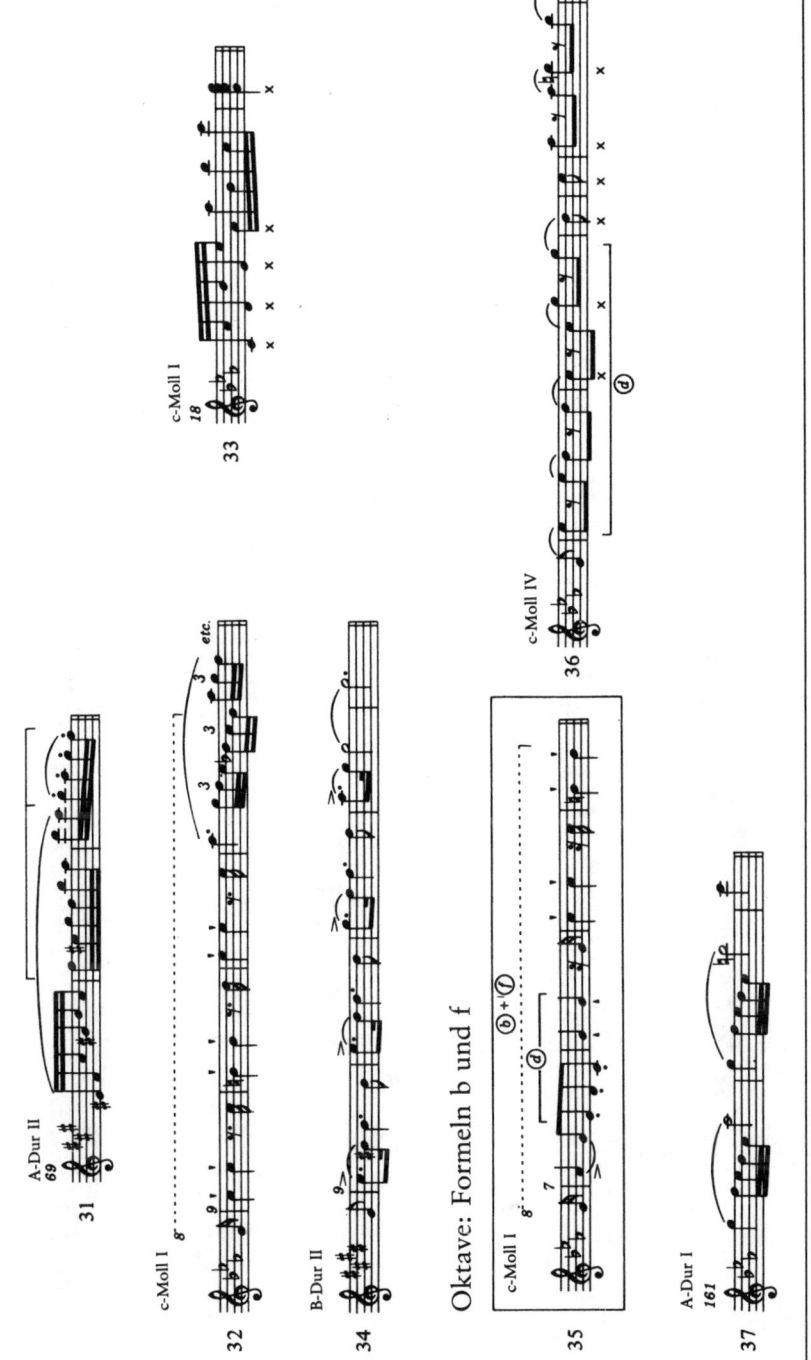

Oktave: Formeln b und f

119

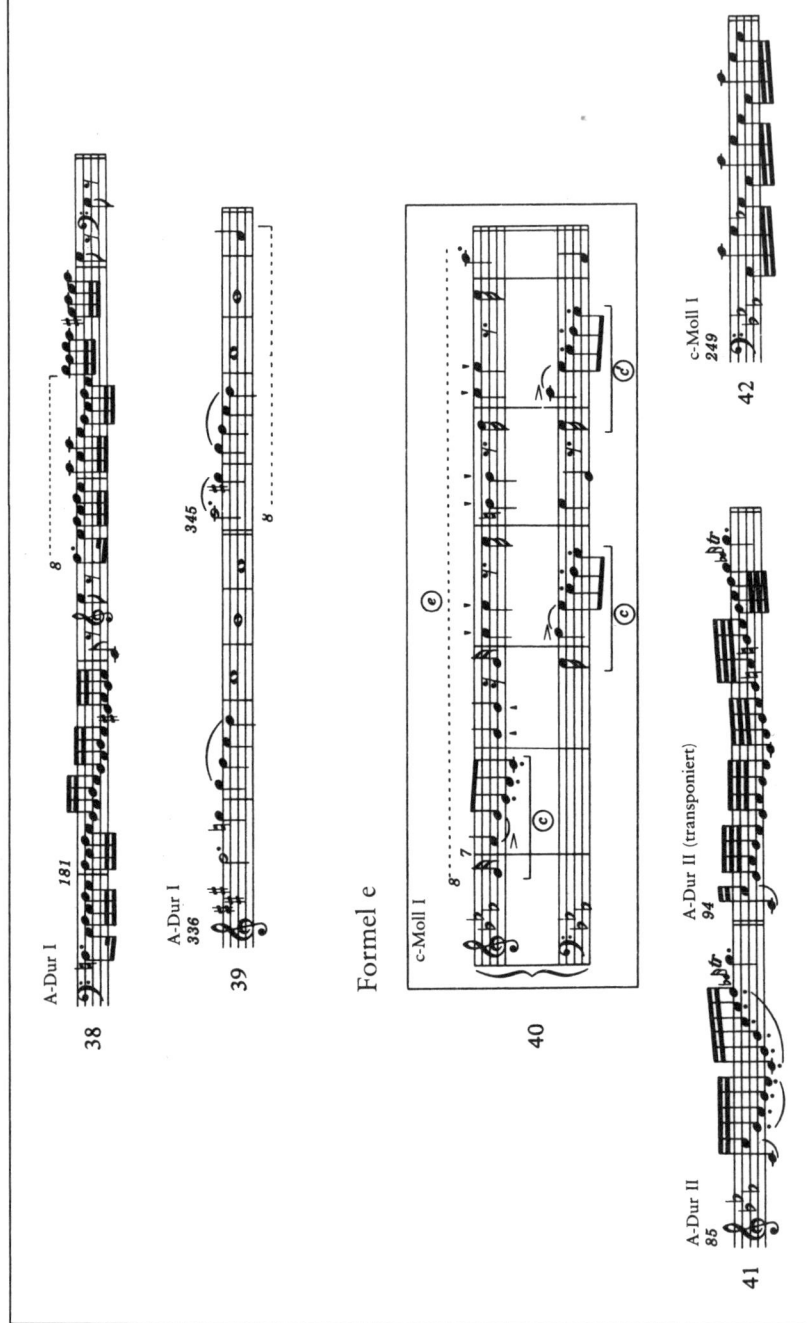

Formel e

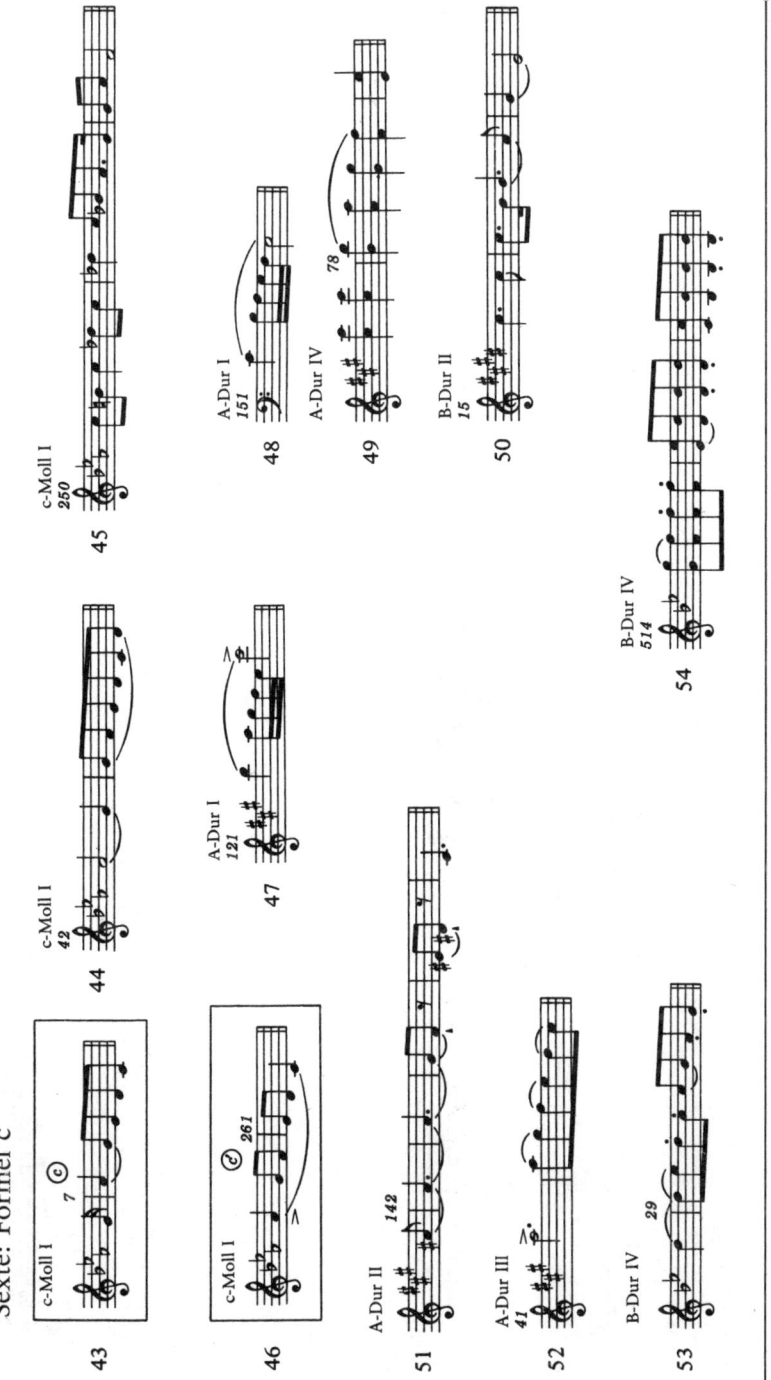

Sexte: Formel c

Quarten: f, g, i

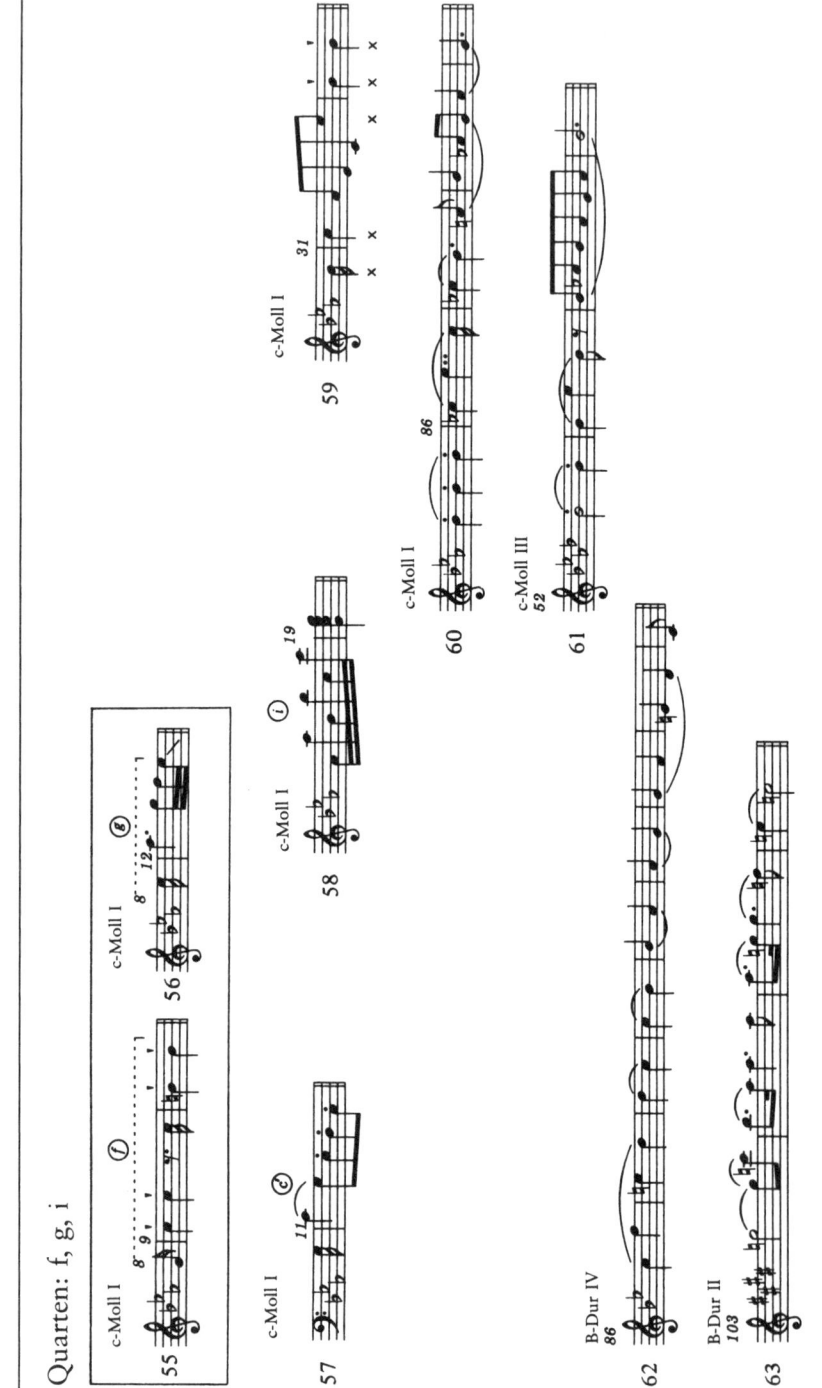

c-Moll I

c-Moll I

c-Moll I

c-Moll I

c-Moll I

c-Moll I

c-Moll III

B-Dur IV

B-Dur II

I22

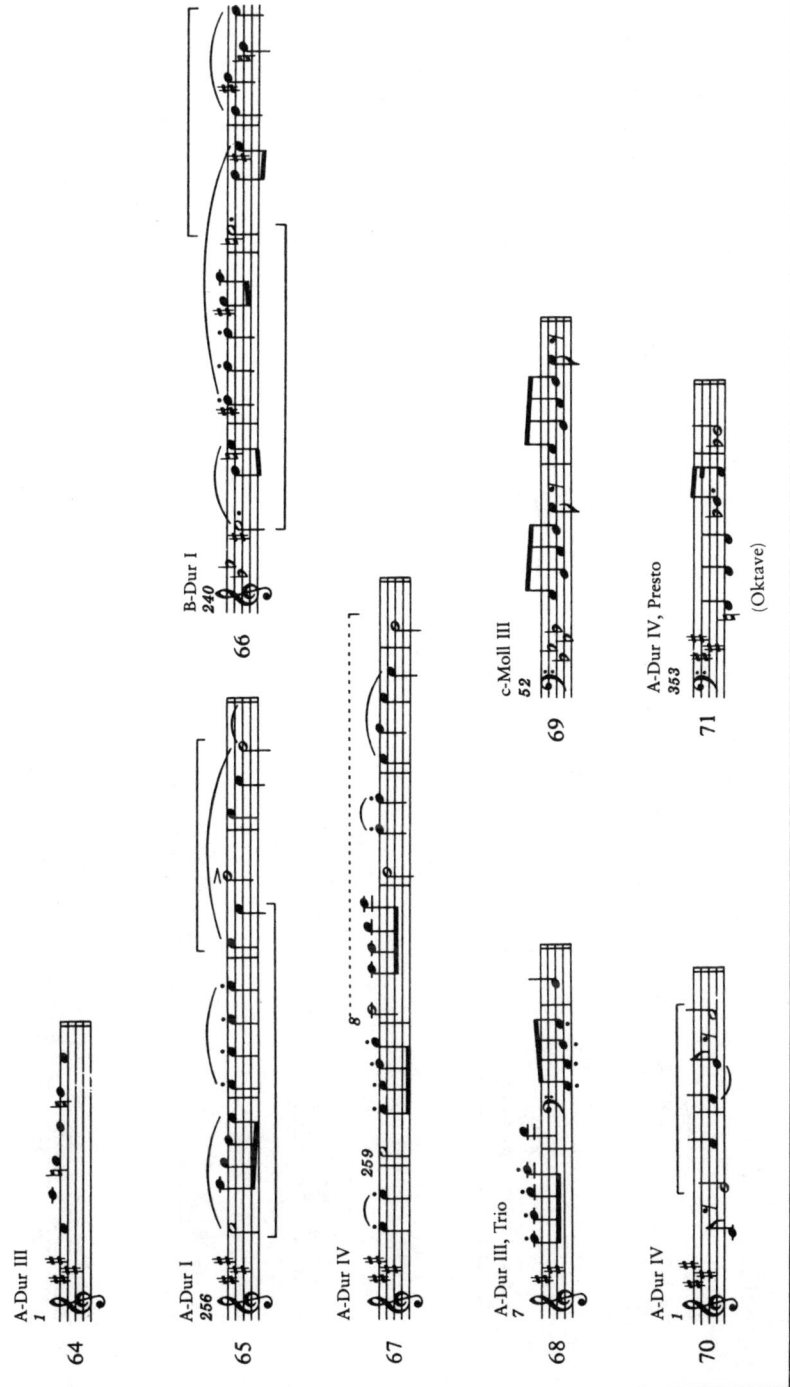

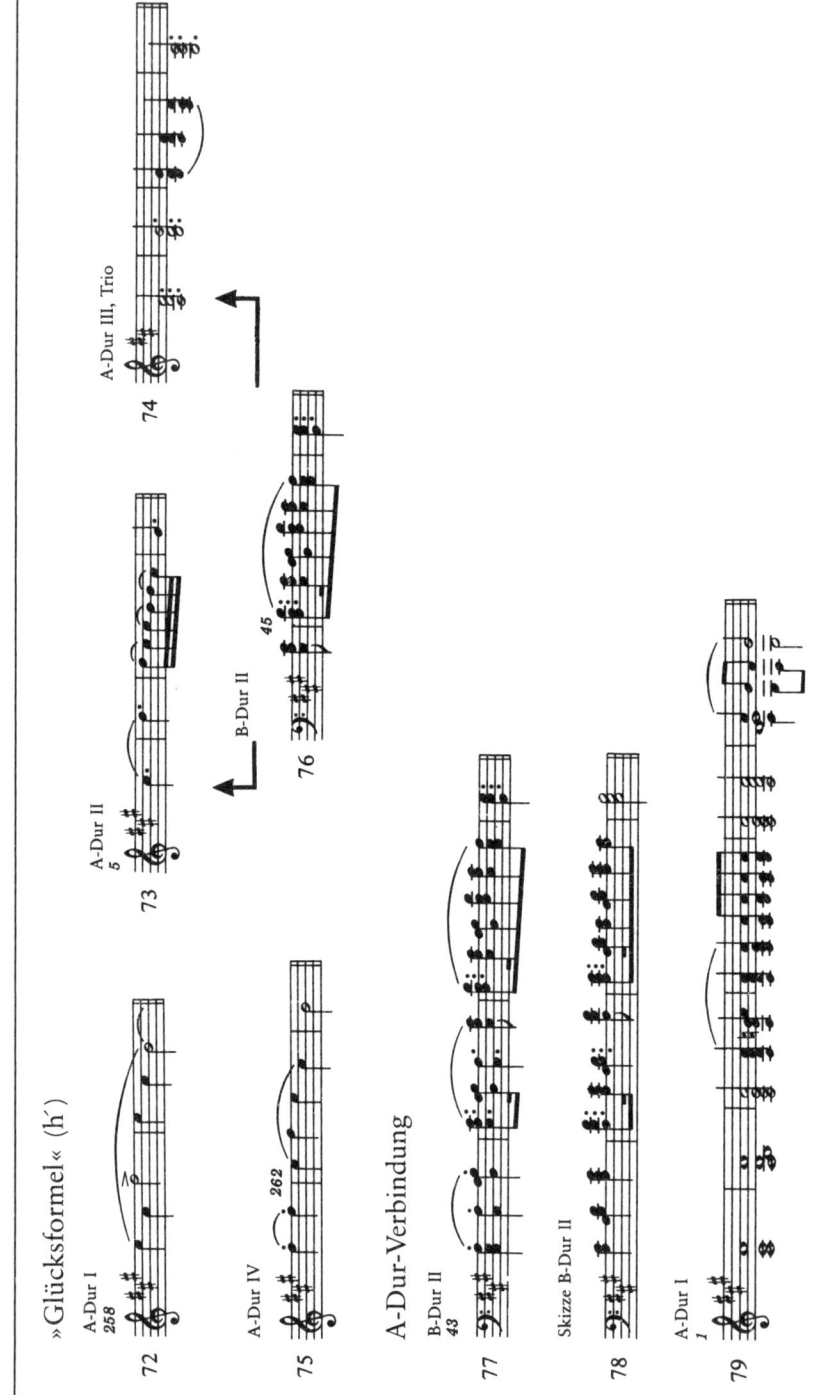

»Glücksformel« (h´)

Terzen- und Sextengang

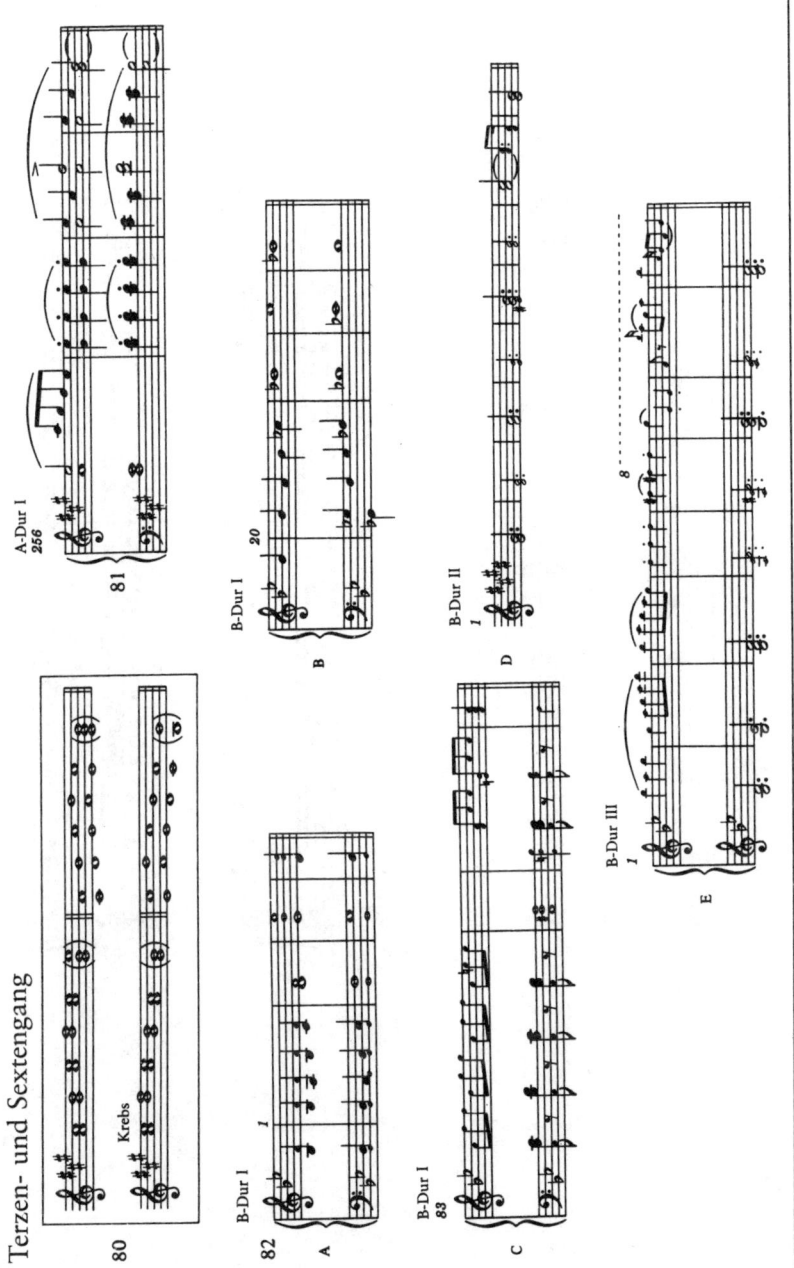

Kombinierte Formeln

126

cis(Des)-fis-Verbindung

Rhythmische Beziehungen

(Arthur Godel, S. 162)

In den Beispielen 82 A–G werden, stellvertretend für alle drei Sonaten, die Themen der B-Dur-Sonate auf diesen Terzengang hin untersucht.

Erwähnt sei hier noch der leicht identifizierbare *Oktavsprung*, der in meinen Notenbeispielen nicht aufscheint. Wir finden ihn in Takt 4 (aufsteigende Melodie) und Takt 8 bzw. 10 (absteigender Baß) des c-Moll-Anfangsthemas. In allen Sätzen der A-Dur-Sonate macht er sich kräftig bemerkbar. Das c-Moll-Finale enthält ihn nur mehr sporadisch, während er in der Fassung des Entwurfs von dominierender Wichtigkeit gewesen war. Auch in den Episoden des Adagios ist der Oktavsprung vorhanden, wie auch, weniger bedeutsam, in drei Sätzen der B-Dur-Sonate (I: Takt 301 sowie Durchführung; II: Begleitung; III: Takte 5–8).

Mit der *Kombination von Formeln* beschäftigen sich die Beispiele 83–86. Die Verschränkung von Sextenformeln mit der Quintformel h im Thema des Finales der A-Dur-Sonate erinnert daran, daß der unschuldigere Prototyp dieses Themas im zweiten Satz der Sonate D. 537 noch nicht bis zur Terz hinunterreichte.

Das erste Seitenthema der B-Dur-Sonate (87) ist unter jenem der c-Moll-Sonate (86) notiert, weil sich das eine im Krebsgang auf das andere bezieht.

Hier wäre nun noch eine *Sekundformel* nachzuholen:

Ihr erster Ansatz ist in den Takten 5–7 des Anfangsthemas der c-Moll-Sonate zu finden. Die Rückkehr des Themas bringt die Variante:

Die Takte 119–152 der Durchführung sind ganz auf die Sekundformel gestellt. Aus der melodischen Formel sind nun harmonische Konsequenzen gezogen. Die Frage: Befinden wir uns auf der ersten oder fünften Stufe? verbreitet harmonisches Zwielicht.

Die gleiche doppeldeutige Situation herrscht an drei Stellen der A-Dur-Sonate.

A-Dur IV
200

Im Finale der B-Dur-Sonate wird die Durchführung (Takt 256) von einer Sekundformel in Gang gesetzt, die das Ende des Anfangsthemas brüsk markiert hatte (Takte 30–32).

Die gleiche Formel liegt auch dem c-Moll-Finale insgesamt zugrunde: Seine wichtigsten tonalen Einschnitte ergeben die Töne c–Des (Beginn der Episoden)–H(Mittelteil)–c.

Schließlich sei darauf hingewiesen, daß das zweite Thema im Scherzo der B-Dur-Sonate ins Finale der c-Moll-Sonate zurückzublicken scheint (88, 89): Sogar die Tonarten cis(Des)–fis bleiben dieselben.

Die Tonarten cis-Moll bzw. Des-Dur sind für alle drei Sonaten von Bedeutung, fis-Moll und Ges-Dur dagegen nur für die A-Dur- und B-Dur-Sonate. Das Andantino der A-Dur-Sonate steht in fis, das Andante der B-Dur-Sonate in cis.

XI

Im allgemeinen ist die Verwendung von Motiven nicht an bestimmte Tonarten gebunden. Motive können aber auch fixiert sein: nämlich in bestimmten *Tonlagen* mit oder ohne Oktavtransposition. Eine besonders innige Verbindung zwischen den Sonaten in A-Dur und B-Dur wird durch eine Tonlage hergestellt, die in der A-Dur-fis-Moll-Sphäre ihren festen Platz hat. Die Beispiele 9–13, 20, 30, 77 und 82D ereignen sich sämtlich innerhalb des Bereichs gis–d' oder eine Oktave darunter.

Ein erster Ansatz dieser Tonlage reicht ins Adagio der c-Moll-Sonate zurück (falls solche chronologische Sicht bei der Trias überhaupt angebracht ist). Die Verrückung der Grundtonart um einen Halbton gehört zu Schuberts persönlichsten Ausdrucksmitteln. So strahlt das Eindringen von A-Dur in ein As-Dur-Stück (Takt 56)

bis in dessen Coda aus. In die erhabene Sprödigkeit des Adagios gerät ein Element des Staunens.

Das gleiche Adagio enthält zum erstenmal auch einen Tonraum cis–his–e, der weiterhin auf die Tonart cis-Moll (des-Moll) beschränkt bleibt. Er findet sich im Baß des zweiten Themas:

cis-Moll

In den cis-Moll-Raum gehören außerdem die Beispiele 16, 17 und 34.

Der Beginn der c-Moll-Sonate enthält fünf chromatisch benachbarte Töne (Takte 3–7)

die sich als *chromatischer Tonraum* verfolgen lassen.

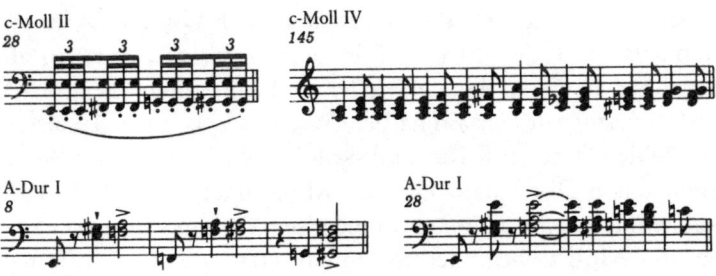

(Siehe auch Beispiel 64.)

Daß die chromatischen Entwicklungen in den Anfangssätzen der A-Dur- und der B-Dur-Sonate ebenfalls stets von der Note e ausgehen, ist bemerkenswert.

XII

Wie bei Beethoven sind die »Übergriffe« des motivischen Materials überwiegend solche von Tonfolgen, Tonräumen und Tonlagen. Die Bedeutung rhythmischer Motive hingegen hat im Vergleich mit Schuberts vorangehenden Sonaten stark abgenommen. Rhythmische Vielfalt ist nun wichtiger als rhythmische Einheit.

In den Hauptthemen von c-Moll I und A-Dur I wie auch in der Begleitfigur von B-Dur II spielt die Formel ♪♩♩ (♪♩♩) eine auffallende Rolle. Aus ihr ist, als Verdichtung und Beschleunigung in etwa doppeltem Tempo, der Rhythmus des c-Moll-Finales (♪) ♫♪ ♫♪ gewonnen, der weite Teile des Satzes beherrscht. Dieser Rhythmus bringt sich als (♪) ♫♪♫♪ im ersten Satz der B-Dur-Sonate, Takte 65/66 und 284/285, vor allem aber in deren Finale wieder in Erinnerung; die Tonart f-Moll vermittelt hier auf halbem Wege zwischen den Tonarten der beiden Sonaten B-Dur und c-Moll. (Noch in anderer Weise greift das B-Dur-Finale auf die c-Moll-Sonate zurück: Es läßt sich einfach nicht davon abbringen, sein Anfangsthema scheinbar in c-Moll zu beginnen! Neunmal setzt es dort an, jedesmal

muß es daraus weggelockt werden. Erst nach dem letzten An-
prall kurz vor der Stretta wird der c-Moll-Bann gebrochen.)
  Der erste Satz der A-Dur-Sonate stützt sich rhythmisch auf
zwei Formeln,

        a: ♩ ♩ (auf dem Schlag)   b: ♪♩♪♩

die abwechselnd, mit- oder gegeneinander den ganzen Satz be-
einflussen und zusammenhalten. Im Entwurf Schuberts tritt die
Anfangsformel a zu Beginn noch gar nicht auf; erst der spätere
Verlauf der Exposition fördert sie zutage. Schubert hat sie dann
in der Reinschrift mit den Anfangsakkorden verknüpft. In der
Coda, die ganz der Formel a überantwortet scheint, führt der
Rhythmus der letzten Zeilen doch noch zur Formel b.
  Andere Bezüge rhythmischer Art sind in den Beispielen 90
und 91 festgehalten, der letztere mitgeteilt von Arthur Godel*.

XIII

Während ein Grundvorrat von Tonfolgen und Tonräumen
die Mehrzahl aller Themen der drei Sonaten erreicht – am
wenigsten schlüssig das Finale der c-Moll-Sonate –, sind die
Charaktere der Sonaten und aller einzelnen Sätze unverwechselbar voneinander abgesetzt (vgl. die folgende Übersicht).
Man könnte zwar konstatieren, daß sich die Quintformel
überwiegend lyrisch auswirkt, die Sextenformeln dagegen
meist vorantreibend und erregt (mit Ausnahme von e, die als
absteigende Formel lyrischer Zartheit zuneigt), und daß den
Quartformeln beide Möglichkeiten offenstehen. Vergleicht
man jedoch einige auf der Quintformel fußende lyrische Themen miteinander – etwa das Seitenthema von c-Moll I, die
Anfänge von c-Moll I, B-Dur I sowie des Mittelteils von B-Dur
II –, so wird man auch innerhalb ihrer zart-feierlichen Aus-
druckswelt diskrete, aber wesentliche Temperamentsunter-
schiede erkennen.

* Arthur Godel, »Schuberts letzte drei Klaviersonaten«, Baden-Baden
  1985.

I	II
c-Moll *Allegro*	*Adagio* (As)
Zugleich heroisch und angstvoll, nervös und entschlossen, bedrohlich und bedroht. Dur-Abschnitte (Seitenthema) in Parenthese: Durchblicke ins unerreichbare Glück. Verzweiflungs-Coda.	Unsinnlich, unpathetisch, zartfeierlich. Dazwischen fiebernd.
A-Dur *Allegro*	*Andantino* (fis)
Kaleidoskop von Einfällen und Empfindungen, etwa: 1. *Credo, ma con fuoco*; 2. *Capriccioso con grazia*; 3. *Dolcissimo innocente*; 4. *Delirando*. Scheinbar improvisiert. Dann, in der Durchführung, paradiesische Stasis und großer lyrisch-dramatischer Bogen. Geheimnis-Coda.	Trostlose Grazie, in der sich der Wahnsinn verbirgt, aus der er ausbricht, in die er zitternd zurückkehrt. Völliges Verlöschen.
B-Dur *Molto moderato*	*Andante sostenuto* (cis)
Im Grundcharakter gefaßt, unschwärmerisch, zart-hymnisch. Große Zusammenhänge, die gegen Ende von Exposition und Reprise aufgesplittert werden: in Süßigkeit ermüden. Demuts-Coda.	Hellsichtig-melancholisch, mit rühmendem Mittelteil.

III	IV
Menuetto: Allegro	*Allegro*
Antimenuett, auf Angst gegründet. Wiener Vorstadttrio als Zuflucht.	1. Schamanentanz oder 2. Todesgalopp mit bellendem Zerberus und Erlkönig-Episode.
Scherzo: Allegro vivace	*Rondo: Allegretto*
Übermütig pointiert, mit *dolce*-Hörnern (oder Männerchor) im Trio.	Der große Glückstraum mit Durchführungs-Gewitter und vielfältig fragmentierter – erst stockender, dann stürmender, zuletzt resümierender – Coda.
Scherzo: Allegro vivace con delicatezza	*Allegro ma non troppo*
Schwebend verspielt. Im Trio zugleich bockig und umflort.	»Ermüdung und Resignation«? Nein: graziöse Entschlossenheit, spielerische Kraft. Ironisches Augenzwinkern; großer kantabler Fluß; obstinate Streitlust. Überwindung der c-Moll-Fixierung beim neunten Anlauf: Moment größter Selbstvergessenheit. Betont fröhliche Miene am Schluß.

Neben dem Zart-Feierlichen ist es das Verstörende, Bedrohliche, Delirierende, das der späten Musik Schuberts ihr Siegel aufdrückt. In den letzten Sonaten wird der klassizistische Anteil durch Alpträume nahezu gesprengt, durch Delirien von innen ausgehöhlt, durch Verstörung in Frage gestellt. Nicht Leidenschaft, Gewitterstürme, die Hitze eines Kampfes oder die Heftigkeit heroischer Anstrengung teilen sich dann mit, sondern Verdunkelungen des Bewußtseins durch Fieber und Wahn. Chromatisch delirieren die Durchführung von c-Moll I und die Engführungen in A-Dur I; fiebernd verfinstern sich die Seitensätze des Adagios der c-Moll-Sonate und des Streichquintetts; und der Mittelteil von A-Dur II zerstört fast sich selbst in äußerster depressiver Bedrängnis. Es liegt mir völlig fern, hier einen realistischen Bezug zu Schuberts Krankheit herstellen zu wollen, wie dies Fritz Lehner in seinem Schubert-Film leider nicht unterlassen hat. Genügt es nicht zu spüren, daß es Momente gibt, in denen in dieser Musik ein Dämon die Kreatur bedroht, ihr den Hals zudrückt, sie erbarmungslos vor sich hertreibt? Das Zwanghafte gibt dem c-Moll-Finale seine Überzeugungskraft.

Natürlich hat man, bis tief in unsere Zeit hinein, Schuberts »Nachtseite« am liebsten ignoriert oder auf den »Erlkönig« beschränkt. Man höre den Schubert-Biographen Walter Dahms* (1912) über das c-Moll-Finale:

»Im Schlußsatz braucht man seiner Laune keine Zügel mehr anzulegen. Leichtbeschwingt flattert das kokette Sechsachtel-Thema in die Höhe. Es bietet genügend Gelegenheit zum Versteckspielen und wird gehörig durchgehechelt... Bei der Schnelligkeit, mit der sich das wechselvolle Bild abrollt, wird man die Länge gar nicht gewahr. Plötzlich: Dominante, Tonika! Schluß!«

Vielleicht hätte Dahms im »Erlkönig«, ohne die Zurechtweisung des Textes, eine fröhliche Turnübung erblickt. Költzsch vermutet im c-Moll-Finale »einfaches technisches Unvermögen«, findet darin »kaum mehr als rhythmische Bewegungsklänge« und fragt sich beim fis-Moll-Andantino der A-Dur-

---

* Walter Dahms, »Schubert«, Berlin/Leipzig 1912, S. 402.

Sonate, ob in dessen Mittelteil »die eigenartig eruptive Phantastik seiner Gruppen nicht teilweise erkünstelt« sei.

Neuerdings beschreibt Arthur Godel* den Andantino-Hauptsatz allen Ernstes als »friedliche Barkarole« und spricht dem »gemäßigten« c-Moll-Finale eine »›manische‹ Dimension« ab. »Dem spielerisch und weiträumig abrollenden c-Moll-Thema mit der optimistischen Dur-Aufhellung (T 67 ff) fehlen die Heftigkeit der synkopischen Akzente sowie der vertrackte Moll-Dur-Wechsel des G-Dur-Quartettfinales.« Gewiß, doch ist nicht gerade eine solche harmonische Monochromie dazu angetan, die Pein zu verschärfen? Ursprünglich, im Entwurf, war die zwanghafte Absicht noch sehr viel deutlicher fühlbar. Wie bereits angemerkt, hat Schubert den Themenkopf, dessen aggressiv anrennende Akkordbrechung weite Strecken des Satzes wie eine *idée fixe* beherrschte, ausgetauscht. Schuberts Korrektur mildert das kaum Erträgliche; sie schafft ein Minimum an notwendiger melodischer Abwechslung, reduziert jedoch die Schlüssigkeit der motivischen Zusammenhänge.

Im Gegensatz zu Dahms, der dem c-Moll-Finale leicht beschwingte, und Godel, der ihm optimistische Seiten abgewinnt, sucht und findet kein Geringerer als Dieter Schnebel im Rondo der B-Dur-Sonate »versiegende Kraft – ahnende Darstellung des bevorstehenden Todes«. Er erklärt, »daß nun die heitere Musik nicht – ja womöglich überhaupt nicht mehr« ginge, sieht den ganzen Satz als »verborgenes diminuendo« und enthüllt darin »musikalische Symbole, die Mahler in den Hammerschlägen der Sechsten« vorwegnehmen. Wo Dahms ein »blühendes schwungvolles Hauptthema« und »lyrische Behaglichkeit« ausmacht, nämlich im zart-feierlichen ersten Satz der B-Dur-Sonate, diagnostiziert Schnebel das »Protokoll eines dissoziierenden Lebens«.

Ich habe sehr wenig Lust, Schnebel zu widersprechen, und muß es trotzdem tun. Ich fürchte, sein biographisches Mitgefühl ist mit ihm durchgegangen. Daß Schubert auch noch als Leidender imstande gewesen sein konnte, Wohlsein (wenn nicht Humor), Begeisterung, Euphorie musikalisch zu vermit-

* a. a. O., S. 193 f.

teln, ein von der Phantasie heraufbeschworenes (wenn nicht in der Realität gegründetes) Glück, das seinem »fatalen Erkennen einer miserablen Wirklichkeit« als Zauber entgegenstand – dürfen wir das nicht annehmen? Und daß ein Melancholiker durch die Aktivität des Komponierens nicht tiefer in die Depression hinein (das wäre schöpferischer Stillstand), sondern emphatisch aus dieser herausgeraten möchte, ist geradezu selbstverständlich. Früher war Schubert herzig und leichtsinnig; heute muß er offenbar ganz und gar depressiv sein, und seine Musik trägt einen permanenten Trauerrand. Der Protagonist des »Dreimäderlhauses« übt späte Rache, die Fama der »letzten Kompositionen« tut ein übriges hinzu.

Im Finale der A-Dur-Sonate breitet Schubert seinen Glückstraum hingerissen aus, das Scherzo lacht und wirft Hüte in die Luft. Die »optimistischen« Episoden des c-Moll-Finales hingegen erweisen sich als Irrlichter, Chimären, Einflüsterungen des Erlkönigs.

XIV

Ein Vergleich der Entwürfe mit den Reinschriften zeigt als auffallendsten Unterschied ein verändertes musikalisches Raumgefühl. In den Entwürfen sind Einfälle oder ganze Abschnitte zum Teil schon in ihrem vollen Umfang ausgeführt, zum Teil aber noch zusammengedrängt oder bloß als Keim vorhanden. Die Überarbeitung erst verschafft diesen Partien den Raum, der ihnen zusteht: Wie sich hier einer japanischen Blume gleich der ursprüngliche Ansatz entfaltet, gehört zu den aufregendsten Einblicken in das Wirken einer zugleich blühenden und kritischen Vorstellungskraft. Proportionen werden richtiggestellt, Details beginnen zu sprechen, Fermaten lassen die Zeit stillstehen, Pausen schaffen Atemluft, machen den Atem stocken oder horchen in die Stille. (Im Entwurf steht das Adagio der c-Moll-Sonate noch ohne eine einzige Fermate, das Menuett noch ohne jeden Pausentakt da!) Verzierungen werden hinzugefügt, andere entfernt (so ein Triller auf e im dritten Takt der c-Moll-

Sonate oder ein Doppelschlag zwischen cis und d in Takt 49 des A-Dur-Scherzos). Schroffheiten werden gemildert: Die Wirkung ist nicht schwächend, sondern klärend. Hin und wieder trifft man auf Kühnheiten, die Schubert wohl wenige Jahre später stehengelassen hätte; daß er in Takt 73 des zweiten Satzes der A-Dur-Sonate den ungeheuerlichen, in aller bisherigen Musik beispiellosen Eintritt des G-Dur-Akkords der linken Hand durch einen gis-Vorhalt entschärft hat, kann ich nur resigniert zur Kenntnis nehmen.

Diese G-Dur-Harmonie offenbart mit einem Schlag das Halluzinierende der Stelle – und setzt schon den Orgelpunkt G, der den nächsten zwölf Takten bis zu seiner Auflösung ins c-Moll Halt gibt. Es sei hier angemerkt, daß die drei dunklen Tonarten fis-Moll, c-Moll und – auf dem Höhepunkt des Mittelteils – cis-Moll sich in diesem Satz, gleichsam als äußerste Konzentration der depressiven Kräfte der Trias, versammelt haben.

XV

Die meisten Bildnisse stellen, wie mir scheint, Schubert ideali-
siert und verharmlost dar. Anders zeigt ihn, neben dem brillen-
losen Porträt von 1826 in der Gesellschaft der Musikfreunde in
Wien, vor allem jene »Lebendmaske«*, die Schuberts Freun-
den wohl nicht hübsch genug erschien; erst in den letzten Jahren ist sie, dank der Bemühungen Eva Badura-Skodas, beachtet
worden. (Daß es sich dabei kaum um eine Totenmaske handeln
kann, ist eine einleuchtende Vermutung Eva Badura-Skodas.)
Wir sehen hier kein »Biedermeiergesicht«, sondern kraftvolle,
sinnliche, derb-charakteristische Züge von herausdrängender
Energie, die Beethovens Physiognomie näherstehen als jener
Grillparzers oder Nestroys.

Auch musikalisch hat ein idealisiertes, harmonisch geglätte-
tes Schubert-Bild lange die Vorstellung von Musikern und Hörern beherrscht. Selbst heute noch gilt er nicht wenigen hauptsächlich als der Spender von Wehmut, Rührung und Wohlgefallen. Die »wohlbekannte Timidität und Komodität«, die
Schindler dem Menschen Schubert zuschrieb, wird ohne Zögern auf den Musiker übertragen. (Dabei war Schubert, nach
den Zeugnissen seiner Freunde zu schließen, durchaus nicht
immer so timid, wie Schindler glaubte; und was an einem Menschen kommod sein soll, der in einem kurzen Leben an die
tausend Werke hervorgebracht hat, müßte man mir erst erklären.) »Eine sanfte Melancholie durchzieht Schuberts Musik«,
liest man bei Godel (S. 254). Der Enthusiasmus der großen
C-Dur-Symphonie, die Vitalität vieler Scherzi, der Furor gewisser Schlußsätze, die Verzweiflung der »Winterreise«, das Entsetzen des »Doppelgängers« – dies und vieles andere ist von Sanft-
mut so weit entfernt wie der spätere Goya von Schuberts Wiener
Malerfreunden. Kupelwieser und Schwind haben keine »schau-
erlichen Lieder« gemalt! Freilich gibt uns Schubert, dieser am
unmittelbarsten bewegende aller Komponisten, neben dem
Schrecken seiner Totentänze auch die Geborgenheit in der To-

---

* Abgüsse finden sich im Konservatorium der Stadt Wien und in der Bibliothek des Curtis Institute, Philadelphia.

deswärme, die Süßigkeit, die Verlockung, die Sirenengesänge und Sphärenklänge des Todes. Nach dem Tod seiner Mutter werden Tod und Mutter gleichsam identisch; Mutterbindung wird zur Todesverhaftung. Auch dafür reicht das Wort »sanft« gewiß nicht aus. Der Sänger, der die dynamischen Anweisungen der »Winterreise« beachtet (sie stehen überwiegend in der Klavierstimme), wird jene Hörer erschrecken, denen der gleichmäßig schöne Ton und die noble Phrase die Erfüllung des Liedgesangs bedeuten.

Schuberts Vortragszeichen fordern, mehr noch als jene Beethovens, das Äußerste heraus. (Ähnliches läßt sich von Schuberts harmonischer Kühnheit sagen, die auch in den letzten Sonaten oft chromatisch benachbarte Tonarten nebeneinanderstellt.) Allerdings lehrt einen die Erfahrung, daß er immer wieder darauf verzichtet, dynamische Zwischenwerte einzutragen, wie etwa in den Takten 184–224 des B-Dur-Finales: Wörtlich genommen, würde hier nach einem 19taktigen *pp* ein *decrescendo* beginnen, dem acht Takte später ein weiteres folgte, um wiederum vier Takte später in ein *diminuendo* zu münden, das acht Takte lang wirksam bliebe. Diese Dynamik wäre selbst als Idee der Musik unzuträglich: Schubert setzt hier ganz offenbar voraus, daß der Spieler beim Beginn der Phrasen (Auftakt 202, Auftakt 210, Auftakt 216) jeweils dynamisch wieder etwas höher ansetzt – und bei entsprechenden *crescendos* jeweils etwas tiefer –, ohne eigens dazu gebeten zu werden. Die notationstechnische Unerfahrenheit eines jungen Komponisten kommt hier zum Vorschein: Schubert hatte wohl kaum Gelegenheit, seine Klavierwerke von anderen gespielt zu hören und darauf zu reagieren. Mißverständlich sind auch Schuberts (allzu) häufige Akzente, die in den Autographen dank ihrer wechselnden Größe und Vehemenz von *decrescendo*-Gabeln oft kaum zu unterscheiden sind. (Leider hat die neue Gesamtausgabe von Bärenreiter diese Zeichen vereinheitlicht, statt sich in der Reproduktion der Akzente so eng wie möglich an Schuberts eigene Unklarheit zu halten und dem Spieler die Entscheidung zu überlassen.) Hinzu kommt, daß Schuberts Akzentbesessenheit gerade auf dem Klavier besonderer Vorsicht bedarf, wenn man es vermeiden will, pedantisch zu betonen oder in die Gesangsphrasen

Nägel einzuschlagen. Schuberts »altmodische« Triolennotation in Gestalt von punktierten Noten hat sich inzwischen etwas herumgesprochen; ich möchte mich hier selbst korrigieren und melden, daß ich nun auch im Adagio der c-Moll-Sonate die Oktavsprünge (Takte 32 usw.) an die Triolen angleiche – ein langer Blick ins Autograph der Reinschrift (Sammlung Floersheim, Basel) hat mich gelehrt, daß hier nur Angleichung gemeint sein kann. Daß Schubert in Takt 62 usw. die einfache Punktierung des Entwurfs in eine doppelte verwandelt hat, spricht nicht gegen die Angleichung, sondern dafür: Nur der kürzere Notenwert darf ja an die Triole angepaßt werden.

Der bei Schubert geradezu unentbehrliche Umgang mit Autographen enthüllt dem Spieler noch eine Eigenschaft, die den eiligen Komponisten verrät: seine oft unvollständige, aber auch sporadische und gelegentlich unentschiedene Setzung von Ligaturen (Haltebogen). Ich bin dazu übergegangen, Ligaturen in Nebenstimmen, meinem Ohr folgend, ad libitum zu behandeln.

XVI

Drei Zitate aus der Schubert-Literatur:

»Sein Klavierstil, selbst manchmal in seinen Liedern, ist nicht ohne Ansprüche, geht aber in der Erfassung technischer Möglichkeiten kaum über Beethoven hinaus und scheint durchaus von dem leicht ansprechenden, hellen Ton des Wiener Instruments seiner Periode bestimmt gewesen zu sein.«
(Hans Gal, »Franz Schubert oder die Melodie«, Frankfurt a. M. 1970, S. 150)
»Wenig Spannung, dafür gleichmäßige Süßigkeit und Mangel an Tempo.«
(Carl Spitteler, »Schuberts Klaviersonaten«, 1887, in: »Lachende Wahrheiten«, Florenz/Leipzig 1898).
»Der Fortbestand des Themas als Thema wird vom Potpourri garantiert, das Thema an Thema fügt, ohne aus einem

verändernde Konsequenzen ziehen zu müssen... blindlings unternommene Sammlung [von Themen]... So wenig Geschichte zwischen dem Eintreten eines Schubertschen Themas und einem zweiten konstitutiv waltet, so wenig ist Leben intentionales Objekt seiner Musik.«
(Theodor W. Adorno, »Schubert«, in: »Die Musik«, 1928, S. 4 f.)

Ein Musikologe und Komponist konservativster Art, ein musikliebender Poet und ein komponierender Denker haben hier Fehlurteile präsentiert.

Der Klavierstil Schuberts ist keineswegs jener Beethovens; er ist in seiner Klangdisposition grundverschieden und schlägt mit seinen schnellen Oktaven, Tremolos und Tonrepetitionen schon eine Brücke zu Liszt. Weniger der Ton des Wiener Instruments bestimmt ihn als vielmehr gesangliche und orchestrale Vorstellungen. In die letzten Sonaten ist der Klang des Streichquartetts oder -quintetts ebenso eingeflossen wie der religiöser Chormusik. Lediglich die lyrischen Klavierstücke (Impromptus usw.) sind überwiegend »klaviermäßig« erfunden, und nur hier sollte der Pianist vom Klavierklang ausgehen.

Dem Kommentar Spittelers ist zu entnehmen, daß er gute Aufführungen der Sonaten nie erlebt hat. Immerhin hat er ihnen zu einer Zeit, da niemand sonst sie wahrnahm, Beachtung geschenkt.

Auch Adornos These eines »Potpourricharakters« der Schubertschen Musik, nämlich ihrer (angeblich) zufälligen, austauschbaren Aneinanderreihung schöner Themen ohne innere Verbindung oder Verarbeitung, hält einer Prüfung nicht stand. Im ersten Satz der B-Dur-Sonate, dessen zweites Thema in fis-Moll Adorno zu Unrecht als Exempel Schubertscher Unvermitteltheit in Anspruch nimmt, führt Schubert uns in 20taktiger Entwicklung zum dritten Thema. Aus der Sextenformel (Beispiel 87) wird erst die verminderte Quintformel.

Der nächste Schritt bringt Elemente des Anfangsthemas zum Vorschein.

Schließlich wird aus einem Stenogramm des Anfangsthemas das dritte Thema gewonnen (Beispiel 24).

Der höchst unorthodoxe erste Satz der A-Dur-Sonate wiederum beginnt mit zwei aufeinanderfolgenden Einfällen heterogenen Charakters – ich nannte sie versuchsweise »Credo, ma con fuoco« (Takte 1–7) und »Capriccioso con grazia« (Takte 7–16) –, die sofort aufeinander einwirken (Takte 16–22). Der zweite Gedanke läuft dann, in weit ausgreifender durchführungsartiger Verarbeitung, in den dritten, das Seitenthema (Takt 55), das seinerseits in engster Beziehung zum Anfang steht: Die Anfangsharmonien sind nun im Sopran mit einer gesanglichen Melodie versehen. Es folgt, an den Ausklang des Seitensatzes anknüpfend (Takt 82), ein Abschnitt, den man beinahe für die eigentliche Durchführung des Satzes halten möchte. (Der naive Hörer erwartet danach schon die Reprise; wenn der Spieler ihm die Wiederholung der Exposition nicht erspart, erhält er tatsächlich den falschen Eindruck, bereits bei der Reprise angelangt zu sein.) Im Gegensatz zu dieser durchführungsreichen Exposition ist die wirkliche Durchführung dann eine großflächige, kantable Fortspinnung des ausklingenden Abgesangs, einer Variante von 66a. Später übernimmt der Credo-Charakter mit seinen Oktavsprüngen allmählich die Führung und bereitet so die Reprise geradezu symphonisch vor.

»Potpourriartige« Exposition, Vertauschbarkeit der Themen und konfliktarme Durchführung sind weit eher Mozarts als Schuberts Sache. In der Exposition des Klavierkonzerts KV 595 etwa hört man mindestens acht deutlich unterscheidbare melodische Abschnitte, die in der Art einer »unendlichen Melodie« ohne konstruktiven Grimm aufeinanderfolgen, ihr Genügen darin findend, daß sie sich wunderbar aneinanderfügen.

XVII

Unter Schuberts letzten Sonaten hatte jene in B-Dur in unserem Jahrhundert den leichtesten Stand. Man darf sie die schönste und bewegendste nennen, die resignierteste und ausgeglichenste. Sie am ehesten entspricht der Vorstellung eines sanft-melancholischen Schubert.

Die ersten beiden Sätze nehmen Abschied. Abschiede werden nicht nur am Rande des Grabes komponiert. Beethoven liebte das Verabschieden weit über die »Lebewohl«-Sonate hinaus: Bereits das »Andante favori« etwa, wie später das Adagio von op. 111 oder das abschließende Menuett der Diabelli-Variationen, ist von »Lebewohl« als Wortklang und Stimmung durchdrungen.

Alles in der B-Dur-Sonate scheint psychologisch kontrolliert; auch das fis-Moll-Seitenthema, das sich Adorno so abrupt darstellte, kommt motivisch und harmonisch durchaus nicht unvermittelt, und den aggressiven Episoden des Finales geht jeweils die Stille voraus, die den Sturm als mögliche Folge in sich birgt. Einzig jene Überleitung im ersten Satz, die ich schon beklagt habe, durchbricht als Fundstück einer früheren Konzeptphase die neu gewonnene psychologische Fassung – ein Übergriff aus den fieberhaften Regionen der beiden anderen Sonaten. Sie erscheint mir hier so fehl am Platze wie die Wiederholung der Exposition, zu der diese Takte auffordern.

Wenn die B-Dur-Sonate die schönste ist, dann ist jene in A-Dur die erstaunlichste und interessanteste. Sie präsentiert die hellste Welt mit der dunkelsten Gegenwelt. Zwischen Sätzen, deren seelische Grundfarbe aus Zuversicht und abenteuerlichem Schwung, Zartheit und Geheimnis, Witz und Hingabe, Stille und chromatischem Aufruhr leuchtkräftig gemischt ist, steht das Andantino mit dem tiefsten Seelenriß. Der erste Satz hält sich zwischen Improvisation und Konstruktion in gewagter Schwebe, operiert mit wechselnden Gewichten, variiert immer wieder sein Erzähltempo und erschließt seine Gesamtform erst im Rückblick. Die Coda zitiert den Satzbeginn unter veränderten Vorzeichen: nicht mit Paukenschlägen der Zuversicht, sondern flüsternd, nicht öffentlich, sondern heimlich. In den abschließenden Arpeggien verbinden sich Merkmale beider Anfangscharaktere in umgekehrter – nicht ab-, sondern aufsteigender – Richtung: gebrochener Akkord und Oktavsprung. Artur Schnabel hat als erster dieser Sonate zu ihrem Recht verholfen. Auch heute noch überträgt seine Schallplatte von 1937 etwas von der Frische einer großen Entdeckung.

Wer in wohltuender Schönheit baden möchte, wird mit der c-Moll-Sonate wenig Freude haben. Düster-leidenschaftlich und eisig schlägt es uns daraus entgegen. Sie ist wohl die unsinnlichste, die unwirtlichste und, hinter ihrer klassizistischen Fassade, die neurotischste aller Schubert-Sonaten. Im Jahr nach Beethovens Tod (dessen Sarg er tragen half) setzt Schubert sich darin offen mit Beethoven und der Klassik auseinander, jedoch nicht im Sinne pietätvoller Nachfolge.

Schubert hat, bei aller Bewunderung, von Beethoven vor allem gelernt, sich von ihm zu unterscheiden. Schon Dvořák hatte erkannt, daß Schubert von Anfang an mit Beethoven wenig gemeinsam hatte, es sei denn »den melodischen Fluß und die Kraft der Baßführung, die sich schon in den frühen Symphonien zeigen«. Die fixe Idee, er habe sich als Sonatenkomponist an Beethoven orientiert, ist dennoch die längste Zeit ein Hindernis der Schubert-Rezeption geblieben. Daß man sich in den ersten Jahrzehnten dieses Jahrhunderts gern von Beethoven abkehrte, machte alles nur noch schlimmer. In einer Umfrage des Jahres 1927 begründete Maurice Ravel Beethovens Komponistenruhm weitgehend mit dessen Taubheit, der »Legende seines Lebens« und der Großherzigkeit seiner sozialen Ideen! Neoklassizismus, Neue Sachlichkeit, musikalische Knappheitsästhetik und Protest gegen die Dominanz »deutscher« Instrumentalmusik liefen im Widerstand gegen Beethoven nun auch gleich gegen den Sonatenkomponisten Schubert an. Wo Beethoven ins Unrecht gesetzt wurde, war Schubert doppelt unwillkommen.

Arnold Schönberg wußte es besser. In einem Textentwurf zur hundertsten Wiederkehr von Schuberts Todestag* schrieb er: »Mir scheint folgendes bisher unbeachtet, ja das Gegenteil

* The Schoenberg Institute, Los Angeles.

meist behauptet: Eine solche unfaßbar große Originalität in jeder Einzelheit neben einer erdrückenden Erscheinung wie Beethoven. Kein Wunder, daß man sie noch heute nicht voll erkannt hat, wo ihre Kühnheit kaum mehr stört. Dann bedenke man: Welche Selbstachtung! In der nächsten Nähe dieses erdrückenden Genies fühlt er nicht das Bedürfnis, dessen Größe zu leugnen, um doch irgendwie bestehen zu können! Welches Selbstbewußtsein, welches wahrhaft aristokratische Standesgefühl, das im Großen den Gleichen achtet!«

Schubert bezieht sich auf Beethoven, er reagiert auf ihn, aber er folgt ihm kaum. Ähnlichkeiten der Motive, des Satzes, der formalen Muster beeinträchtigen nie Schuberts eigenen Ton. Modelle werden verborgen, verwandelt oder übertroffen. Verborgen bleibt der Einfluß Beethovens (oder wäre es vielleicht ohne Charles Rosen und Edward Cone geblieben) im Finale der großen A-Dur-Sonate, obwohl es sich formal eng an jenem von Beethovens op. 31/1 zu orientieren scheint. In Schuberts c-Moll-Sonate tritt Beethovensches unverhüllter zutage. Die Tonart c-Moll, der Charakter düsterer Entschlossenheit, das mild-entrückte Adagio an Stelle des bei Schubert sonst üblichen tänzerischen Andantes und die sonatenhaften Züge des Rondos – dies und anderes scheint auf Beethoven hinzudeuten. Dazu kommt der Anklang an Beethovensche Themen: an jenes der c-Moll-Variationen etwa, das dem Beginn der c-Moll-Sonate nachzustreben scheint. Während Beethoven jedoch sein Thema in der strengen Logik seiner Verkürzungstechnik organisiert, nimmt Schubert solche Verkürzungen zum Anlaß, sie scheitern zu lassen. Nicht majestätischer, auf die Festigkeit musikalischer Proportionen gegründeter Trotz bestimmt hier den Charakter, sondern eine unstete und flackernde Energie, die vier- und achttaktige Gliederungen nervös vermeidet. Schuberts Pathos ist auf Angst gebaut.

Der Spieler, den der Beginn des As-Dur-Adagios der c-Moll-Sonate an jenen des Adagios aus Beethovens op. 10/1 oder, rhythmisch verwandter, an das Largo aus Beethovens C-Dur-Konzert erinnert, sollte sich auch hier den Unterschied der Gefühlslagen bewußt machen: Wo Beethoven zart-schwärmerische Liebeserklärungen komponiert, ist Schubert zugleich entrückt und »heilig-nüchtern« (um eine Wortbildung Hölderlins zu gebrauchen). Vollends verändert ist das emotionelle Klima des des-Moll-Themas (s. S. 32) im Vergleich zum Anfangsthema der Beethovenschen »Pathétique«, von dem es abgeleitet sein könnte. Ein zweiter Blick auf Adagio und Menuett – ein Antimenuett im Sinne Haydns! – verrät, daß die beiden Sätze Haydn mehr verdanken als Beethoven und dem Streichquartett mehr als pianistischen Vorgängern. (Weniger klavier- als streichergemäß ist ja auch, wie jeder Pianist in den Handgelenken spürt, das Finale.) Vom langsamen Satz des B-Dur-Quartetts op. 76/4 von Haydn ist Schuberts Adagio im Geiste zeitweise nur einen kleinen, aber höchst individuellen Schritt entfernt. Wir vergessen leicht, daß das feierliche Adagio, auch jenes des jüngeren Beethoven, sich von Haydn herleitet und daß uns die erste der großen c-Moll-Sonaten der Klavierliteratur von Haydn geschenkt wurde. Noch äußerlicher bleiben die Reminiszenzen der Schlußsätze von Beethovens op. 31/2 und 31/3 im Finale, dessen kontrollierte Raserei nahezu pathologische Bahnen einschlägt.

Schuberts letzte Sonaten gehören zusammen. Eine Folge von Notenbeispielen soll dies noch deutlicher machen. Die Beispiele, meist Themenanfänge, sind als eine Kette entwickelnder Variationen aneinandergereiht und, wo nötig, in den A-Dur/fis-Moll-Tonraum transponiert, um Vergleiche zu erleichtern (s. S. 152 f.). Eine weitere Tafel soll die melodischen Verwandtschaften beider Innensätze der Sonaten vereinfacht darstellen (s. S. 151). Natürlich können die drei Werke auch separat gespielt werden. Dennoch scheinen sie mir stärker aufeinander hinzuweisen als die Sonaten in Beethovens Triaden. Einer These von Verstörung und destruktiver Energie (c-Moll) folgt die Antithese leuchtender, ins Positive gewendeter Aktivität (A-Dur), um in einer Synthese resignierter Gefaßtheit (B-Dur) zu münden. Das Finale der B-Dur-Sonate zeigt eine Fröhlichkeit, die nicht mehr unschuldig ist wie jene des Forellenquintetts und nicht zähneknirschend wie der Ausklang des Streichquintetts. Ihr Bereich liegt irgendwo zwischen Jean Paulschem Humor und dem Wiener Diktum, die Lage sei hoffnungslos, aber nicht ernst. Daß Schubert auch noch in seiner letzten Lebenszeit manchmal imstande war, die Dinge leichtzunehmen, sollte uns freuen. Nichts vermag uns allerdings mit dem Zynismus eines Schicksals zu versöhnen, das Schubert im Alter von 31 Jahren sterben ließ.

(1988)

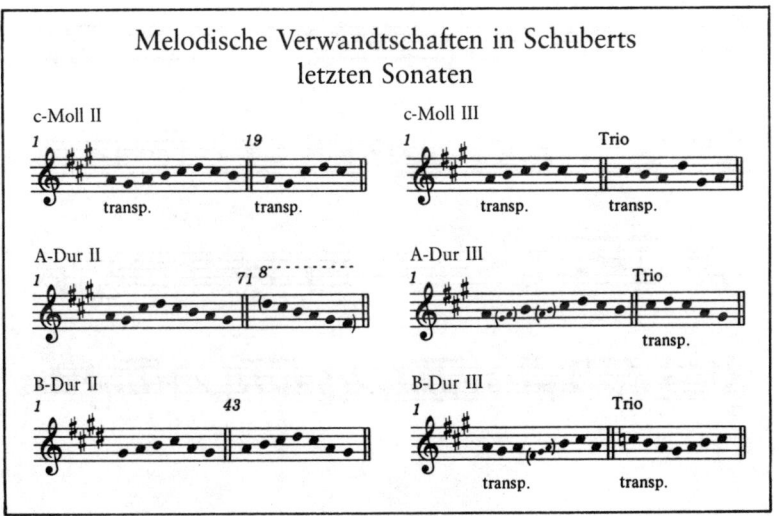

Melodische Verwandtschaften in Schuberts letzten Sonaten

Die folgenden Beispiele aus Schuberts letzten Sonaten sind sämtlich im A-Dur/fis-Moll-Tonraum notiert und als entwickelnde Variation angeordnet. Sie beginnen mit der Quintenformel h.

c-Moll I

B-Dur I

c-Moll II

A-Dur III (vereinfacht)

A-Dur I

Der Interpret muß erwachsen sein
Zu Schumanns »Kinderszenen«

Was der Komponist dieser »leichten Stücke für das Pianoforte« selbst als kindlich und leicht hinstellte, gehört für den Interpreten zum Schwierigsten. In diesen Stücken läßt sich nichts verbergen; jeder Ton hat seine Bedeutung, die man weder unterschätzen noch dramatisieren darf. Das Rezept, dem die meisten Aufführungen der »Kinderszenen« zu folgen scheinen, ist, in Worte gefaßt, etwa folgendes: »Naivität kann man nicht erzwingen, sie muß sich von selbst einstellen; man sollte daher die ›Kinderszenen‹ improvisieren und seinem Glück vertrauen.« Eine solche Haltung ist, gerade bei den »Kinderszenen«, grundfalsch. Nur liebevolle Genauigkeit, nur liebende Distanz wird diesen Miniaturen gerecht. Nicht wirkliche, sondern scheinbare Absichtslosigkeit tut ihnen not. Der Spieler darf nicht selbst zum Kind werden.

Wo der Künstler Kindliches in sich hervorholt, tut er dies mit künstlerischen Mitteln. Man erinnert sich an Alban Bergs Zurechtweisung Hans Pfitzners, der in der »Träumerei« das Idealbeispiel der Inspiration, der vom Himmel gefallenen Melodie, erblickt hatte, vor der jede Analyse verstummen muß. Was Berg in seinem so bewundernswerten Nachweis der Konstruktion der »Träumerei« seltsamerweise unerwähnt ließ, ist die motivische Verbindung des Stücks mit dem ganzen Zyklus. Bevor ich darauf eingehen will, sei jedoch ein anderer, nämlich der psychologische Zusammenhang der »Kinderszenen« untersucht.

Zur Psychologie des Zyklus

Schumann komponiert im Februar/März 1838 innerhalb weniger Wochen »an die 30 kleine putzige Dinger«, von denen er 13 als »Kinderszenen« aneinanderreiht. Durch die Aneinanderreihung hören sie auf, »putzige Dinger« zu sein: Eine magnetische Anziehungskraft hält sie plötzlich zusammen, deutet auf Beziehungen zueinander, erweist sie als Bausteine einer lyrischen Welt, die sehr viel größer ist als die Summe ihrer Teile.

Die Lust, Serien von Stücken im ganzen zu sehen, ist unter Interpreten offenbar erstaunlich spät erwacht. Busoni scheint einer der ersten gewesen zu sein, der Chopins Préludes und Etüden komplett aufführte. Noch Liszt beschränkte sich in Leipzig auf eine Auswahl aus dem »Carnaval«, und Clara Schumann persönlich ließ, wie Donald Francis Tovey berichtet, beim Vortrag dieses Werkes alles, was die Familie direkt berührte, nämlich »Florestan«, »Eusebius«, »Chiarina« und »Estrella«, einfach weg.

Unter den Stücken der »Kinderszenen« führt die »Träumerei« ein Eigenleben. Als Gustostück ist sie in allerlei Versionen zweifelhaften Geschmacks bis in die fernsten Länder gedrungen. (Unvergeßlich bleibt mir eine Villa in Buenos Aires, die nicht nur den Namen »Rêverie« trug, sondern beim Öffnen der Haustür auch noch eine Spieldosen-Träumerei erschallen ließ.) Auf sich allein gestellt, erscheint das malträtierte Stück kaum mehr identisch mit jener »Träumerei«, die als Nr. 7 im Mittelpunkt der »Kinderszenen« steht. Nach der komischen Emphase der vorangehenden »Wichtigen Begebenheit« überrascht sie uns in der Tonart F-Dur als eine Insel der Stille, der ungreifbar gleitenden rhythmischen Schwerpunkte, des angehaltenen Atems, des freundlichen polyphonen Traumes, der sich dann im 8. Stück, »Am Kamin«, wieder in Realität und lebhafte Bewegung entlädt.

Im Gesamtverlauf der »Kinderszenen« erleben wir die »Träumerei« als ersten wichtigen Einschnitt. Die Herrschaft der Kreuztonarten, die sich sechs Stücke lang um das Zentrum D-Dur gruppiert hatten, ist nun gebrochen; sie werden bis zum 10. Stück nicht berührt. Dieses Stück bringt dann den zweiten

Wendepunkt: Auf den C-Dur-Schluß des »Ritters vom Stecken-
pferd« folgt das fremde gis-Moll – ein sehr zartes Ereignis von
traumatischer Wirkung. Die neue Seelenlage – im Titel des
10. Stücks, »Fast zu ernst«, ironisch angedeutet – tritt in allen
verbleibenden Stücken zutage: als nervöse Empfindsamkeit, in
komplizierter und unregelmäßiger Periodenbildung, als innere
Unruhe der Synkopen und Fermaten von »Fast zu ernst«, als
Schwanken zwischen e-Moll und G-Dur im »Fürchtenmachen«, das trotz seines beschwichtigenden G-Dur-Schlusses der
Paralleltonart e-Moll verhaftet bleibt, wie das folgende Stück,
»Kind im Einschlummern«, dann erweist. Aber auch dieses
Stück endet nicht auf der ersten Stufe der Tonart e-Moll, in der
es, mehr wach als schlafend, begann; es bleibt auf einem wun-
derbaren, wahrhaft romantischen a-Moll-Akkord stehen, in
den man hineinblickt wie in einen Mund, den der Schlaf geöffnet hat.

Dieser Mund beginnt nun gleichsam mit der Stimme des
Dichters zu reden. Doch ist es, im 13. und abschließenden
Stück, »der Dichter«, der für sich selbst »spricht« und das
Fragezeichen des a-Moll-Akkords mit der Rückkehr in die An-
fangstonart der »Kinderszenen«, nach G-Dur, beantwortet.
Der Kreis schließt sich; wurde in den vorausgehenden Stücken
der Dichter scheinbar zum Kind, so wird in diesem Epilog das
Kind gleichsam zum Dichter.

Ein Zyklus kleinerer Stücke stellt dem Spieler die Aufgabe,
zwei verschiedene Gesichtspunkte zu vereinbaren: die scharfe
Charakterisierung des Einzelstücks und den Sog des Ganzen.
Ein Modellfall ist Alfred Cortots Schallplatte der Préludes Chopins; jedes Prélude zeigt darin sofort, ja geradezu blitzartig,
sein unverwechselbares Gesicht. Daß die Stücke fast pausenlos
aufeinander folgen, verstärkt noch den Eindruck phänomena-
ler Sicherheit, mit der hier charakterisiert wird. Die Tatsache,
daß kein Stück wie das andere ist und jedes seine eigene Welt
bewohnt, wird in den Préludes, neben der Reise durch alle Tonarten, zum Ordnungsfaktor. In anderen Zyklen mag es der
ständige Rückblick aufs Thema (Variationform) beziehungsweise der gemeinsame Nenner einzelner oder mehrerer Motive
sein, der den Ablauf der Stücke zusammenhält. Immer geht es

dabei um die Dichte des Ablaufs, der wirkliche Atempausen zwischen den Stücken nur selten zuläßt. In den »Kinderszenen« spüre ich kaum wahrnehmbare Zäsuren vor der »Träumerei« und nach »Fast zu ernst«. Alle übrigen Stücke leiten ineinander über oder schließen unmittelbar aneinander an.

Motivischer Zusammenhang

Gleich der Beginn des ersten Stücks gibt uns, wie gewöhnlich, das wesentlichste Tonmaterial an die Hand. (Daß ich den lieblichen Beginn der Melodie als Tonmaterial bezeichne, wird nur jene kränken, die meinen, Poesie und Ratio hätten nichts miteinander zu tun. Dabei belehrt uns gerade die romantische Ästhetik eines besseren.) Das Grundmotiv

Von fremden Ländern und Menschen

begegnet uns in den weiteren Stücken in vielfacher Gestalt, wobei nur die Melodienoten, nicht aber ihr Rhythmus zu beachten sind. Es handelt sich um die Töne h–g–fis–e–d, die wir, offenkundig oder verborgen, transponiert oder untransponiert, in beliebiger Folge (als »Interversion«, um einen Ausdruck Rudolf Rétis* zu gebrauchen) oder mit Zusatznoten (also auskomponiert, wie Heinrich Schenker das nannte) wiederfinden.

Zwei Erscheinungsformen seien der Einfachheit halber mit Namen versehen. Als *Originalgestalt* (OR) bezeichne ich das Grundmotiv, wo es, von Tonarten unabhängig, auf den ursprünglichen Tönen wiederkehrt – gleichsam geographisch fixiert, wobei Oktavtranspositionen oder verändernde Versetzungszeichen nicht ins Gewicht fallen. Als *Transposition* (TR) bezeichne ich hingegen die Übertragung der Originalnoten in

---

* In Rétis »The Thematic Process in Music« (New York 1951) werden die »Kinderszenen« als Thema mit Variationen behandelt. Dies scheint mir den Verwandtschaftsgrad der Stücke zu überschätzen. Meine eigene, unabhängige Untersuchung verfolgt bescheidenere Ziele.

andere Tonarten und (oder) auf andere Stufen. Die folgenden Beispiele sind lediglich eine Auswahl aus dem Angebot des Vorhandenen.

Am Beginn des 2. und 3. Stücks verschränken sich Transpositionen des Grundmotivs mit dem Original.

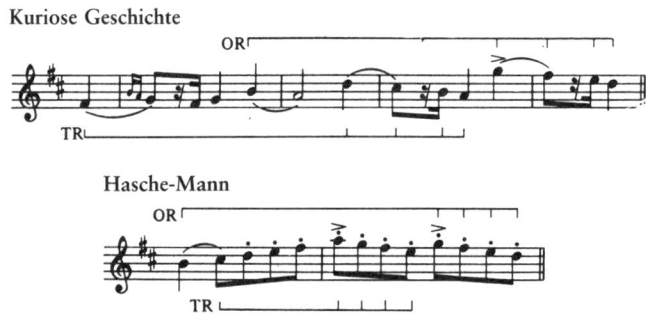

Das 4. Stück bringt ohne jede melodische Veränderung die Originalgestalt in der Tonart D-Dur.

Im 5. Stück erscheinen, nach mehrfachen Transpositionen, die Originalnoten am Schluß.

Der Beginn des 6. Stücks kombiniert zwei Transpositionen:

und

Sein Mittelteil verteilt die Transposition

auf zwei Figuren:

158

 und

Im Thema der »Träumerei« ist die Transposition besonders leicht herauszuhören.

Das 8. Stück enthält neben transponierten Interversionen des Grundmotivs zweimal die Originalgestalt.

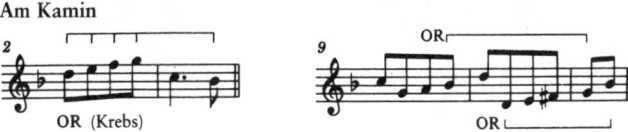

In den ersten vier Takten des 9. Stücks findet sich eine Transposition als Hintergrund der Oberstimme.

Mit dem 10. Stück wird die Situation komplizierter. Die veränderte Seelenlage drückt sich auch motivisch aus.

Von den beiden gis in den Takten 1 und 3 ausgehend höre ich eine Fortsetzung im fünften Takt.

Sehr ähnlich kehrt diese Figur später wieder.

Auch am Beginn des 11. Stück ist es möglich, »fernzuhören«.

Eine spätere Version der Originalgestalt lautet:

Das vorletzte Stück verteilt die Originalgestalt auf zwei Stimmen.

Im Schlußstück wird uns, der veränderten Perspektive entsprechend, das Grundmotiv kaum mehr bewußt. Fragmente von vier Tönen finden sich in der Anfangsphrase und, etwas deutlicher, im Rezitativ, während wir die kompletten Transpositionen kaum mehr wahrnehmen.

Die Stimmführung ist hier vom Spieler liebevoll zu beachten; daß das gis zum e des Vorschlags hinaufführt, wird gewöhnlich übersehen. Ich warte immer noch auf die Ausgabe, die diesen Sachverhalt klärt, statt wie bisher die letzte Note des Doppelschlags und die Vorschlagsnote e übereinander zu drucken. Wo

Schumanns eigene Notation irreführend ist, darf sie korrigiert werden. Übrigens muß der Vorschlag mit dem c des Basses zusammenfallen, damit das Aufsteigen der Sexte deutlich hörbar wird.

In den Takten 18–23 könnte man zwei ineinander verschlungene Transpositionen in der Oberstimme und eine weitere in der Mittelstimme erraten.

Motivische Querverbindungen dieser Art sind nichts Neues. Beethoven hat in seinen Sonaten Zusammenhänge, wie sie hier beschrieben wurden, mit höchster Überlegenheit hergestellt. Wieweit solche motivische Arbeit bewußter Absicht unterlag, bleibt der Spekulation überlassen. Ordnungsprinzipien sind nicht weniger eindrucksvoll, wenn sie aus unbewußten Quellen gespeist werden.

Metronomisierung – ein Exkurs

In den »Kinderszenen« fehlen konventionelle Tempobezeichnungen, wie Schumann sie sonst, ob deutsch oder italienisch, verwendete. An ihrer Stelle finden sich poetische Überschriften – sie »entstanden natürlich später und sind eigentlich weiter nichts als feinere Fingerzeige für Vortrag und Auffassung«, sagt Schumann – und Metronomzahlen. Diese stehen nur in späteren Auflagen des Erstdrucks, die erste enthält sie noch nicht. Ein Exemplar dieses Urdrucks befindet sich in der Staatsbibliothek Berlin. Sein ursprünglicher Besitzer, ein gewisser Otto Boehme, notiert – wie Malcolm Frager mir freundlicherweise anvertraut hat – auf der ersten Notenseite: »Die Metronomisierung der Kinderszenen ist nicht nur nicht von Schumann, sondern überhaupt ohne sein Mitwissen, ohne seine Zuziehung gemacht und einem späteren Abzuge (Abdrucke) des Werkes, aus welchem ich mir diese kopiert habe, beigegeben worden. Ich erfahre dies (13.9.46) vom Musikalienhändler Friedrich Whistling aus Leipzig, der es eben von Schumann selbst, den er besucht hat, erfahren.«

Anders lautet eine Bemerkung von Brahms, welche sich auf

die im Entstehen begriffene Schumann-Gesamtausgabe bei Breitkopf & Härtel bezieht. In einem Brief an Clara Schumann vom April 1879 schreibt Brahms: »Notiere doch auch Härtels, daß die Pedal- und Metronombezeichnung in den Kinderszenen *zu bleiben hat*. Aus dem mitgeschickten Band sehe ich nämlich, daß Sch[umann] solche Exemplare gehabt und einbinden hat lassen.« (Brahms' Rat wurde nicht befolgt.) Boehmes musikalisches Urteil wird durch sein eigenes wahnwitziges Tempo der »Träumerei« ($\downarrow$ = 132) diskreditiert – es sei denn, er hätte Achtel statt Viertel gemeint.

Ich gestehe, daß mir die *Idee* eines Tempos, sei sie auch mit Wörtern wie Allegro oder Andante, »Sehr rasch« oder »Mäßig« relativ vage ausgedrückt, lieber ist als der erhobene Zeigefinger der metronomischen Vorschrift. Ist eine Metronomzahl tatsächlich »genauer«? Wird die genau beschriebene Romanfigur lebendiger als jene, die der Phantasie des Lesers genügend Platz einräumt? Ich habe bisher einen einzigen Musiker getroffen, der das Äquivalent zum absoluten Gehör besaß: den absoluten Sinn für Tempo. Die Fähigkeit des verstorbenen Dirigenten Paul Paray, ein ganz bestimmtes Tempo Abend für Abend zu reproduzieren (und festzuhalten), war noch im Alter von 90 Jahren unfehlbar. Andere musikalische Sterbliche, Komponisten nicht ausgenommen, unterliegen beträchtlichen Schwankungen des Tempogefühls je nach Saal und Instrument, Wetter und Wohlbefinden. (Das Bedürfnis, Tempi zu modifizieren, bleibe hier unberührt.) Der Spieler oder Hörer mag von zwei Aufführungen desselben Stücks sehr verschiedene Eindrücke empfangen, selbst wenn die Stoppuhr ihn belehrt, daß die Zeitdauer auf die Sekunde übereinstimmte. Was gestern zu schleppen schien, wirkt heute fließend. Der alte Otto Klemperer war sich wohl kaum darüber im klaren, wie langsam seine Tempi waren und daß sie oft um vieles langsamer waren als jene seiner früheren Jahre. Béla Bartók, einer der präzisesten Künstler der Notation, lief bei Proben mit dem Taschenmetronom herum und spielte doch auf der Schallplatte drei Sätze seiner Suite op. 14 um mindestens 20 Metronomgrade schneller als angegeben. Und wie peinlich, wenn sich nach 35 Jahren herausstellt, daß die gedruckte Metronomzahl des zweiten Satzes von Bartóks Orchesterkonzert, von Kapellmeistern verzweifelt und gegen ihr Gefühl befolgt, ebensowenig den Absichten des Komponisten entspricht wie die gedruckte Tempoangabe (*Allegretto scherzando* ♩ = 74 statt des authentischen *Allegro scherzando* ♩ = 94)! Nach dem Zeugnis des Schönberg-Kenners und -Assistenten Leonard Stein waren die Tempovorstellungen Schönbergs und Strawinskys über die Jahre hinweg starken Veränderungen unterworfen. In Schönbergs Klavierkonzert op. 42 »stimmen«, nach Eduard Steuermanns ersten Aufführungen zu schließen, viele Metronomangaben; andere sind absurd und unausführbar und werden von ihm ignoriert. Das Tonband einer Frankfurter Aufführung von Steuermann und Hermann Scherchen aus dem Jahr 1955 ergibt eine Dauer von 19 Minuten statt der völlig unsinnigen 28, die Schönberg selbst zu Papier brachte; eine wörtliche Befolgung aller Metronome würde das Werk bloß noch geschwinder machen.

Das »richtige Tempo«, in Zahlen festgehalten, ist keineswegs der Schlüssel zu einer »richtigen« Aufführung. Eher schon ergibt sich das Tempo aus der Summe aller anderen Faktoren: der formalen und emotionellen Eigenschaften der Komposition, der Vortragszeichen, die über Artikulation, Dynamik, Charakter und Atmosphäre einigen Bescheid geben, der poetischen oder programmatischen Hinweise, wo solche vorhanden sind, der (wenigstens annähernden) Spielbarkeit und schließlich der Durchhörbarkeit im Hall des Konzertsaals.

Nachdem dies gesagt ist, möchte ich klarstellen, daß ich nicht zu jenen gehöre, die Metronomangaben des Komponisten unbesehen beiseite schieben, »weil sie sowieso nicht stimmen«. Ich freue mich schon, wenn sie hie und da stimmen. Immer muß man dem Komponisten zugestehen, daß er mit seinen Metronomangaben den Interpreten etwas mitteilen wollte.

Im Falle der »Kinderszenen« überzeugen mich die Schumann zugeschriebenen Metronomisierungen in der Mehrzahl; ich befolge sie, zumindest als Annäherungswerte, in neun von dreizehn Stücken. (Benutzer der Clara-Schumann-Ausgabe seien daran erinnert, daß die dort verzeichneten Metronome eine Erfindung Claras sind und selten mit denen Roberts übereinstimmen.) Das schnelle Tempo des »Hasche-Manns«

($\quarternote$ = 138) wird durch die Takte 15/16 geradezu notwendig: Die *sforzando*-Oktave im Baß muß hier unmißverständlich durch das Pedal festgehalten werden, was bei Claras $\quarternote$ = 120 zu einem dicken Klecks führt. Ebenso unerläßlich ist ein fließendes Zeitmaß für das »Bittende Kind«, wenn man die Ritardandi in den Takten 9–12 ernst nehmen will. (Clara übertraf sich hier selbst, indem sie Roberts $\eighthnote$ = 138 auf $\eighthnote$ = 88 herunterdrückte!). Auch in der »Wichtigen Begebenheit« scheint mir Roberts $\quarternote$ = 138 der Sache näherzukommen als Claras $\quarternote$ = 120: Der Mittelteil wirkt im gemessenen Tempo pompös und aufgeblasen. Wenn Kinder etwas Wichtiges berichten, stürzen sie damit herein, platzen damit heraus.

Nicht weniger sinnvoll erscheint mir, nach der »Träumerei«, die lebhafte Bewegung von »Am Kamin« ($\quarternote$ = 138), durch Clara auf $\quarternote$ = 108 gedrosselt. Statt faul in der Ecke zu sitzen, freue man sich an der Glut – und darauf, daß die kleinen Stauungen der Ritardandi in den Takten 16 und 22 sich natürlich empfinden lassen. Allerdings bedarf es eines gut geölten Spielers, um Sprünge, Stimmführungen und Akzente durchsichtig und elegant zu meistern.

Zu den eigenmächtigsten Verstößen Claras gehört die »Korrektur« der von Robert für »Fast zu ernst« vorgeschriebenen Viertel (69) in Achtel (104). Schon Roberts Viertel erscheinen mir wie eine Notlösung innerhalb eines Stücks, dessen längere Phrasen jeweils auf den Haltepunkt der Fermaten zusteuern. (Ich erreiche Roberts für den Beginn »fast zu aufgeregtes« Tempo aber erst während der Wiederholung.) Fließend, im Vergleich zu mancher gewohnten Wiedergabe, sei auch das »Fürchtenmachen«. Nicht eine liebliche Idylle mit grotesken Intermezzi ist hier gemeint, sondern das Bild eines zarten und scheuen Wesens, dem die Möglichkeit des Erschreckens schon in den Gliedern sitzt.

Vier der originalen Metronomzahlen bleiben mir allerdings auch nach 30jährigem Umgang ganz und gar unverständlich. Nichts gegen schlankes Musizieren. Aber angesichts solcher Tempi scheint mir das Wort »durchgespült«, eine Vokabel Hans Kellers, eher am Platze. In der Angabe des ersten Stücks, »Von fremden Ländern und Menschen«, sind sich Robert und

Clara sogar ausnahmsweise einig (♩ = 108). Mit der Geschwindigkeit einer Ameise kribbeln die Noten dahin, ohne daß zum Erzählen, Betrachten oder Staunen Zeit bliebe. (Durch Claras Schüler Carl Friedberg ist überliefert, daß Clara das Stück beim Spielen wesentlich langsamer nahm.) Ebenso rätselhaft bleibt mir Roberts ♩ = 100 für die »Träumerei«. Ich bin gewiß der letzte, der diesem Stück schwärmerische Augenverdrehungen oder die Bleigewichte eines demonstrativen Tiefsinns wünscht. Aber selbst Claras ♩ = 80 wirken eilig und harmlos; sie werden der Stellung des Stücks als Mitte und Herz des Zyklus nicht gerecht. Das »Kind im Einschlummern« (♪ = 92) hat keine Zeit, ruhig zu atmen oder sich im E-Dur-Paradies zurechtzufinden. (Claras ♪ = 80 ist hier besser.) Und dem »Dichter« (♩ = 112) wird es noch in Claras mäßigerem Tempo (♩ = 92) schwerfallen, Doppelschläge und synkopierte Rhythmen in seinem Epilog poetisch unterzubringen. Meine eigenen Tempi sind heute in diesen Stücken ungefähr folgende: »Von fremden Ländern und Menschen« ♩ = 76; »Träumerei« ♩ = 69; »Kind im Einschlummern« ♪ = 72; »Der Dichter spricht« ♩ = 82.

Schlußbemerkung zur Ironie

»Glückes genug«: der Titel steht in ironischem Widerspruch zur Musik. Was in der Komposition vorgeht, gleicht vielmehr Conrad Ferdinand Meyers »Genug kann nie und nimmermehr genügen«. Ein einziges Glücksmotiv taucht unablässig in allen Stimmen auf. Das Kind erzwingt sogar ein *da capo* des ganzen Stücks – doch würde ich dort auf die Wiederholung der Takte 2–9 verzichten. Selbst maßloses Glück kann zu lange dauern.

Ironie schafft Distanz – in den »Kinderszenen« Distanz zwischen dem Kind und dem Erwachsenen in uns. Man identifiziert sich nicht, tritt dem Kind nicht zu nahe. Schumanns Ironie ist, in diesem Werk, von liebevoller Nachsicht. Wir betrachten mit ihm eine heimliche Welt, ehe sie etwas unheimlich wird – »fast zu ernst«, wie Schumann sagt. Wenn in der Ironie die

Dinge nicht sind, was sie scheinen, und nicht meinen, was sie scheinbar sagen, dann demaskieren der Titel und die Musik von »Fast zu ernst« die Illusion einer Sicherheit. Ironisch blicken wir auf »Glückes genug« zurück. Was, in Schillers Worten, naiv schien, ist in Wahrheit sentimentalisch. Man ahnt den dunklen Grund, über dem der Humor Jean Pauls und Robert Schumanns sich erhebt.

(1981)

Franz Liszt 1986

Wem dienen postume Jubiläen? Am ehesten kommen sie jenen Komponisten zugute, deren Musik unverdient in Vergessenheit geraten ist, oder solchen, deren bereits vorhandene Geltung durch Aufführungen vernachlässigter Werke ergänzt und befestigt werden kann. Komponisten hingegen, deren Wirkungsgeschichte von chronischen Fehldarstellungen, infektiöser Mißgunst und hereditären Zweifeln behaftet ist, haben die kleinste Aussicht auf Gerechtigkeit. Die Flut von Liszt-Festen, -Wettbewerben und -Marathons, die das Jahr seines 100. Todestags und 175. Geburtstags ausgeschüttet hat, wird, wie ich befürchte, nur noch weiter zur Verdunkelung eines Meisters beitragen, der nach mehreren Richtungen verteidigt werden muß: gegen seine Vergolder, gegen seine Verächter und, in geringerem Maße, gegen sich selbst.

Da ist zunächst das Problem von Neid und Nachruhm. Vielleicht war Liszt der größte Neiderreger der Musikgeschichte. Sein früher europäischer Erfolg als Virtuose und Improvisator ließ an jenen Mozarts denken. Liszts Fähigkeiten als Pianist und »Genie des Ausdrucks« (Schumann) wiesen selbst einen Chopin, einen Mendelssohn und eine Clara Schumann in ihre Schranken. Esprit und Vielseitigkeit, männliche Schönheit, der gesellschaftliche Glanz eines Emporkömmlings und ein Liebesleben am Rande des Skandals erwiesen sich in dieser Konstellation als schwer verzeihlich, zumal jene mildernden Umstände fehlten, die den Nachruhm der Genies zu garantieren pflegen: Mozarts und Schuberts früher Tod etwa, die Legende von Mozarts Verarmung und Vergiftung, Schuberts Syphilis, Beethovens Taubheit, Chopins Schwindsucht oder Schumanns

Wahnsinn. (Im Falle Wagner ist es sein monströser, der Durchsetzung des eigenen Werkes dienlicher Egoismus, der zwar kein Mitgefühl erregt, mit dem man sich aber offenbar herzlich gerne identifiziert.)

Liszt und Haydn, diese beiden am häufigsten mißverstandenen unter den bedeutenden Musikern, gleichen sich bei aller Verschiedenheit darin, daß ihre Biographien dem Mitleid zuwenig Nahrung bieten. (Haydns unausstehlich bigotte Frau und die Senilität seiner letzten Lebenszeit reichen in ihrer Alltäglichkeit als Buße wohl nicht aus.) In seinen vorgerückten Jahren war Haydn der unbestrittene Großmeister der musikalischen Welt. Das 19. Jahrhundert hat ihn dafür bestraft, wie es Liszts unumschränkten Vorrang als Interpret durch die Mißachtung seiner Kompositionen bestraft hat. Haydn wurde zum biederen Klassiker gestempelt (der er nicht war), zum »Hausfreund, der immer gerne empfangen wird, aber einem nichts Neues mehr zu sagen hat« (Schumann). Liszt sah man als Poseur und Scharlatan und als den Repräsentanten einer äußerlichen, bombastischen Romantik (der er nur gelegentlich war). Erst in unserem Jahrhundert hat sich eine größere Anzahl von Komponisten – von Richard Strauss und Ravel über Busoni bis zu Schönberg, Bartók und Boulez – bereit gefunden, Liszt ernst zu nehmen.

Die verspätete Veröffentlichung von Lina Ramanns »Lisztiana«*, einer Sammlung von Erinnerungen der offiziellen Biographin Liszts (1895), gehört zu den wichtigeren Beiträgen des Jubiläumsjahrs. Leider hängt, wie Lina Ramann sagt, »bei keinem unserer Meister ... die Wirkung der Komposition so sehr von ihrer Wiedergabe ab ... und so wenige Spieler können sich in das ihm Eigenste hineinleben! Es fehlen bald Poesie, bald Intelligenz, bald der Reichthum der Empfindung« (S. 250). Interpretation erweist sich hier nicht als Qualitäts-, sondern als Existenzfrage – das Sein oder Nichtsein eines Stücks, sein musi-

* Mainz 1983.

kalisches Lebenslicht, steht auf dem Spiel. Vielleicht hat Liszt seinen Interpreten zuviel Macht anvertraut. Sein musikalischer Anspruch an den Spieler gibt einen Begriff von der Machtvollkommenheit des größten Interpreten seiner Zeit.

Obwohl die meisten bedeutenden Pianisten der zweiten Jahrhunderthälfte wenigstens vorübergehend seinem Schülerkreis angehörten, hat es eine Tradition des Liszt-Spiels nicht gegeben. Das mag damit zu tun haben, daß Liszt nach seiner Virtuosenzeit als Interpret seiner eigenen Werke kaum in Erscheinung trat und als sein eigener Propagandist schon gar nicht. (Lieber half er anderen, allen voran Wagner.) Im »Liszt-Pädagogium«*, das neben den Aufzeichnungen August Göllerichs (»Franz Liszts Klavierunterricht von 1884–86«**) den genauesten Einblick in Liszts Pianistenwerkstatt vermittelt, stellt sich die Herausgeberin, wiederum Lina Ramann, in ihrer Einleitung sogleich einigen Vorurteilen in den Weg. Liszt sei in erster Linie »lyrischer Tondichter«: Rhetor, Rhapsode und Mime. Aus dem poetischen Inhalt erkläre sich die Form, aus dem Geist schaffe sich die Technik. Poetische Freiheit sei jedoch nicht, »wie die Praxis unreifer Virtuosen es deutet: Formverzerrung, nicht Autonomie der Virtuosenfinger«. Der Taktstriche und metrische Stereotypen überwindende »periodische Vortrag« Liszts ermögliche erst den »großen Stil«. Bei Liszt (wie bei Wagner) durchdringe das Melos alles; es berge Liszts »Innerlichkeit und Leidenschaft«, womit wir bei Eigenschaften angelangt wären, die neben der Großzügigkeit des besagten »großen Stils« dem Liszt-Interpreten zur Pflicht gemacht werden müßten. Innerlichkeit und Leidenschaft, Noblesse und Kühnheit sind ja Qualitäten, die einander keineswegs ausschließen, denn Noblesse muß nicht blaß oder akademisch, Leidenschaft nicht vulgär sein. Vor dem Mißverständnis, Liszts Passagenwerk als Anlaß zu technischer Bravour zu sehen, wird gewarnt, die Bedeutung von Pause und Fermate unterstrichen – Busoni nimmt später in seinem »Entwurf einer neuen Ästhetik der Tonkunst« auf sie Bezug –, wobei wir erfahren, wenn wir es

---

* 1902; Reprint Wiesbaden 1986.
** Herausgegeben von Wilhelm Jerger, Regensburg 1975.

nicht schon wußten, daß diese von »längerer oder kürzerer Zeitdauer« (als der niedergeschriebene Wert) sein können und auf das genaueste »aus dem Charakter des Übergangs zu bemessen« sind.

Für Liszt, den vielgescholtenen Programmusiker, war Musik grundsätzlich poetisches Ausdrucksmittel und das Klavier das Objekt der Verwandlung, sei es in ein Orchester, sei es in die Elemente oder Sphären. Die großen manuellen Ansprüche, die Liszt so oft an sich selbst stellte, mißraten anderen leicht zum Selbstzweck. Chopins rein »pianistische« Musik befriedigt ein Klangideal, das sich auf eine bestimmte Vorstellung von Schönheit, auf das Festhalten am verzaubernden Timbre konzentriert. In Liszts Klavierstil hat der Ausdrucksklang den Schönklang abgelöst. Aus dem Bedürfnis, jede sich bietende Erfahrung musikalisch zu verarbeiten, und aus dem Verzicht auf klassizistisches Maß ergibt sich ein zuweilen nahezu entgrenzter und entfesselter Klavierklang, der die ganze Skala von Dynamik und Farbe, von Licht und Schatten umfaßt.

Liszts »poetische« Vorstellungskraft stand allen Eindrücken von innen wie von außen offen. Daß seine Musik diese Eindrücke oft erstaunlich differenziert und präzise zu übermitteln weiß, ist seine poetische Leistung, die der Interpret sich selbst und seinen Hörern immer wieder beweisen muß. Wer sich Musik absolut und autonom wünscht, sollte zwar an einem Werk wie der h-Moll-Sonate genügend zu bewundern finden, doch muß ihm ein großes Gebiet des Lisztschen Ausdrucks verschlossen bleiben: Ohne ihren poetischen Kern wird Liszts Musik leicht zu einem Vehikel des Effekts, den Wagner als Wirkung ohne Ursache definiert hat. Freilich sollte man nicht den entgegengesetzten Fehler machen und die musikalisch-intellektuelle Ordnung übersehen, die hier ebenfalls waltet. Das poetische Abziehbild mag für viele sogar noch bequemer erreichbar sein als die Einsicht in die Meisterschaft der (oft in Figurationen aufgelösten) Stimmführung und des größeren musikalischen Zusammenhangs.

Liszts Musik spiegelt, anders als etwa jene Mozarts, in ungewöhnlicher Direktheit den Menschen; sie spiegelt aber auch in größter Schärfe die musikalische Moral seiner Exekutanten. Hans von Bülow, Liszts bevorzugter Schüler, lehrte die jungen Pianisten, Gefühl von Dusel zu unterscheiden. Sie sollten, wie ich hinzufügen möchte, auch Pathos und Schwulst auseinanderhalten. Und sollten, nachdem sie mit Liszt in seinen Bach-Variationen musikalisch geweint, geklagt, gesorgt und gezagt haben, die Fähigkeit besitzen, sich in die Glaubensgewißheit des Schlußchorals zu versetzen, seien sie nun Agnostiker oder nicht. Guten Mimen muß auch dies erreichbar sein.

»Wenn es um das Verständnis und die Wertschätzung des 19. Jahrhunderts geht, dann ist der gute Geschmack ein Hindernis«, schreibt Charles Rosen*. Für Busoni, der am Anfang des 20. Jahrhunderts das Berliner Publikum mit seinen Serien von Liszt-Abenden in Staunen versetzte, waren Geschmack und Stil die notwendigen Partner des Gefühls. Unter allen Komponisten ist Liszt vielleicht der emotionell verwundbarste. Im Gegensatz zu Rosens Ansicht, man müsse den eigenen Widerwillen überwinden und, um Liszts Größe Genüge zu tun, musikalischen Skrupeln vorübergehend abschwören, halte ich es für das Hauptverdienst des Liszt-Interpreten, derartige Skrupel zu besitzen. Der noble Liszt muß möglichst rein zutage treten. Zu einer solchen moralischen Aufgabe gehört das Recht des Spielers, dort selektiv zu sein, wo andere Komponisten es gewöhnlich selbst waren: In Liszts fast uferlosem Schaffen ist die Spreu vom Weizen zu scheiden. Wo Liszt nachlässig und unkritisch war, müssen Spieler und Hörer ihm zu Hilfe kommen. Wenn vieles ausgeschieden ist, ergibt sich, zumindest in seiner Klaviermusik, immer noch eine imponierende Ernte von Stücken, die in ihrer Großzügigkeit, Kühnheit und Farbigkeit ihresgleichen suchen. Schöpfungen wie die h-Moll-Sonate, die

* »The New Sound of Liszt«, in: »The New York Review«, 12. April 1984.

»Années de pèlerinage«, die Variationen über »Weinen, Klagen, Sorgen, Zagen«, »Mosonyis Grabgeleit« oder ein Teil der Etüden stehen den besten Werken Chopins und Schumanns zur Seite.

Obwohl ich manche der Lisztschen Opernparaphrasen und Ungarischen Rhapsodien aufrichtig schätze, kann ich Rosen nicht folgen, wenn er verlangt, man müsse die zweite Ungarische Rhapsodie ins Zentrum des Lisztschen Werkes stellen; nur so könne Liszt Gerechtigkeit widerfahren. Nicht weniger fragwürdig erscheint mir Rosens Begeisterung für Liszts »Réminiscences de Don Juan«: »Da sein internationaler Ruf als Frauenheld gefestigt war, müßte Liszt wissen, daß das Publikum seine [Mozart-]Fantasie als Selbstporträt verstehen werde, wie jedermann Byrons »Don Juan« autobiographisch verstanden hatte. Wo Mozart in der Zauberflöte die Brillanz der Koloratur als Metapher für Zorn und Macht eingesetzt hatte, bedient Liszt sich der Virtuosität, um damit sexuelle Überlegenheit zu repräsentieren.«

Einmal mehr sind Virtuosität und Sexualität in den Mittelpunkt gerückt. Bei so illustrer Fürsprache wird sich der Streit darüber, ob Liszt ins Pantheon oder ins Kuriositätenkabinett gehört, wohl noch lange hinziehen.

Liszts Musik ist schwer einzuordnen; so hat sie denn am Ende keine Nation für sich beansprucht – auch Ungarn nicht, seit Liszt den Fehler gemacht hatte, die Volksmusik dieses Landes mit jener der Zigeuner gleichzusetzen. Liszt bietet ein Stilpanorama statt einer konsequenten »Spezialisierung auf sich selbst«. Seine Adaptionskunst entsprach der seiner geliebten Zigeuner. Bereits die Dichter-Intellektuellen der deutschen Romantik hatten sich eine Art Volkspoesie halb angeeignet, halb erschaffen. Im späteren 19. Jahrhundert machten dann, ohne Hemmung oder Schonung, Architekten von Stilen der Vergangenheit Gebrauch. Erst mit Strawinsky allerdings erschien der nächste Komponist, der sich verschiedenster musikalischer Idiome bediente, ohne sich selbst aufzugeben.

Die Mannigfaltigkeit Liszts reicht vom Prächtigsten ins Asketische, vom Heiligen ins Profanste – und von der Achtlosigkeit bis ins Meisterwerk. Seine Musik enthüllte allen denen einen Mangel an »Deutschtum«, die Instrumentalmusik als ein deutsches Monopol ansahen. Der Purismus des 20. Jahrhunderts ließ lange nur Originalkompositionen gelten, und nur dann, wenn sie keine rhetorische Emphase, keine Apotheosen und keine Arpeggien enthielten. Liszts Musik benutzt gern, wenn auch mit wechselndem Erfolg, fremdes Material. Die Opernmelodien seiner Zeitgenossen, Volkstümliches und Gregorianisches kommen seiner Behandlung jedoch bereitwilliger entgegen als die Tonsprache Mozarts oder Schuberts. Die stilistische Kluft zwischen diesen Meistern und Liszt bleibt allzu groß. (Eine Ausnahme stellt Schuberts »Wanderer-Fantasie« dar, die für Liszt wie geschaffen scheint; hier war es sein Irrtum, die orchestrale Dimension des Werkes in einer Partitur freizulegen, während doch der Pianist sein Instrument in ein Orchester verwandeln sollte*.) Bearbeitungen sind derzeit kein Ärgernis mehr. Hätte Liszt jedoch nur Opernparaphrasen und Liedtranskriptionen hinterlassen, er wäre heute kaum weniger vergessen als Sigismund Thalberg.

Liszts Bedeutung beweist sich am dauerhaftesten in seinen Originalkompositionen. Es wäre unbillig, seiner Melodik Eigenart abzusprechen; allerdings schwankt ihre Qualität. (Liszts gelegentliche Schwächen sind triviale Thematik, der Hang, Dinge mehrmals zu sagen, ein Mangel an formaler Ökonomie und die Neigung zum Grandiosen und Idealistischen.) In der h-Moll-Sonate enttäuscht keines der Themen; Phrasen- oder Motivwiederholungen unterstützen hier die Gliederung; der große Bogen ist stets in festen Händen – und der zunächst komponierte *ff*-Schluß blieb uns glücklicherweise erspart. Mit diesem Werk gelang Liszt die überragende Sonate nach Beethoven und Schubert, den Meistern, die Liszt besonders bewun-

---

* Ganz anders zu verstehen sind Liszts »Partitions de piano«, seine wörtlichen Übertragungen etwa der Symphonien Beethovens und der Ouvertüren Webers. Keine »Lisztifikation« dieser Werke, sondern eine Reproduktion des originalen Orchesterklangs, so getreu ein Konzertflügel sie gestattet, sei hier das Ziel.

derte. (Der dritte wird, zumindest in seinen jüngeren Jahren, wohl Weber gewesen sein.) Im Gegensatz zur h-Moll-Sonate leiden andere großangelegte Werke Liszts gelegentlich an einem Mangel an Straffheit, thematischer Kraft oder Frische. (Liszt war kein natürlicher Orchestrator – es sei denn, er benutzte sein eigenes Instrument als Orchester; und er erscheint mir im Genre des religiösen Klavierstücks, das er geschaffen hat, überzeugender als in seiner Kirchenmusik.)

Liszts Kompositionen zeigen verschiedene Grade der Ausgeführtheit. Manche Werke wurden in mehreren Fassungen veröffentlicht; andere enthalten Varianten *(ossias)*, die seine Rastlosigkeit und Unschlüssigkeit dokumentieren. Fast immer sind die Endfassungen, etwa der »Transzendentalen Etüden« oder der »Années de pèlerinage«, den früheren überlegen. Es gehört zu Liszts Leistungen seiner Weimarer Jahre, daß er einige seiner potentiell bedeutendsten Klavierwerke von Auswüchsen befreit und – wenn auch immer noch für wenige – spielbar gemacht hat. Hie und da wurde aus einer Neufassung vollends ein neues Stück. Der Spieler wird sich die Freiheit nehmen dürfen, in die späteren Versionen Einzelheiten aus früherer Zeit herüberzuretten, solange sie mit der Endgestalt vereinbar sind.
In seiner einzigen Fassung der h-Moll-Sonate erreicht Liszts Notation ein hohes Maß von praktischer Klarheit. Daß Liszts Werke eine Art des extemporierenden Spiels nötig hätten, wie Liszt selbst es zuweilen pflegte, ist gewiß unrichtig. War er tatsächlich gelangweilt, wenn er nicht durch eigene Ergänzungen den Stücken, die er spielte, neues Interesse abgewinnen konnte – wie Harold C. Schonberg behauptet? Selbst wenn dies zuträfe, wäre Liszt mit kritischer Verantwortung besser gedient als mit dem törichten Ehrgeiz des Interpreten, ein zweiter Liszt sein zu wollen. Einige vor dem Großherzog, vor Gästen und Schülern improvisierte *ossias* hatten ihre Ursache gewiß in einem Mangel an Übezeit. Wer sich wie Liszt als Komponist, Virtuose, Dirigent, Lehrer, Schriftsteller, Leser, Liebhaber, Salonlöwe, Freund und Helfer anderer Musiker, Abbé, un-

ermüdlich Reisender, Whistspieler, Zigarrenraucher und Cognactrinker zu beschäftigen pflegte, wird sich oft auf sein Gedächtnis oder seine Künste als Prima-vista-Spieler verlassen haben.

Liszt wäre der erste gewesen, der sich Zusätze anderer Pianisten in seinen Werken verbeten hätte, es sei denn, es handelte sich um Ad-libitum-Kadenzen wie jener in der zweiten Ungarischen Rhapsodie. (Man fragt sich, wie er auf Wladimir Horowitz' Schallplatte von »Vallée d'Obermann« reagiert hätte, die es sich, neben verschiedenen kleineren Eigenmächtigkeiten, gestattet, einige besonders schwierige Takte des stürmischen Mittelteils einfach wegzulassen.) In seinen »Erinnerungen an Liszt« schreibt Alexander Borodin 1877 über Liszts Klavierspiel: »Obwohl ich so oft und so viel darüber gehört hatte, überraschte mich die große Schlichtheit, Nüchternheit und Strenge seines Vortrags; Geschraubtheit, Geziertheit und alles, womit nur auf den äußeren Effekt abgezielt wird, fehlt vollständig. Die Tempi nimmt er gemäßigt; er treibt nicht und wird nicht hitzig. Nichtsdestoweniger hat er unerschöpfliche Energie, Leidenschaft, Begeisterung und Feuer. Der Ton ist rund, voll und stark; die Klarheit, der Reichtum und die Mannigfaltigkeit der Nuancen sind wunderbar.« Liszts angeblich schrankenloser Willkür im Umgang mit Texten widersprechen schon allein seine von Zusätzen fast völlig freien Ausgaben der Sonaten und Konzerte Beethovens*. Seine eigenen Werke wurden in den Ausgaben der Liszt-Schüler so pietätvoll behandelt, daß sogar offenkundige Schreib- oder Stichfehler stehengeblieben sind. Der Meister war, wie er selbst bekannte, ein besserer Korrekturenleser für andere als für sich selbst.

---

* Anders steht es allerdings um die Sonaten Carl Maria von Webers. Im Vorwort zu seiner Bearbeitung dieser Werke erklärt Liszt, es sei der Originaltext »durchgehend vollständig beibehalten und durch große Schrift als solcher kenntlich gemacht«, alle Zusätze hingegen erschienen kleiner oder anders gedruckt – ein Versprechen, das er nicht zu halten vermochte. Im ersten Satz der As-Dur-Sonate allein enthält der »große« Druck an die hundert Veränderungen und Fehler.

Es gibt moderne Chronisten des Klavierspiels, die Liszts Virtuosentum als »Show« teils abtun, teils bewundern, gewiß aber mißverstehen. Daß er sich während seiner hektischsten Virtuosenjahre manchmal schlecht benahm, seine Glacéhandschuhe aufs Podium warf und beim Spielen die Damen fixierte, ist kaum zu bezweifeln. Dennoch trifft das Wort »Show« auf Liszts Kunst und Persönlichkeit im Grunde nicht zu*. Liszt war der erste, der den Salon hinter sich zurückließ. Er hat, zum Mißvergnügen mancher Zeitgenossen, das Konzert demokratisiert, indem er gelegentlich in großen Sälen vor Tausenden auftrat. Das erforderte eine veränderte Projektion des Klavierspiels, eine Massensuggestion, die auf eine physisch freiere und demonstrativere Behandlung des Instruments hinauslief – und (damals noch) unter Umständen mehrere Flügel pro Abend »verbrauchte«. Zugleich war Liszt derjenige, der das Recital, das von einem einzigen Künstler bestrittene Solokonzert, kreiert hat. Auch dies ist ihm als Selbstherrlichkeit verübelt worden.

Um Liszts Person, wie um jene Paganinis, schlangen sich Legenden und Verleumdungen. Das Märchen von der aristokratischen Herkunft löst sich bei näherem Hinsehen ebenso in Rauch auf wie die »Verbürgtheit« seiner illegitimen Nachkommenschaft. Liszt lebte in einer mit Schlüsselromanen gespickten gesellschaftlich-literarischen Szene, in der schreibende Damen Hauptrollen spielten. Über Balzacs »Béatrix« gerieten sich George Sand und die Gräfin Marie d'Agoult in die Haare; die Gräfin hat dann unter dem Namen Daniel Stern im Roman »Nélida« ihren Ressentiments freien Lauf gelassen und Liszt in

---

* Dieses Wort hat in Amerika zwei Bedeutungen. Die eine umfaßt alles, was »dargeboten« wird. Die andere, von der hier die Rede ist, bezieht sich auf Darbietungen betont extravertierter, ja übertreibend äußerlicher Art. Die stark visuelle Ausrichtung des »Zeigens« oder »Herzeigens« erinnert daran, daß man im nordamerikanischen Sprachgebrauch ein Konzert nicht hört oder erlebt, sondern sieht. Die Phrase »I saw your concert«, die New Yorkern so selbstverständlich von den Lippen kommt, könnte sich geradezu auf einen Lieder- und Arienabend Katia Ricciarellis beziehen, der kürzlich in Rom vor einem tauben oder gehörgeschädigten Publikum stattgefunden hat. Der Inhalt des Textes jeder Nummer wurde den »Hörern« in Taubstummensprache mitgeteilt.

Gestalt eines Malers des schöpferischen Versagens vor der großen Form bezichtigt. Wenige Jahre später hat Liszt sie mit der h-Moll-Sonate zwingend widerlegt.

Den Gipfel der Bösartigkeit erklommen schließlich die Bücher der pathologischen Hochstaplerin Olga Janina; es ist bezeichnend, daß der Wagner-Biograph Ernest Newman ihre Behauptungen ernst nahm, weil sie seiner Vorstellung von Liszt als Schwächling entsprachen. Wenn Liszt in der angelsächsischen Welt – zumindest bis zur Veröffentlichung seines Briefwechsels mit der Baronin Meyendorff (1979) – »als eitel und doppelzüngig, vor allem aber als Showman« galt, »der sich dem Geschmacklosen und Bombastischen in Leben und Kunst auslieferte« (Robert Craft)*, so ist dies hauptsächlich auf Newmans »The Man Liszt« zurückzuführen, ein bis zur Verleumdung unfreundliches Buch, das zugleich ständig auf die vermeintliche Objektivität des Autors pocht. Daß sich Liszt in der Meyendorff-Korrespondenz »als bescheiden, klug, vernünftig, voller Verständnis für die menschliche Natur und in seinen religiösen Überzeugungen aufrichtig« entpuppte, war für Craft eine »gänzliche und willkommene« Überraschung. Newmans Zerrbild ist auf musikalische Skepsis gegründet. Wem Liszts Kompositionen im Grunde wenig bedeuten, wer vor lauter »Virtuosenstücken« seine Musik nicht wahrnimmt, der stutzt sich Liszts Persönlichkeit allzugern aus der Perspektive des musikalischen Mißtrauens (negativ) zurecht. Eine Ausnahme war Eduard Hanslick, der nicht aufhörte, den Menschen und Interpreten Liszt zu schätzen, obwohl er dessen Kompositionen verabscheute.

Zu seinen Lebzeiten war Liszt wohl die meistgemalte und -photographierte Berühmtheit Europas. Ernst Burgers ebenso schöne wie nützliche Bild- und Textdokumentation (»Franz Liszt«, München 1986) reproduziert eine Ölskizze, die zeigt, wie Liszt von drei Porträtisten zugleich gemalt wird. Dennoch wurden

---

* »The New Liszt«, in: »The New York Review«, 5. Februar 1981.

sein Geltungsbedürfnis, die Kraft seiner magnetischen Wirkung im Zaum gehalten durch einen Zug von Selbstlosigkeit und Demut. Welcher andere Musiker hat so oft und so großzügig geholfen, so großmütig anerkannt, so gern seine Gaben mit anderen geteilt? Wer sonst hätte die »Bitternis des Herzens« (»l'amertume de cœur«), die persönlichen und künstlerischen Enttäuschungen seiner späteren Jahre mit so imponierender Fassung getragen, wer die Kraft gehabt, aus den Exzessen seiner Virtuosenzeit die Konsequenzen zu ziehen: vom Konzertpodium abzutreten und, im Spätwerk, alle überflüssigen Noten der Vergangenheit in einer Kargheit abzubüßen, die die Musik bis an den Rand des Verstummens bringt?

Freilich war nach den hymnischen Übertreibungen mancher Liszt-Jünger und der offiziellen, von Lina Ramann und Carolyne von Sayn-Wittgenstein hergestellten biographischen Thorvaldsen-Figur ein kritischer Rückschlag unvermeidlich. Hier trägt Liszt einen Teil der Verantwortung. Als Lina Ramann ihn, vor dem Abschluß des ersten Bandes ihrer Liszt-Biographie, eine Anzahl von Fragen zur Beantwortung vorlegte, gab Liszt ihr zu ihrem nicht geringen Entsetzen den Rat, sie möge sich nicht mit Details aufhalten. »Meine Biographie ist weit mehr zu erfinden als nachzuschreiben.« Inzwischen sind sogar seine Abkehr von der Virtuosenlaufbahn und der Empfang der niederen Weihen als Akte Lisztscher Selbstinszenierung verunglimpft worden. Zwischen dem Devotionalien-Liszt und dem Film- und Illustrierten-Liszt mit Fairneß hindurchzusteuern erfordert genaue Kenntnisse und guten Willen. Was jedoch vor allem not tut, ist musikalische Fairneß. Eine Charta musikalischer Menschenrechte, wenn es sie gäbe, spräche jedem Komponisten das Grundrecht zu, nach seinen besten Werken und deren würdigsten Aufführungen beurteilt zu werden. Ob das Liszt-Jahr 1986 uns dieser Forderung einen Schritt nähergebracht hat, bleibt die Frage.

(1986)

Liszts »Années de pèlerinage« I und II

Liszts »Années de pèlerinage« erscheinen mir, neben der
h-Moll-Sonate, als sein Hauptwerk. In den ersten beiden Hef-
ten verbindet sich die Frische des jungen Komponisten – die
Mehrzahl der Stücke geht ja auf Material aus dem frühen Man-
nesalter zurück – mit der Klarheit, dem Überblick und der
sorgfältigen Stimmführung der Weimarer Zeit. Das dritte Jahr
bietet dann großflächige Beispiele seines Altersstils, bevor dessen Formate in rätselhafte und fragmentarische Kürze zusam-
menschrumpfen.

Das erste und zweite Pilgerjahr sind als Zyklen zu sehen.
Daß sie zu Lebzeiten Liszts nie als solche aufgeführt wurden,
spricht nicht dagegen. Das 19. Jahrhundert hat zyklische Aufführungen noch kaum gewagt. Erst in ihrer zyklischen Folge
erweisen sich jedoch die ganze Vielfalt der Stücke und die
Schönheit ihrer Anordnung.

Während die h-Moll-Sonate jene Lügen straft, die in Liszt
nur den Anverwandler fremder Themen und Stile erblicken
wollen und zudem einen Komponisten, der es nicht fertig-
brachte, ein Stück wirklich zu Ende zu komponieren, sind die
»Années de pèlerinage« ein Sammelbecken: Eindrücke land-
schaftlicher wie volkstümlich-musikalischer, künstlerischer wie
religiöser, freiheitlich-karitativer, vor allem aber poetisch-lite-
rarischer Art finden darin Platz. In diesem Panorama musikalischer Ausdrucksmöglichkeiten bleibt Liszt doch immer er
selbst, darin Erscheinungen des 20. Jahrhunderts wie Strawinsky und Picasso vergleichbar.

Der Weg zu den Endfassungen der Stücke war manchmal
weit. Liszt, der Improvisator, pflegte mit einer Geschwindigkeit

zu komponieren, die Reflexion kaum zuließ. Die oft allzu ungebärdigen und von Noten überwucherten Schöpfungen der Virtuosenzeit brauchten eine ordnende und purgierende Hand. Es war Liszts Gewohnheit, bei Wiederbegegnungen mit früheren Werken zumindest Details zu verändern, sofern er es nicht überhaupt vorzog, ganze Abschnitte neu zu schreiben. (Im Falle der »Tellskapelle« ist vom ursprünglichen Stück sogar nur der Anklang an ein einziges Thema übriggeblieben.) Stets ist es die jeweilige poetische Idee, an der sich Liszts musikalische Erfindung von neuem entzündet.

Man sollte die größere Durchsichtigkeit und Spielbarkeit der späteren Fassungen nicht als »Erleichterungen« mißverstehen, denen musikalisch notwendige Schwierigkeiten zum Opfer fielen; ich sehe in ihnen vielmehr die Reduktion monströser (auch musikalischer) Kraftakte auf ein menschliches Maß.

Unter den neun Stücken des Schweizer Jahres sind nur zwei, »Au lac de Wallenstadt« und »Eglogue«, fast unverändert stehengeblieben. Ein weiteres, »Orage«, entstand erst um 1855 in Weimar. Bei allen übrigen Stücken erweisen sich die Fassungen letzter Hand als überlegen oder zumindest, wie in »Pastorale« und »Le mal du pays«, als ebenbürtig. Der Anfangsteil von »Les cloches de Genève« allerdings klang in seinem ursprünglichen Klaviersatz weitaus verführender; ich verleibe ihn daher der zweiten, allzu ausgedünnten Fassung ein, ohne deren Form damit anzutasten. Auch aus der Urfassung von »Vallée d'Obermann« habe ich einzelne Stellen übernommen.

Das Schweizer Jahr der »Années de pèlerinage« hatte einen Vorläufer im »Album d'un voyageur«. Der Wanderer und Pilger, heimatlos eine Heimat suchend, ist romantische Zentralfigur. George Sands »Lettres d'un voyageur«, Byrons »Child Harold's Pilgrimage« (aus welcher Liszt mehrfach zitiert) und Schuberts diverse »Wanderer« lassen sich hier ebenso als Einflüsse anführen wie der Briefroman »Oberman« Etienne Pivert de Senancours, auf dessen Spuren Liszt und die Gräfin d'Agoult die Schweiz bereisen. In Italien hielt man sich dann an

Montesquieus Route von 1728, der schon Goethe, Chateaubriand und Madame de Staël gefolgt waren. Den literarischen Vorbildern gemeinsam ist Verachtung der Konvention sowie das Schwanken zwischen lyrischer Ekstase und Skepsis (Senancour) beziehungsweise elegantem Zynismus (Byron).

Von der Prozeßhaftigkeit der h-Moll-Sonate im Sinne Beethovens ist in den »Années de pèlerinage« kaum etwas zu spüren. Die ersten beiden Pilgerjahre stehen Berlioz, Chopin und der italienischen Oper weit näher als den deutschen Romantikern, doch gibt es auch Gemeinsamkeiten: das Abrücken vom klassischen Formenkanon zugunsten einer jeweils originellen, unverwechselbaren Phantasieform und, als anderes Extrem, das Bedürfnis nach radikaler Schlichtheit.

Das erste Pilgerjahr (Schweiz) beschäftigt sich mit der Natur in doppeltem Sinn: mit jener, die uns umgibt, und mit der Natur in uns selbst. Liszts eigene Natur war stets voller Mitgefühl mit den Hilfsbedürftigen. Seine revolutionären Sympathien sind eng verbunden mit seiner Caritas. Der Anblick der »Tellskapelle« am Vierwaldstätter See erinnert Liszt an den Befreiungskampf der Schweizer. Man hört im Mittelteil den Aufruf zur Revolte: Signale hallen durchs Gebirge. Schließlich ist »Freiheit« erreicht. Drei verschiedene Arten der Punktierung geben dem Rhythmus innere Spannung, Vielfalt in der Einheit. »Einer für alle, alle für einen« ist Schillers bekannte Devise. Musikalisch kommt das Stück von Bellini her, den Liszt in mehreren großen Paraphrasen auf das Klavier verpflanzt hatte.

Das nächste Stück führt an den See von Wallenstadt. In den Zeilen, die es begleiten, spricht Lord Byron von der Ruhe des Sees im Gegensatz zur Wildheit der Welt. Sollte man den trüben Gewässern dieses Daseins nicht überhaupt entsagen und sich einer reineren Quelle zuwenden? Der Beginn des Stücks zeigt die Fähigkeit, in einer Begleitfigur Wesentliches zusammenzufassen, wie wir dies in Schuberts Liedern so oft erleben. Der Takt der Ruder, das Gleiten über den See und die zarte Melancholie eines verdämmernden Tages sind hier in einer einfachen Formel eingefangen, auf deren Grundlage sich dann eine Gebirgsweise, ein »Chant montagnard«, erhebt. Schon

Schubert hat im ersten seiner »Moments musicaux« zum Jodler das Gebirge hinzukomponiert. Mit Hilfe von Synkopen macht Liszt über dem Wallenstädter See dann die Bergspitzen sichtbar. Er führt uns die hohe Kunst vor, natürlich zu sein. Wie bei manchen Gedichten des »Wunderhorns« fragt man sich vergeblich, ob der Volkston, der hier getroffen ist, die Kehrseite oder den Höhepunkt romantischer Raffiniertheit darstellt.

Das dritte Stück, »Pastorale«, kommt ausnahmsweise ohne literarische Anspielungen aus. Es stellt einen alten Kuhreigen, also eine Hirtenmelodie, fast schmucklos vor uns hin. Der einzige Hauch von »Kunst«, den man entdeckt, ist der Wechsel des Verschleierten mit dem Klaren. Es bleibt dem Spieler überlassen, die Szene atmosphärisch zu beleuchten.

Auf zwei Vignetten des Landlebens folgen nun zwei poetische Etüden. (Daß Etüden poetisch sein müssen, ist ein Postulat der romantischen Meister; auch der größte technische Aufwand muß poetisch gerechtfertigt sein.) »Au bord d'une source« spielt mit dem Intervall der Sekunde: In Sekundvorhalten und Sekundzusammenklängen macht das Stück eine Vielzahl lyrisch schimmernder Wassertropfen dem musikalischen Auge sichtbar. Daß »die Spiele der jungen Natur in säuselnder Kühle beginnen«, erfahren wir aus Schillers Motto. Der Interpret sollte daraus entnehmen, daß er Liszts Quelle nicht parfümieren darf.

Nach dieser Idylle öffnen sich, in »Orage«, die Schleusen des Sentimentalischen. Ein Byron-Zitat fragt den Sturm nach seinem Sinn. Ob er jenem in der menschlichen Brust gleiche? Oder ob er schließlich, wie ein Adler, ein Nest in der Höhe fände? Der von Liszt entfesselte Oktavensturm läßt von einem »hohen Nest« jedenfalls nichts ahnen. Es bleibt bei einer elementaren Entladung in schwarzem c-Moll, in der etwas vom Geist Beethovens weht.

»Vallée d'Obermann«, das Herzstück des Schweizer Jahres, bezieht sich zwar auf ein (ungenanntes) Tal der französischen Schweiz. Dennoch ist es weniger Abbild einer Landschaft als Seelengemälde und persönliches Bekenntnis. Senancours »Oberman« erschien schon 1804, wurde aber erst 20 Jahre später dank der Vermittlung Sainte-Beuves ein Lieblingsbuch der französischen Romantiker. Für Liszt war es das »Monochord der unerbittlichen Einsamkeit menschlicher Schmerzen«, aber auch »das Buch, das mein Leid betäubt«. Obermann – so in Liszts Schreibweise des Namens –, dem radikalen Skeptiker und Außenseiter, bleibt jeder Zweck trügerisch, jede Ursache verborgen und die Natur unergründlich. Liszts Klavierstück spiegelt zunächst diese Seelenlage. Mit der Wendung ins Dur jedoch ergibt es sich der Überzeugung Obermanns, nur in der Empfindung sei gültige Wahrheit. »Ich empfinde, ich bin«, so deklamiert Obermann nun ekstatisch, »um mich in unbezwinglichem Verlangen zu verzehren, mich am Zauber einer Scheinwelt zu berauschen und schließlich an ihrem lustvollen Trug zugrunde zu gehen.«

Auf das Seelendrama folgt ein Stück, das von Abgründen nichts weiß: »Eglogue« ist ganz Leichtigkeit und Grazie. Wieder ist Byron zitiert, der uns nun mitteilt, daß die »blühende Wange des Morgens die Wolken spöttisch hinweglacht«. Der Titel des Stücks, dem eine Schweizer Hirtenweise zugrunde liegt, bezieht sich auf Vergils Eklogen, bukolische Gedichte, die uns aus der Wirklichkeit in das ideale Land Arkadien entführen.

Ein langes Oberman-Zitat beschäftigt sich daraufhin mit den romantischen Wirkungen der Natur in der unzerstörten Landschaft: Klänge einer Ursprache, die nicht jeder vernimmt. Eine Fußnote Liszts nennt solche »verborgenen Heiligtümer« »die letzte Zuflucht einer freien und einfachen Seele«.

»Le mal du pays« (Heimweh) bedient sich einer weiteren Hirtenmelodie, eines sogenannten »ranz-des-vaches« aus dem Appenzell. Jean-Jacques Rousseau berichtet, das Spielen von »ranz-des-vaches« sei unter Schweizer Söldnern bei Todesstrafe verboten gewesen. Im melancholischen Moll der Alphornweise öffnen sich, bei Liszt, kurze Durchblicke auf ein unerreichbares Paradies. »Dort wo Du nicht bist, dort ist«, so heißt es bei Schmidt von Lübeck, »das Glück.«* Diese romantische

---

* In einem weniger romantischen Moment bezeichnete Liszt diese Verszeile als »La maxime du bonheur conjugal«, wie seine Tochter Cosima uns mitgeteilt hat (»Franz Liszt. Ein Gedenkblatt von seiner Tochter«, München 1911).

Grunderfahrung hatte Schubert in seinem Lied »Der Wanderer« mehr als 30 Jahre früher komponiert.

Das letzte Stück des Schweizer Jahres, »Die Glocken von
Genf«, verzichtet in seiner zweiten Fassung auf Widmung und
Motto. Wir verlassen die literarische Sphäre und betreten pri-
vates Territorium. Als Liszts offizielle Muse hatte sich inzwischen die Fürstin Sayn-Wittgenstein etabliert. In der weitge-
spannten Kantilene, die das Stück nun erhält, scheint Liszt ihr
zu huldigen – im Stil seiner der Fürstin gewidmeten Liebes-
gesänge »Cantique d'amour« und »Bénédiction de Dieu«. Die
nächtlichen Glockenklänge der Einleitung versetzen uns in
einen Grenzbereich zwischen Traum und Wachen. Sie sollen,
laut Liszt, »unvorbereitet« gespielt werden: Der Spieler soll
sich selbst damit überraschen.

Liszts zweites Pilgerjahr gilt der Literatur und bildenden Kunst
Italiens. In »Sposalizio« – nach dem Gemälde Raffaels in der
Mailänder Brera, das die Vermählung Marias und Josefs darstellt – überträgt sich eine Aura von Jungfräulichkeit und zar-
tem Entzücken paradoxerweise mit Hilfe einer Harmonik, die
in ihrer Verfeinerung Claude Debussy und Richard Strauss an-
kündigt. »Sposalizio« beginnt als Improvisation über ein pen-
tatonisches Motiv, das für das Stück bestimmend bleibt; es
erweist sich in seiner atmosphärischen Wirkung wichtiger als
die beiden Gesangsthemen.

»Il Penseroso« bezieht sich auf Michelangelos Statue des
Lorenzo de' Medici auf dessen Grabmal in Florenz. Ein Vier-
zeiler Michelangelos macht den Charakter des Stücks noch
deutlicher; sein Inhalt lautet: »Ich bin dankbar, zu schlafen,
und noch dankbarer, aus Stein zu sein, solange Ungerechtigkeit
und Schande herrschen. Es tut wohl, weder zu sehen noch zu
fühlen – drum wecke mich nicht auf, sprich leise!« Die Knapp-
heit und Konzentration dieses Stücks erinnert an manche späten Lieder Schuberts, die in wenigen Zeilen eine tragische Welt
zusammenfassen. Harmonisch ist der »Penseroso« ein erstaunlicher Vorgriff auf Wagners »Tristan«. Der Wunsch Liszts, eine

erweiterte Orchesterfassung des Stücks möge bei seinem Begräbnis gespielt werden, hat sich nicht erfüllt.

Die folgende »Canzonetta del Salvator Rosa« wurde dem italienischen Jahr erst in Weimar hinzugefügt. Das von Liszt verwendete Wanderlied – die einzige Bearbeitung fremder Musik innerhalb dieser Serie – geht auf Händels älteren Zeitgenossen Giovanni Bononcini zurück. Von Salvator Rosa, dem barocken Maler und Abenteurer, dessen Selbstporträt in London eine merkwürdige Familienähnlichkeit mit Liszt zeigt, stammt nur der Text, in dem er beteuert, das Feuer seiner Liebe bleibe, wo immer ihn sein Wanderleben auch hintreiben möge, stets dasselbe.

Liszts drei Petrarca-Sonette sind freie Transkriptionen von Liedern, die er vor 1839 komponiert hatte. Sowohl die Lieder wie auch die Klavierfassungen wurden dann in der Weimarer Zeit noch einmal gründlich überarbeitet. In seinem »Sonett Nr. 47«* segnet Petrarca die Stunde, da Lauras Blick zum erstenmal auf ihn fiel, und tut dies trotz Sehnsucht, Tränen und »Seufzerhall«, die sich aus diesem Ereignis ergaben. Das »Sonett Nr. 104« beschwört die Ambivalenz der Liebe herauf – als frostige Glut, sehende Blindheit und weinendes Lachen. »Mich hassend, lieb' ich andre inniglich«, heißt es darin. Liszts Komposition dieses Seelenzustands beweist, auch im Dynamischen, leidenschaftliche Kraft. Nur der Epilog resigniert: »Das ist mein Zustand, Herrin, ach! durch Dich.«

Das dritte der Sonette, Nr. 123, erhebt sich als Traum über die Erde: Laura wird zum Engel. Ihre Seufzer und Worte versetzen Berge und bringen Flüsse zum Stillstand. Kein Blatt wagt sich zu regen; selbst der Himmel hält den Atem an. Das Ende des Sonetts, ein äußerstes musikalisches Verhauchen, schließt den Zusammenhang der ersten sechs Stücke dieses italienischen Jahres ab.

Der Titel des letzten Stücks, »Après une lecture de Dante«,

---

* Liszts Numerierung der Sonette ist irreführend. In Petrarcas »Canzoniere«, der neben einer Mehrzahl von Sonetten auch Canzonen, Sestinen, Madrigale und »Ballate« enthält, entspricht Liszts »Sonetto 47« der fortlaufenden Nummer 61, Sonetto 104 der Nummer 134 und Sonetto 123 der Nummer 156.

stammt von Victor Hugo. Sein Gedicht gleichen Namens beginnt mit der Zeile: »Der Dichter, der die Hölle malt, er malt sein Leben!« Die Tonart des Stücks, d-Moll beziehungsweise D-Dur, steht zum As-Dur des vorangegangenen Petrarca-Sonetts gewissermaßen in Opposition. Das Intervall der übermäßigen Quarte, das als Tritonus und als »Diabolus in musica« bekannt geworden ist, bestimmt denn auch das Anfangsthema der Dante-Fantasie. Wenn man Liszts Schüler August Stradal glauben darf, dann ist dieses Thema *nicht* von der Inschrift über Dantes Höllentor inspiriert; es soll vielmehr einen Aufruf an die Verdammten darstellen: »Hervor ihr Schatten und Geister aus dem Reich des Jammers und Elends!« In einem wildbewegten chromatischen Prestosatz nahen sie heran. Ihre stöhnende Schattenhaftigkeit ist in einem fünf Takte langen Pedal geradezu malerisch ausgedrückt. Nach der Wiederkehr der Tritonusrufe des Beginns überläßt sich die Musik jener Episode, die sich mit Francesca da Rimini beschäftigt: »Nichts ist schmerzlicher, als sich im Elend glücklicher Zeiten zu erinnern.« Später »verspotten die Verdammten ihre Leidensthemen«. Nicht Schlußapotheose, sondern Verhöhnung, Zerstückelung und Trivialisierung findet hier, laut Stradal, statt. Auch darin steht das Werk Berlioz nahe – der im Finale seiner »Symphonie fantastique« das Liebesmotiv als Hexentanz präsentiert. Mit Recht heißt der Untertitel »Fantasia quasi sonata« und nicht, wie in Beethovens op. 27, »Sonata quasi una fantasia«. Die Fantasie als Form bleibt variabel: Wohl bezieht sie sich auf die gebräuchlichen Formen, doch schaltet sie frei mit ihnen, stellt sie in Frage, zerstört sie oder verbindet mehrere zu einer neuartigen Einheit. Erst in seiner h-Moll-Sonate hat Liszt einen Zusammenhang des musikalischen Materials hergestellt, dessen Folgerichtigkeit jener des psychologischen Ablaufs die Waage hält. Die Sonatenform darf nun ohne poetisches Programm sich selbst genügen.

(1985)

Liszts h-Moll-Sonate

Wenn Liszts h-Moll-Sonate, wie ich glaube, innerhalb seiner Werke die Ausnahme darstellt, worin besteht dann die Regel? Für mich ist Liszt ein Meister des kürzeren Formats, der Schöpfer des religiös inspirierten Klavierstücks, der unerreichte Verwandlungsmagier und Orchestrator des Klaviers, der auch noch im Lyrischen großzügige Poet, Visionär und Revolutionär. Seine Beherrschung der oft neuartigen musikalischen Mittel beweist sich an Stücken vom Umfang des »Vallée d'Obermann«, der »Funérailles« oder der Variationen über Bachs »Weinen, Klagen, Sorgen, Zagen«. Seine musikalische Vorstellung wird aus den verschiedensten Quellen gespeist: Literatur und bildende Künste, Religion und Landschaft geben ihr ebenso Nahrung wie Ideen und Persönlichkeiten, Freiheitskampf und Tod. Die h-Moll-Sonate dagegen, diese wichtigste, originellste, gewaltigste und intelligenteste Sonatenkomposition nach Beethoven und Schubert, ist ein Werk absoluter Musik, und sie ist das Ergebnis einer absoluten Kontrolle der großen Form, einer Fusion von Überlegung und Weißglut, wie sie Liszt auch in der Faust-Symphonie nicht mehr gelang. Sie gelang ihm zudem am scheinbar Unmöglichen – an einer Sonate von halbstündiger Dauer in einem einzigen Satz.

Themen, Charaktere

Was, im Vergleich zur Faust-Symphonie, sofort auffällt, ist, daß keines der Themen enttäuscht. Sechs scharf voneinander abgehobene Charaktere prägen sich ein – wir wollen sie hier einfach als Themen bezeichnen, ohne uns um die Begriffsverwirrung zu kümmern, die diesem Wort anhaftet. Der jeweils erste Eindruck, den wir von ihnen gewinnen, ihr Initialcharakter also, bleibt, trotz aller späterer Verarbeitungen und psychologischen Verwandlungen, denen diese Themen ausgesetzt sind, als wichtigste Orientierungshilfe bestimmend.

Gleich zu Anfang werden die ersten drei Themen in unmittelbarer Folge vorgeführt. Man könnte von einer einleitenden Themengruppe sprechen; einmal noch, am scheinbaren Beginn der Reprise, begegnet sie uns vollständig wieder. (Ob man der Sonate vier, fünf oder sechs Themen zuweist, hängt davon ab, wie man diese erste Themengruppe beurteilt. Auch eine Zweiteilung in das passive Lento-Thema und die beiden aktiven Allegro-Charaktere als zweites Doppelthema wäre denkbar.)

Das *Thema 1* (*Lento assai sotto voce*, quasi g-Moll, Takte 1–7) artikuliert gleichsam das Schweigen, stellt Beziehung zur Stille her, zu den »akzentuierten Pausen«, die den Synkopen vorangehen. Es wird hier nicht gesprochen oder gesungen, sondern gedacht. Zwischen kurzen, leisen Schlägen auf g – Klangfarbe: Pauke plus *pizzicato* – hört man erst die phrygische, dann die Zigeunertonleiter absteigen. Urfragen, Urzweifel. Wenn überhaupt eine harmonische Erwartung geweckt wird, so weist sie nach c-Moll. – Ich kenne zwei Schallplatten, auf denen das Stück erst mit dem zweiten Takt beginnt, weil der Toningenieur annahm, der Pianist hätte noch nicht richtig angefangen, und den ersten Takt wegschnitt. Dabei beginnt jede gute Sonate mit dem Wesentlichen! So gehört die zögernde Tonwiederholung dieses Anfangs, neben den Intervallen der Septime und Sekunde sowie dem Anfangsrhythmus, zu den Grundmotiven des Werkes. (Alle späteren Themen gehen dann ebenfalls von Tonwiederholungen aus.)

Mit dem *Thema 2* (*Allegro energico*, h-Moll, Takte 8–13) betritt, in einer Mischung aus Auflehnung, Verzweiflung und Verachtung, ein Akteur die Bühne (Faust?). Erst bei den herabhämmernden Oktaventriolen in Takt 10 gibt sich die Tonart als h-Moll zu erkennen.

Zum *Thema 3* (*marcato*, Takte 14–18) verhält sich das

zweite Thema wie eine Frage zur Gegenfrage. Der Charakter des dritten ist stichelnd, subversiv, mephistophelisch. Faust und Mephisto verbinden sich 15 Takte später kentaurenhaft zu einer Art symphonischem Hauptthema *(sempre f ed agitato)*. Mit der ersten Themengruppe war die Vorstellung des motivischen Materials abgeschlossen; die weiteren Themen gehören nun alle der Dursphäre an.

Das *Thema 4* (*Grandioso*, D-Dur, Takte 105–113) entwikkelt sich rhythmisch und motivisch aus dem Urthema des Anfangs; die Überleitung auf dem Orgelpunkt a, die ihm vorangeht, zählt zu den aufregendsten Ereignissen des Werkes. Das Wort *Grandioso* ist für dieses Thema nicht zu hoch gegriffen. Wollte man die Illusion der unbeschränkten Macht musikalisch darstellen, so wäre dies hier hinreißend gelungen*.

Das lyrische *Thema 5* (*cantando espressivo*, D-Dur, Takte 153–170) beginnt als schwärmerisch-entzückte Variante des dritten: Aus Mephisto wird das Erscheinungsbild Gretchens, wenn man, der besseren Übersicht halber, solche Namen als Hilfsmittel der Verständigung in einem Werk dulden will, das

---

* Es gibt neuerdings in England und Amerika religiöse Deutungen der Sonate, mit denen ich mich nicht befreunden kann. Jede religiöse Sicht dieses Werkes steht und fällt wohl mit dem Stellenwert, den man dem sogenannten »Kreuzmotiv« im Lisztschen Schaffen zugesteht. Wenn das Auftreten dieses Motivs in der amourösen H-Dur-Kantilene oder im grotesk-übermütigen Marsch (samt Beckenschlag) des Es-Dur-Konzerts diese Themen als religiös ausweist, dann dürfte man alle Musik religiös nennen, so wie man noch unlängst alle Kunst politisiert hat. Das Grandioso-Thema der h-Moll-Sonate scheint mir als religiöses Thema disqualifiziert durch seine herrische Schlußgeste, die einem psychologisch empfänglichen Hörer Zäsarenwahn eher suggeriert als göttliche Allmacht.

Wer viele der religiösen Klavierstücke Liszts gespielt hat, wird wissen, daß sie durch eine bestimmte poetische Aura, eine devote Haltung gekennzeichnet sind und nicht durch ein einziges, auf die religiöse Sphäre keineswegs beschränktes Motiv. – Die Faust-Mephisto-Gretchen-Konstellation kommt meinem Verständnis der Sonate am meisten entgegen. Daß sie eine Arbeitshypothese bleibt, ist mir bewußt.

der programmatischen Hinweise entbehrt – und enträt. Im neunten Takt des Themas finden wir Faust in sehnsuchtsvoller, nach innen gekehrter Verwandlung; kein Zweifel, daß wir die Vorgänge aus der Faust-Perspektive erleben. Auch das Urthema ist in der Baßführung der ersten acht Takte zu erkennen.

Einen Zustand süßer, nahezu religiöser Entrückung vermittelt das *Thema 6* (*Andante sostenuto*, Fis-Dur, Takte 331–346), weniger Charakter als komponierte Idee: Das ewig Weibliche zieht uns hinan. Überraschend und selbständig tritt es auf und doch auf frühere Themen bezogen: Der Beginn paraphrasiert, in durchsichtiger Ferne, den Höhepunkt des Grandioso-Themas. Sein weiterer Verlauf bedient sich frei des Urgedankens (Tonwiederholung und absteigende Mollskala), diesmal bereichert durch die aufsteigende große Septime als Zeichen zartester Hingerissenheit. Der Gebrauch der Septime in der h-Moll-Sonate wäre eine eigene Studie wert; vielleicht ist nichts charakteristischer für das ganze Werk als die Spannung, die dieses Intervall immer wieder mitteilt.

In dem enormen Kraftfeld dieser Sonate ist eine Vielfalt emotioneller, koloristischer und satztechnischer Abwechslung aufgewendet, um ihre Dimensionen zu rechtfertigen. Die Einheit des motivischen Materials spielt dabei keine kleine Rolle. Ich spreche hier nicht von jenen oft kommentierten einfachen Transformationen, in denen die Themen dem freien Auge als solche kenntlich bleiben. Was ich meine, ist die Beethovensche Technik der motivischen Verklammerung aller Themen (und Sätze) miteinander, die Liszt hier ebenfalls anwendet. Es ist ein hartnäckiger Irrtum, daß Querverbindungen zwischen Themen erst für die Romantik typisch seien.

Ebenso ein Erbteil Beethovens ist die Technik der Verkürzung oder Verdichtung längerer Entwicklungen. (Die bekannte »Abspaltung« ist nur ein Teilgebiet davon.) Daß Liszt in der h-Moll-Sonate »alles zweimal sagt«, wie ungeduldige Kritiker angemerkt haben, erweist sich diesmal als souverän gehandhabtes Mittel der Gliederung. Wo er es nicht tut, geht meist ein Verkürzungsvorgang zu Ende. Es lohnt sich übrigens, die Möglichkeiten des »Zweimalsagens« näher zu betrachten. Sie erweisen sich als erstaunlich differenziert, sobald man zwischen

Varianten (Thema 1), Sequenzen (Themen 2, 3, 4), variierten (Thema 5) oder auskomponierten Sequenzen (Thema 6) und identischen Wiederholungen (»symphonisches Hauptthema«) zu unterscheiden lernt.

Zur Form

Das Übereinanderkopieren der Sonatensatzform mit den Sätzen einer Sonate hat seine Vorläufer im Finale von Beethovens Neunter und in Schuberts Wanderer-Fantasie. (Liszt hat beide Werke mehrfach bearbeitet.) In der h-Moll-Sonate entspricht das Fis-Dur-Andante dem langsamen Satz, das diabolische Fugato dem Scherzo – wenn auch nicht dem üblichen Scherzo im dreiteiligen Takt; Rhythmus und Stakkatobewegung erinnern vielmehr an den als »Scherzo« bezeichneten zweiten Satz aus Beethovens Es-Dur-Sonate op. 31/3.

Ein Überblick über die Sonatensatzform könnte sich damit begnügen zu zeigen, daß eine stark modulierte Exposition sich so weit als nötig auf h-Moll und D-Dur stützt, daß das Andante in Fis-Dur den Raum der Durchführung einnimmt und daß, je nach der Orthodoxie des Geschmacks, das Fugato oder erst die darauf folgende Wiederkehr des »symphonischen Hauptthemas« den Eintritt der Reprise bestimmt, in deren Verlauf alle Themen, welche noch nicht in der Grundtonart erschienen waren, in dieser erscheinen.

So einfach hat Liszt es sich und uns jedoch nicht gemacht. Ich möchte versuchen, den Ereignissen des Werkes etwas genauer nachzugehen.

a) Exposition. Erste Durchführung. Erste Scheinreprise. Die h-Moll-Sonate ist voller Durchführungen und Verarbeitungen. Die Themen werden entwickelt und kombiniert, nicht bloß ausgeschmückt oder verschiedenartig beleuchtet. So folgt auf die Exposition des Themas 5 ein durchführungsartiger Teil, der zwar ohne scharfe Abgrenzung beginnt, jedoch in einer Weise in das Thema 1 zurückführt, daß man sich fragen mag, ob man bei der Reprise angelangt sei (Takt 277). Eigentlich müßte nun das Faust-Thema in der Tonart h-Moll folgen, Reprise und Grundtonart bestätigend. Statt dessen wird es in der »falschen« Tonart f-Moll (*deciso*, Takt 286) in den Flügel gemeißelt. Liszt übertrifft damit die harmonische Erwartung. Nicht in die Reprise geraten wir, sondern in ein

b) Rezitativ, das schon mit den cis-Moll-Akkorden (*fff pesante*, Takt 297) beginnt. Ins Unerbittlich-Drohende gewendet, gebietet der Themenkopf des Grandioso-Themas 4 dem Drängen der Exposition Einhalt. Faust reagiert darauf in freier Krebsvariante. (Sein Hadern mit dem Schicksal darf nie in weinerliches Selbstmitleid degenerieren! Das in beiden Händen vorgeschriebene *forte* wird oft mißachtet. Es ist solche Larmoyanz, die Liszt in Verruf bringt.) Ein langer, mephistophelischer Orgelpunkt auf h, über dem der Widerstand Fausts erlischt, beschließt diesen zerklüfteten, von Pausen durchbrochenen Abschnitt. Wir stehen auf der fünften Stufe von e-Moll.

c) »Langsamer Satz« (Andante): Mittelteil mit zweiter Durchführung. Wiederum übertrifft Liszt die harmonische Erwartung. Das neue, sechste Thema und die Tonart Fis-Dur überraschen uns wie die Vision einer besseren Welt. Die Luft ist rein: In der Exposition war Fis-Dur ausgespart geblieben. Nach längerer Entrückung, die auch das gesamte Gretchen-Thema mit einbezieht, folgt die eigentliche Durchführung, die den dramatisch deklamierenden Gestus des Rezitativs wiederaufzunehmen scheint. Er ist nun allerdings in den großen Atem eines symphonischen Zusammenhangs gespannt. Der Höhepunkt des Abschnitts – und des Werkes – entspricht thematisch dem Beginn des Mittelteils (Thema 6), doch überwältigt uns jetzt das Ewig-Weibliche mit alles überstrahlender Kraft. Es gehört zu den bewegendsten Momenten – und, für den Spieler, zu den anspruchsvollsten –, wenn hier Gewalt plötzlich in Süße umschlägt. Die Spannung verebbt, Fis-Dur wird nicht mehr verlassen. 38 Takte lang steht die Zeit still. Regungslos sitzt das Publikum da – zumindest wünscht sich das der Pianist. Die Urgestalt des Themas 1 erscheint in fis-Moll, beendet den Mittelteil und leitet zugleich in das Fugato. Aus der Atmosphäre des Anfangs heraus erwarten wir den Auftritt Fausts und Mephistos.

d) Fugato. Zugleich zweite Scheinreprise, dritte Durchführung und »Scherzo«. Ich weiß nicht, was ich mehr bewundern soll: die Tatsache, daß hier ein Fugato auftaucht; welche Erwartungen es erfüllt oder ironisch enttäuscht; wie es aus der Dreistimmigkeit allmählich in den »symphonischen« Klaviersatz zurückgeholt wird; die geradezu mozartische Mühelosigkeit seiner kompositorischen Ausführung; seine Originalität, die dem tief ins 19. Jahrhundert fortwirkenden barocken Vorbild etwas Persönliches hinzufügt; oder seine Vieldeutigkeit, die an ein Vexierbild erinnert. – Faust und Mephisto erscheinen tatsächlich; das Fugatothema spannt beide Charaktere zusammen. Die Konstellation des Sonatenbeginns ist wieder da, die Voraussetzungen für eine Reprise scheinen gegeben. Aber warum hüpfen Faust und Mephisto auf Zehenspitzen? Wozu der sarkastische Flüsterton? Im Geist der Verneinung sind sich die beiden offenbar einig; aber was wird denn musikalisch verneint? Könnte dies etwa die Grundtonart h-Moll sein, in der die Reprise klassischerweise beginnen sollte? In Wirklichkeit steht das Fugato nämlich in der »falschen« Tonart b-Moll, einen Halbton zu tief. – Womit rechtfertigt sich diese »Verrücktheit« eines Abschnitts, den man mit gutem Recht auch noch als dritte Durchführung und als Kontrast mit Scherzocharakter ansprechen darf? Durch das zuständliche Verweilen in Fis-Dur zuvor und die tonale Festigkeit der Reprise danach. Als schillerndes, harmonisch exterritoriales Zwischenglied trennt das Fugato die beiden stabilen Teile voneinander und schiebt den Eintritt der Grundtonart hinaus.

e) Reprise und Abschied. Erst die Verschmelzung der Themen 2 und 3 (Takt 533) verankert uns in der Grundtonart, der wir nicht mehr ernstlich entrinnen. Was die Reprise nun ausfüllt, ist der Kampf zwischen Finsternis (h-Moll, Beethovens »schwarzer Tonart«) und Licht (H-Dur), den das Licht gewinnt. Der Umfang der Reprise ist, im Vergleich zur Exposition, stark gerafft. Der verengte harmonische Spielraum macht das nötig. Nicht nur die Themen 4 und 5, sondern auch die beiden Scheinreprisen werden in die Grundtonart heimgeholt (zuerst die zweite ab Takt 569, dann die erste ab Takt 673). Der Triumph von H-Dur wird dem Hörer in rasenden Oktavengängen und Akkordvibrationen geradezu eingebrannt. Dies ist der äußere Höhepunkt der Sonate – der innere hatte in der Mitte des Werkes, auf dem Gipfel des Fis-Dur-Teils, stattgefunden. Die außer sich geratene Musik gerät, nach einer bedeutenden Zäsur, wieder in sich mit Hilfe des ruhigen Themas 6, das nun ebenfalls in H-Dur erscheint. Friede ist eingekehrt. Wenige Takte vor Schluß findet, endlich, auch das Urthema in die Grundtonart. Der Kreis schließt sich. Mit der letzten Note ist die letzte Spannung gelöst.

Wir können Liszt nicht genug dankbar dafür sein, daß er den ursprünglich niedergeschriebenen, konventionellen Fortissimoschluß gestrichen hat. Die sieben Zeilen, die Liszt an seine Stelle gesetzt hat, haben der Sonate Unschätzbares hinzugefügt. Überhaupt ist dieses Werk gründlich durchgearbeitet. Weder *ossias* noch Kürzungsvorschläge verraten die Flüchtigkeit des Improvisators. Der Interpret tut gut daran, das Werk nicht als rhapsodischen Fiebertraum zu spielen; die Aufführung sollte bekräftigen, daß hier eines zwingend ins andere leitet. Jede Note steht an ihrem Platz. Die Vortragszeichen vermitteln, wie beim späteren Beethoven oder bei Brahms, mit großer Klarheit das Wesentliche.

Liszts h-Moll-Sonate wurde am 2. Februar 1853 beendet. Sie trägt die Widmung »An Robert Schumann«, als Gegengabe für dessen C-Dur-Fantasie. Weder Schumann, der im Jahr der Drucklegung schon in einer Heilanstalt interniert war, noch Clara oder Brahms, dem Liszt das Werk in Weimar vorgespielt hatte, wußten es zu schätzen. Einzig Wagner reagierte begeistert. Erst 1857 fand die Uraufführung durch Hans von Bülow in Berlin statt.

(1981)

Liszts »Bitternis des Herzens«

Liszts späte Klavierstücke sind eine Entdeckung unserer Zeit. Daß sie den mephistophelischen Abbé als den Vater der Musik unseres Jahrhunderts ausweisen, war einigen Kennern bereits aufgefallen. Daß man diese Stücke nicht nur lesen, sondern auch spielen und einem hörenden Publikum vermitteln kann, entdecken wir, mit fast hundertjähriger Verspätung, erst heute. Nicht mehr das Podium des 19. Jahrhunderts allerdings, der Prunk und Rausch der Virtuosität bestimmen diese Werke. Sie möchten nicht mehr überreden, kaum mehr überzeugen. Auf den »Überschwang des Herzens« war, nach Liszts eigenen Worten, die »Bitternis des Herzens« gefolgt – Bitterkeit als Folge des Todes der Kinder Daniel und Blandine, Bitterkeit über die verhinderte Heirat mit der Prinzessin Sayn-Wittgenstein, die enttäuschten Freundschaften mit Wagner und Bülow, den fehlenden Widerhall seiner eigenen Werke. »Spitalsmusik« nennt Liszt, was er nun hauptsächlich hervorbringt; ungarische Freunde läßt er offenbar in dem Glauben, er habe den »Csárdás macabre« nur komponiert, um den Kritiker Eduard Hanslick zu ärgern.

Dieses erst in den fünfziger Jahren veröffentlichte Stück gehört in die Reihe jener Totentänze und mephistophelischen Walzer, Elegien und Threnodien, Gedenkblätter und Bilder der Verstörung, von denen Liszt in den letzten 15 Jahren seines Lebens überwiegend heimgesucht wurde. Das Makabre ist nun nicht mehr pittoreske Theaterdekoration wie noch im »Totentanz« oder das auslösende Motiv für revolutionäres Pathos wie in den »Funérailles«. »Darf man so etwas überhaupt schreiben, darf man es anhören?« – diese erschrockene Frage seines Schülers August Göllerich angesichts des »Csárdás« klingt wie ein Echo dessen, was Liszt selbst mehr als 30 Jahre früher über Chopins Polonaise-Fantaisie geschrieben hatte.

Wie es um Wagners musikalische Freundschaft bestellt war, zeigen dessen Äußerungen zu Liszts späten Werken; Wagner hält sie für die »Illustration einer untergehenden Welt«, als deren Zentrum er das ihm verhaßte »dekadente« Paris versteht. Verächtlich gemeint, enthält diese Bemerkung doch einen Teil Wahrheit. In der Mehrzahl sind Liszts späte Klavierstücke Dokumente zweier Untergänge: jenes der Tonalität und jenes der menschlichen Persönlichkeit im Alter.

Den Untergang der Tonalität hat Liszt in seinen Werken wohl als erster vorgestellt. Die traditionelle Kadenz ist nun vermieden; Liszt moduliert kaum mehr, setzt vielmehr Tonarten oder Harmonien unvermittelt nebeneinander oder läßt sie chromatisch, modal oder als Folge der Zigeunertonleiter ineinandergleiten. Die Sicherheit, mit der dies geschieht, hat Busoni zu der Bemerkung veranlaßt, es liege hier »die Harmonik eines Umstürzlers in der ruhigen Hand eines Herrschers«.

Wo tonale Eindrücke im gewohnten Sinn sich noch einstellen, wirken sie wie wehmütige oder ironische Erinnerungen an Vergangenes oder wie Ausflüge in eine kindliche Empfindungswelt (so im Zyklus »Weihnachtsbaum«, der Liszts Enkelin Daniela gewidmet ist). Nicht selten, wie in den »Zypressen der Villa d'Este I«, im »Unstern« oder in »Schlaflos – Frage und Antwort«, wird ein dissonanter und obsessiver erster Abschnitt »beantwortet« von einem zweiten, meist kirchentonal konsonierenden, den man als Demutgebärde deuten könnte, als Beschwichtigung, die kaum mehr bis zum Trost vordringt, als ein Schutzsuchen unter dem Mantel einer rätselhaft gewordenen Konvention. Der Franziskaner Liszt wird hier, an der Grenze des Verstummens, gleichsam zum Trappisten.

Die klassisch-romantischen Formen bezogen ihren Sinn aus der Verankerung in der Funktionsharmonik von Dur und Moll. Mit der Aufgabe der tonalen Festigkeit werden sie bedeutungslos. An die Stelle von Symmetrien, Durchführungen und Reprisen setzt Liszt die einfache Gegenüberstellung äußerster Gegensätze oder das Nebeneinander zweier Tonartkomplexe (F-Dur und D-Dur im »Csárdás macabre«, f-Moll und H-Dur im »Unstern«). Andere Stücke scheuen sich nicht, zufällig zu wirken, fragmentarisch zu sein, zu erstarren, zu versickern, zu vergessen, wo sie begonnen hatten, wenn sie aufhören. Spiegeln sie damit nicht Symptome des Alterns? Es gilt hier, zwei Dinge voneinander zu unterscheiden: das Schrumpfen von Teilen der alternden Persönlichkeit, wie es diese Musik reflektiert, und einen Verfall der Schaffenskraft, wie man ihn Liszt wohl zu Unrecht vorgeworfen hat. (Gewiß ist ein Nachlassen seiner Sehkraft zu konstatieren, das längere Niederschriften verhindert haben mag. Dennoch ist kein Komponist in seinem Bedürfnis und Vermögen, Neues zu schaffen, jünger geblieben bis zum Ende.) Die »Zufallsform«, die schon als Unsicherheitsfaktor durch manches frühere Werk gegeistert war, verwirklicht sich nun am geeigneten Material: am Grauen der Senilität wie an der Heimatlosigkeit der Harmonik, zu der die Verwendung der aus Indien stammenden Zigeunertonleiter und ihrer Varianten wesentlich beiträgt. Heimatlos ist auch der alte Mann; selbst Ungarn will, während Liszt zwischen Weimar, Rom und Pest herumzigeunert, nichts von seinen Werken wissen.

Ungemildert erscheint darin das Neue, bloßgestellt in radikaler Einfachheit. Die Melodik verzichtet auf herkömmliche Vorstellungen des Gesanglichen. Einsame Möglichkeiten der Einstimmigkeit werden erprobt. Auf der Farbe als Ausdrucksmittel beruht immer noch ein bedeutender Teil der Wirkung; hier sind es vor allem dunkle und grelle, fahle und ätherische Töne, die uns bewegen oder beunruhigen. Der Rhythmus ist obsessiv, bohrend, lastend, oder er möchte sich in Luft auflösen. Großzügig ist noch das kleinste Stück; Miniaturen im Sinne von Schumanns »Papillons« und »Kinderszenen« oder Schönbergs op. 19 finden sich selten.

Die Reduktion des einstigen Überflusses – der legitimes Kunstmittel gewesen war –, das Schrumpfen der Persönlichkeit schafft Raum für Unpersönliches: für archaische Kraft. Liszts musikalische Ruinenlandschaften zeigen seine lebenslange Beschäftigung mit Schubert von einer unerwarteten Seite. Mit seinen Bearbeitungen von Schubert-Liedern hatte er während seiner Virtuosenzeit auch in Wien das Publikum überwältigt; er tut Schubert darin oft Gewalt an, transponiert ihn in die Sphäre des eigenen rhetorischen Überschwangs. Nun, im Alter, ist Liszt dem originalen Schubert in seiner depressivsten Form nahegerückt. Gesänge wie »Der Doppelgänger«, »Der Leiermann« oder »Die Stadt« führen dicht an Stücke wie »Unstern« oder »Mosonyi« heran. Die Verbindung von Kürze und Monumentalität, von Rezitativischem und Lapidarem, von Monotonie und Verfeinerung ist ihnen gemeinsam.

In vielen späten Stücken Liszts scheint mir bereits etwas vorausgenommen, was in der europäischen Malerei dann um die Jahrhundertwende stattfindet: die Entdeckung des »Primitiven« oder »Barbarischen«, wie es sich etwa in Gauguins Tahiti, in afrikanischen oder ozeanischen Masken oder in der frühromanischen Plastik zu erkennen gab. Schon der zivilisierte Goethe sprach (1805) von einem »unwiderstehlichen Trieb zum Absurden, der... gegen alle Kultur die angestammte Roheit fratzenliebender Wilden mitten in der anständigsten Welt wieder zum Vorschein bringt«. Die Unterschiede zur bildenden Kunst liegen auf der Hand. Wo sich die Fauves von »primitiver« Stammeskunst oder Picasso von pyrenäischer Holzplastik anregen ließen, holte Liszt seine Fratzen aus sich selbst. Gewiß haben die Zigeuner, die jüngeren russischen Komponisten und die Gregorianik ihren Anteil hinzugefügt. Der wichtigste Antrieb kam jedoch aus der musikalischen Situation der Zeit – aus der Auflösung der Tonalität und ihrer Formen. Daß Liszt sich dessen bewußt war, was er tat, bezeugt der Titel eines seiner spätesten Alterswerke: In der »Bagatelle ohne Tonart« ist tatsächlich selbst das vorübergehende Festhalten einer Tonart vermieden. Fast unabhängig von Wagners Tristan-Chromatik, konsequenter als alle seine Zeitgenossen kündigt Liszt die Musik des 20. Jahrhunderts an.

Was uns an diesen Stücken aber vor allem interessieren sollte, ist nicht, was sie vorwegnehmen oder vorbereiten, sondern was sie sind. Sie bedürfen keiner Entschuldigung, auch nicht jener, Experimente zu sein. Dieses Wort trifft frühe Werke wie die »Malédiction« oder das Klavierstück »Harmonies poétiques et réligieuses« ohnedies viel genauer. Erstaunlicher noch als das Wagnis des Versuchs ist in manchen späten Stücken die Sicherheit des Gelingens.

Die Einheit dieses Stils, aber auch die Vielfalt innerhalb dieser Einheit lassen sich erst begreifen, wenn man eine ganze Reihe dieser Stücke fortlaufend auf sich wirken läßt. Noch in die sprödesten Klänge dieser Musik wirkt die Differenziertheit der pianistischen Mittel herein, die Liszt sich in langer Erfahrung erworben hatte. Ein ungeheurer Vorrat an Nuancen sollte selbst dort, wo er scheinbar ungenutzt bleibt, im Hintergrund heimlich mitschwingen.

Zwei der späten Stücke haben ausnahmsweise schon frühzeitig Eingang ins Repertoire gefunden; sie gehören denn auch nicht zu den typischsten, gewiß aber zu den schönsten. Der erste »Valse oubliée«, ein knappes Werk von mürber, leicht diabolisch angehauchter Eleganz, läßt es höchst natürlich erscheinen, daß Liszt bis zuletzt von Damen verwöhnt wurde. Nimmt dieser Walzer Alexander Skrjabin vorweg, so wurden die »Wasserspiele der Villa d'Este« als »Vorbild aller musikalischen Springbrunnen, die seither geflossen sind« (Busoni), ein Modell des Impressionismus. Sie sind aber darüber hinaus und vor allem religiöse Musik.

Auch die meisten anderen Stücke des dritten Bandes der »Années de pèlerinage« tragen, im Gegensatz etwa zu den Naturschilderungen des ersten, religiösen Charakter. In den »Zypressen der Villa d'Este I« lösen sich die Melancholie und die Drohung, die von den Riesengestalten dieser Bäume ausgehen, in christlichem Zuspruch von unverbrauchter Chromatik. (Seit 1864 stand Liszt, wenn er sich in Rom aufhielt, in der Villa d'Este ein Appartement zur Verfügung.) »Sunt lacrimae rerum« ist gleichfalls eine Threnodie (eine Totenklage), aber ungarischer Färbung. Die Worte des Titels, dem ersten Gesang von Vergils »Aeneis« entnommen, beziehen sich eigentlich auf den Untergang Trojas. Tatsächlich hat Liszt damit jedoch auf den Fehlschlag des ungarischen Freiheitskriegs 1848/49 angespielt. Doch gibt es noch einen weiteren, persönlichen Bezug. Im Entstehungsjahr des Stücks, 1872, besuchte Liszt zum erstenmal Bayreuth und erklärte dort Wagner und Cosima, sie trügen die Verantwortung für den Ruin Hans von Bülows, dessen Ehe mit Liszts Tochter Cosima an Wagner zerbrochen war. Das großartige Stück ist denn auch Bülow gewidmet. Die Klänge, die der Baßregion des Flügels hier anvertraut sind, gehören zu den schwärzesten der Klaviermusik.

(1980)

Busonis »Doktor Faust«

Busonis Beschäftigung mit der Oper stand in inniger Beziehung zu seiner Idee einer »Jungen Klassizität«. Weder eine Zurückwendung zu alten Formen war damit gemeint noch ein ironisches (neoklassizistisches) Kommentieren vergangener Stile. Busoni erhoffte sich nichts Geringeres als eine (seltsam utopische) Befreiung von Zwängen der Form, des Stils und der Funktionsharmonik. Was die »Junge Klassizität« mit dem (Neo-)Klassizismus teilte, war das Mißtrauen gegen jeden Gefühlsüberschwang, gegen die ausladende Geste und gegen Sinnlichkeit oder »Sexualität«, für Busoni »kein Vorwurf für die Kunst, sondern eine Angelegenheit des Lebens«. Zwiegesänge, wie jener zwischen Othello und Desdemona, versetzten ihn geradezu in Rage: »Ein Liebesduett auf offener Bühne ist nicht allein schamlos, ... vielmehr völlig falsch und verlogen, und überdies lächerlich... Nichts Schlimmeres zu sehen und zu hören, als ein kleiner Mann und eine große Dame, die einander in Melodien anschwärmen und sich die Hände halten.«*

Musikalisch wünschte sich Busoni das Ende »thematischer« oder »motivischer« Komposition und den Primat der Melodie in allen Stimmen im Sinne linearer Polyphonie. Wie Schönberg forderte er die Emanzipation der Dissonanz; sie und nicht der Dreiklang entsprach für ihn der Natur. (Trotz mancher menschlicher und persönlicher Divergenzen blieb Busoni ein geduldiger Förderer Schönbergs, dessen Berliner Existenz weitgehend seiner Hilfe zu verdanken war.) Nach Busonis Tod übernahm Schönberg dessen Kompositionsklasse an der Preu-

---

* In »Die Einheit der Musik und die Möglichkeiten der Oper« (1921).

ßischen Akademie; daß er »Doktor Faust« nicht vollenden mochte, ist begreiflich, wenn auch außerordentlich zu bedauern.

Busonis Ideen richteten sich gegen die aufgeblähte Rhetorik und das sentimentale Pathos der meisten Spätromantiker, Veristen und Expressionisten. (Er räumte zwar ein, daß in jedem Komponisten ein Expressionist stecke, wehrte sich jedoch gegen alle Überlegenheitsansprüche eines Stils im Verhältnis zu anderen.) Busoni verstand es, sich in seiner späten Musik von Kitsch fernzuhalten, und dies in einer Epoche, die wie keine zuvor selbst in ihren begabtesten musikalischen Exponenten geschmacksgefährdet war. Einem Publikum, das sich an ein Maximum musikalischer Hitze und Würze gewöhnt hatte, mußte Busonis Selbstkontrolle geradezu eisig erscheinen.

Gefühl in der Musik, so erklärt Busoni, möge sich nicht an Unbedeutendem und Nebensächlichem vergeuden. Es gebe »eine Vorstellung von Gefühl, welche mit Rührseligkeit und Geschwollenheit bezeichnet werden muß«; ihr fehle es an Geschmack und Stil. Gefühl »wird vor den Augen des Publikums in starker Vergrößerung auf die Leinwand projiziert, so daß es aufdringlich und verschwommen vor den Augen tanzt ... Seltener und echter ist jenes Gefühl, welches handelt ohne zu reden, und am wertvollsten ein Gefühl, das sich verbirgt ... Gefühl im Großen verwechseln Laie, Halbkünstler, Publikum (und leider auch die Kritik!) mit Mangel an Empfindung; weil sie alle nicht vermögen, größere Strecken als Teile eines größeren Ganzen zu hören. Also ist Gefühl auch Ökonomie.«*

Busonis Abneigung gegen das Triviale und Erwartete schließt auch musikalische Klischees wie den »typischen« Hornruf, die dahinschmelzende Streicherphrase, den humoristischen Gebrauch des Fagotts und die sogleich im Gedächtnis haftende Melodie mit ein. All dies gehörte einer Vergangenheit an, die Busoni bewunderte; doch war es zur Routine geworden und seither unerwünscht. Beschränkungen solcher Art kamen erst dem älteren Busoni zustatten. Die musikalische Disziplin, die er sich nach der Niederschrift seines »Entwurfs einer neuen

---

* In »Offene Entgegnung« (1909).

Ästhetik der Tonkunst« (1907) selbst auferlegte, bewirkte paradoxerweise die späte Befreiung seines persönlichen Stils.

Für Busoni war die Oper die höchste musikalische Ausdrucksform, weil sie »alle Mittel und alle Formen, die sonst in der Musik einzeln zur Anwendung kommen, vereint in sich birgt, sie gestattet, und sie fordert«*. Opernmusik sollte nicht duplizieren, was auf der Bühne vorgeht, sondern »den Seelenzustand der handelnden Personen während jener Vorgänge«, das Unsichtbare und Unausgesprochene, ausdrücken. Nicht das Gewitter, sondern die Reaktion darauf – oder deren Fehlen – sollte komponiert werden. Nicht selten dürfe die Musik dem Hörer mitteilen, was außerhalb seiner Wahrnehmung, sozusagen hinter der Bühne, passierte, sichtbare Vorkommnisse dagegen unbeachtet lassen. Das Singen von Texten in der Oper sei eine Konvention, die unwahr wirken müsse. »Aus diesem Konflikt mit Anstand hervorzugehen, wird eine Handlung, in welcher die Personen singend agieren, von Anfang an auf das Unglaubhafte, Unwahre, Unwahrscheinliche gestellt sein müssen, auf daß eine Unmöglichkeit die andere stütze und so beide möglich und annehmbar werden.« Dem Publikum sei stets vor Augen gehalten, daß es die Fiktion eines »Zauber- und Lachspiegels« ist, mit dem es konfrontiert wird, und nicht etwa der Ernst und die Wahrhaftigkeit des Lebens.

Der Opernstoff, nach dem Busoni Ausschau hielt, »sollte die Oper zu einer un-alltäglichen, halb-religiösen, erhebenden, dabei anregenden und unterhaltsamen Zeremonie... gestalten«. Nach Ahasver und Dante war es Leonardo, den Busoni in Erwägung zog; wie Antony Beaumont in seinem vortrefflichen Buch über Busonis Musik** dargestellt hat, identifizierte sich Busoni gern mit Leonardo, verwarf ihn dann aber doch als Opernfigur, weil D'Annunzio ihm – wie wir heute dankbar vermerken – das Libretto nicht lieferte. Die Figur des Don Juan, den Busoni anders sah als Da Ponte, schied um Mozarts willen aus, Goethes Faust wiederum kam aus Respekt vor Goethe nicht in Frage. (Auf der Suche nach einem Vorwurf, der

---

* In »Die Einheit der Musik und die Möglichkeiten der Oper« (1921).
** »Busoni the Composer«, Bloomington 1985.

ohne Musik unvollständig wäre, fand Busoni im zweiten Teil des »Faust« das Musterbeispiel eines der musikalischen Dimension bedürftigen Dramas.) Schließlich gab das alte Puppenspiel vom Doktor Faust den Ausschlag: Es verhieß eine Verbindung des Erzieherischen, Spektakelhaften, Weihevollen und Unterhaltsamen, Eigenschaften, die Busoni an der »Zauberflöte« bewunderte.

Busoni war ein beachtlicher Schriftsteller. Seine Essays und Briefe verraten nicht nur die umfassende Belesenheit des Bibliomanen, sondern auch ein höchst persönliches Temperament. Das Libretto des »Doktor Faust« reicht an die Originalität seiner Prosa gewiß nicht heran; es bleibt sprachlich allzusehr im Banne »gehobener« Konvention. Wer den Textbüchern von »Zauberflöte« und »Parsifal« – zweier Partituren, die Busoni besonders schätzte – kritisch gegenübersteht, den wird auch sein Libretto irritieren. Busonis Faust konzentriert sich am Ende seines Lebens auf eine letzte, mysteriöse Tat. Um als »ewiger Wille« fortzuleben, gibt er sein eigenes Leben an sein totes Kind weiter. Indem Faust aus dem Zauberkreis der Glaubensvorstellungen hinaustritt und religiöse Zwänge, Gut und Böse, Gott und den Teufel nietzscheanisch hinter sich zurückläßt, wird er frei, seinen eigenen Zauberkreis zu schaffen, wird selbst zum Mythos. Wie es ihm gelingt, sich den Kräften des Bösen, denen zu dienen er sich verpflichtet hatte, zu entziehen, bleibt ziemlich rätselhaft: Mit »einer guten Tat« scheint er allzu leicht davonzukommen. Wenn Faust sich, wie Münchhausen, gleichsam an seinen eigenen Haaren aus dem Sumpf zieht – macht dies seine Verbrechen ungeschehen? Am Ende scheint die Macht Mephistopheles', die Faust so sehr in Schrecken versetzt hatte, nicht weniger von menschlicher Schwäche beeinträchtigt als jene der Königin der Nacht oder Sarastros.

Es gehört allerdings kaum zu den Aufgaben der Oper, rational zu sein. Einzelne Seltsamkeiten in Busonis Faust-Version könnten private Bezüge haben. (Es mußte Busoni amüsieren, daß Faust seinen Pakt mit dem Teufel zu Ostern besiegelt; Busoni war an einem Ostersonntag geboren worden.) Anderes, wie die beiden Auftritte der trojanischen Helena, seines unerreichbaren Idealbilds von Schönheit und Vollkommenheit, ist geradewegs utopisch; die Verschmelzung von Utopismus und Blasphemie in Helenas Erscheinung auf dem Kreuz gehört zu den merkwürdigsten Einfällen dieser Faust-Handlung.

Als Busoni starb, hatte er weder die Helena-Episoden noch den Schlußmonolog des Faust komponiert. Philipp Jarnach, der erfahrenste unter Busonis Kompositionsschülern, ließ sich, wenn auch zögernd, überreden, das Werk zu vollenden, um eine baldige Aufführung zu ermöglichen. Was er unter Zeitdruck zustande brachte, gefiel den Kritikern der Uraufführung über die Maßen. Meinen Ohren ist sein Beitrag immer viel zu pathetisch erschienen, ein Eindringen Wagners plus Leoncavallos in Busonis gefilterte Höhenluft. (Unter den Komponisten, die von Busoni beeinflußt waren, wäre vielleicht Edgar Varèse der Schlußszene am ehesten gewachsen gewesen. Aus Teilen des Kirchen-Intermezzos entwickelte Kurt Weill wenig später seinen erfrischend zynischen Songstil.)

Zum Glück ist dieses Hindernis im Umgang mit Busonis Hauptwerk nun aus dem Weg geräumt. Antony Beaumonts neue, überzeugendere Lösung fußt auf Busonis Praxis, frühere Kompositionen in der Faust-Oper wieder zu verwenden oder gar, wie in seiner »Sonatina seconda«, »Berceuse élégiaque« oder »Toccata«, Vorstudien zur Faust-Oper herzustellen, in denen neues Terrain erprobt wurde. Es wäre unbillig, von Beaumont zu erwarten, was Busoni selbst nicht gelang. Beaumonts Versammlung von Busoniana folgt den Vorstellungen ihres Urhebers mit Geschmack und Geschick. (Wenige Monate vor seinem Tod hatte Busoni den musikalischen Umriß der Schlußszene in einer Skizze, die Jarnach damals nicht bekannt war, festgehalten.) Beaumont stellt den vollen Wortlaut des Schlußmonologs, den Jarnach gekürzt hatte, wieder her; die wiedereingesetzten Zeilen (»Euch zum Trotze, Euch Allen, die ihr euch gut preist, die wir nennen böse...«) ermöglichen ja erst ein Verständnis – wenn das Wort hier angebracht ist – von Fausts abschließender Weisheit.

Welchen Eindruck macht das Werk heute? Musikalisch scheint es mir zwei benachbarte Opernmysterien, »Palestrina« und »Mathis der Maler«, deutlich zu überragen. Am ehesten läßt sich ein anderes großen Opernfragment, Schönbergs »Moses und Aron«, als Maßstab heranziehen. Busonis Partitur ist meisterhaft, unverwechselbar persönlich und seinen eigenen hohen Ansprüchen weitgehend gewachsen. Sie wirkt unverbraucht, und ihr Klang beginnt gerade erst zu leuchten. Der Vorwurf des Eklektizismus, der seine Musik 1903 mit Recht trifft, geht an der melodischen, harmonischen und dramatischen Originalität des »Doktor Faust« völlig vorbei. Wo Busoni alte Formen verwendet, erneuert er sie zugleich. Und die Instrumentation ist niemals jene eines Pianisten; stets beweist sie ein zartes und genaues Bewußtsein nobelster Klangmischungen. Wenn ich Zweifel habe, richten sie sich gegen das Ende der vorletzten Szene, wo Faust den letzten Abend seines Lebens mit ungewohntem Pathos begrüßt – das allerdings vermeidbar wird, wenn der Dirigent das vorgeschriebene *allargando* ignoriert –, und gegen die etwas schmale musikalische Kost am Beginn des Schlußbilds. Hier käme ein großzügiger Strich (bis zum zweiten Auftritt des Nachtwächters) dem Gesamteindruck des Werkes sehr zustatten.

Szenisch findet der Opernregisseur genügend Ausgangspunkte, von denen aus er operieren kann. (In seinem Libretto hat Busoni bewußt Freiräume ausgespart, die das Publikum und die Aufführung zu füllen haben.) David Pountneys fesselnde und phantasievolle Inszenierung in der English National Opera (London 1986 und 1990) betonte den Expressionisten in Busoni über Gebühr. Manche von Pountneys Regieeinfällen hätten Busoni ebenso erstaunt und entsetzt wie seine Neigung, politisch zu aktualisieren, was als zeitloses menschliches Problem konzipiert worden war. Pountney machte aus der Szene, in der Wagner als »rector magnificus« von den Studenten gefeiert wird, eine schwungvolle Groteske und nahm dem Auftauchen des nackten Knaben (bei Busoni: halbwüchsigen Jünglings) aus dem Mantel Fausts jede Peinlichkeit. Diesem bewegenden Eindruck stand eine Helena gegenüber, die dem unbefangenen Opernbesucher ohne klassische Landschaft nur als eine Art Animierdame sichtbar wurde. Auch die vorgeschriebenen Zauberkreise fielen der Regie zum Opfer, während das allzu dominierende (Gesamt-)Bühnenbild weder einem Kircheninterieur noch dem Hof von Parma oder einer

Taverne entsprach und New York eher suggerierte als Wittenberg. Busoni betonte, es sei »im Faust nichts philosophisch gewollt: der Vorgang« – die Erscheinung des »Jünglings« als Fortsetzung Faustschen Lebenswillens – »entfloß mir rein dichterisch«*. Pountney hingegen schien allzusehr von Rationalisierungen und symbolischen Vorstellungen im Sinne C. G. Jungs geleitet. Er sagt im Programmheft, Busonis Mephistopheles habe nur Menschliches, nämlich einen anderen Teil von Fausts Persönlichkeit, aber nichts wirklich Teuflisches zu bieten – und widerspricht sich wenig später, indem er erklärt, Mephistopheles übertrüge auf Faust »die übermenschliche und tödliche Fähigkeit, seine Ideen [thoughts] hemmungslos auszuführen«. Tatsächlich ist es diese Teufelsgabe, die Fausts Schicksal besiegelt. Trotz aller Einwände sei Pountneys Verdienst nicht geschmälert; seine höchst bühnenwirksame Inszenierung verstand es, das Publikum zu interessieren und einen Handlungsfaden herzustellen, der Busonis Absichten allerdings nicht immer entsprach.

Musikalisch werden die fünf Aufführungen, die ich hörte, nicht leicht zu überbieten sein. Die elektronisch verstärkte Orgel in der Kirchenszene umfing mit ihrem Klang das Publikum, wie Busoni es sich vor der Erfindung solcher Mittel gewünscht hatte. Antony Beaumont, einer der besten Kenner des Werkes, dirigierte und bewies, daß er nicht nur als Schriftsteller Busoni zu dienen vermag. Unter allen, die am Erfolg dieser Vorstellungen ihren Anteil hatten, gebührte ihm jener des Löwen. Die gefürchteten Schwierigkeiten der hohen Tenorpartie des Mephistopheles wurden von Graham Clark im Triumph und mit geradezu diabolischem Vergnügen gemeistert. Thomas Allen, der schön singende Faust von 1986, wurde vier Jahre später durch den intensiveren Alan Opie noch übertroffen. (Dietrich Fischer-Dieskau bleibt in dieser Rolle unvergessen.) Helen Field, die Herzogin von Parma und Helena von 1990, stellte die wunderbare Arie der Herzogin so erregend in den Mittelpunkt der Oper, wie ich es noch nie erlebt hatte. Der große Publikumsandrang der ersten Aufführungsserie hat sich im Rezes-

* An Gisella Selden-Goth.

sionsjahr 1990 nicht wiederholt. Dennoch scheint es, als sei Busonis Faust-Oper dem Bewußtsein der Musiker und des Publikums einen großen Schritt nähergerückt.

(1986/90)

Furtwängler

Unter den Dirigenten, die ich gehört habe, ist mir Furtwängler der wichtigste geblieben. Der Eindruck seines Musizierens ließ den Rahmen der symphonischen Literatur weit hinter sich zurück. Ihm vor allem verdanke ich meine professionellen Maßstäbe. Nicht, daß ich ihn persönlich gekannt hätte. Als Furtwängler starb, hatte meine Karriere gerade erst begonnen, und die Partnerschaft mit einem so ausgeprägten Meister hätte einen Anfänger vielleicht eher gehemmt als gefördert. Meine Erinnerung an Furtwängler gründet sich auf Konzerte in Wien, Salzburg und Luzern, auf Opernaufführungen und Rundfunkübertragungen. Tonbänder und Schallplatten haben diese Erinnerung unglaublich lebendig erhalten, ja über die Jahre hinweg noch ergänzt und vertieft.

Man sollte, wie ich meine, in Furtwängler den außerordentlichen Dirigenten erkennen und sich dabei nicht beirren lassen von anderen Aspekten seiner Persönlichkeit – von jener des Komponisten etwa oder der des Schriftstellers und Briefschreibers oder auch jener des Denkers (soweit dieser Begriff auf Furtwängler außerhalb der rein musikalischen Sphäre überhaupt zutrifft). Man lasse sie ebenso aus dem Spiel wie den Patrioten Furtwängler und die Privatperson dieses Namens, sei sie nun kindlich oder kultiviert, im höchsten Grade reizbar oder anziehend, »politisch« oder »unpolitisch« gewesen. Große Musik hat sich noch nie durch die menschliche Beschränktheit jener, die sie hervorgebracht haben, erklären lassen. Zum jungen Hans Mayer, der über Wagners Charakter schimpfte, sagte Alban Berg: »Sie haben's leicht, Sie sind ja kein Musiker.«

Im Gegensatz zu Wagner war Furtwängler bestimmt kein Bösewicht. Es wird trotzdem notwendig sein, sich von einigen seiner Ansichten zu distanzieren. Ich beginne mit Furtwänglers Vorstellung von der Auserwähltheit des deutschen Wesens. Sie erinnert mich an jene zeitweilige Wahlverwandtschaft von Deutschen und Juden, auf die Nahum Goldmann hingewiesen hat. »Beiden Völkern ist eigen«, sagt Goldmann, »daß sie nicht nur in der Weltgeschichte wichtig waren, sondern sich selber ungewöhnlich wichtig nahmen und nehmen. Sie sind sich ihrer Wichtigkeit übertrieben bewußt und auch noch stolz darauf.«[*] Wohin dies bei den Deutschen führte, ist bekannt. Da ist ferner die Goethe nachempfundene, außerordentlich irritierende Behauptung, das ganz Große sei niemals neu. Furtwänglers Sichfestklammern an der tonalen Harmonik, am Erbe der klassischen und romantischen Symphonie, an der Forderung nach »volkstümlicher Verständlichkeit« selbst neuer Kompositionen sucht hier ihre Rechtfertigung. So verstellt sich ihm, trotz seines Einsatzes für Werke Schönbergs, Strawinskys und Bartóks vor 1933 der Blick auf die Errungenschaften der Neuen Musik. »Ein Komponist ist, wer sein eigenes ›Volkslied‹ schreiben kann« – diese Kalendernotiz Furtwänglers schließlich bringt ihn in gefährliche Nähe zu denen, die in der Musik ein lenkbares politisches Werkzeug erblicken.

Furtwängler hielt sich in erster Linie für einen Komponisten und erklärte immer wieder, er werde mit dem Dirigieren aufhören, um endlich ernsthaft zu arbeiten, das heißt sich ganz der Komposition zu widmen. Daß ihm dies nicht gelang, wird man kaum dem Erfolg des Dirigenten oder der Nichtbeachtung des Komponisten Furtwängler zur Last legen. Eher wird eine kritische Instanz in ihm dafür verantwortlich gewesen sein, daß er, gegen seine sichtbare Überzeugung, das tat, wofür sich seine Begabung so unvergleichlich anbot. Was allein an seinen Kompositionen denkwürdig bleiben dürfte, ist, daß sie Furtwängler in die Lage versetzt haben, die Musik, die er dirigierte, vom Standpunkt des Komponisten aus zu erleben.

[*] Nahum Goldmann, »Warum der Nazi-Schock nicht enden darf«, in: »Die Zeit«, 2. Februar 1979.

Jenen von uns, die den Zugang zur Musik nicht auf dem Umweg über Literatur, Philosophie oder Ideologie suchen, bleibt Furtwängler unersetzlich. Hätte es ihn nicht gegeben, wir hätten ihn erfinden müssen: den Interpreten, dessen Aufführungen ein Musikstück als etwas Vollständiges ausweisen, etwas in allen Schichten Lebendiges, das jedes Detail, jede Stimme, jede Regung rechtfertigt durch den Bezug zum Ganzen. Das Vorurteil besonders angelsächsischer Kritiker, Furtwängler habe sich gern in der Episode verloren und Einheit und Zusammenhang dem gefühlvollen Augenblick geopfert, trifft auf ihn am allerwenigsten zu. Kein Dirigent war zugleich freier und weniger exzentrisch. Kein Musiker in meiner Erfahrung vermittelte stärker das Gefühl, es sei mit dem ersten Takt das Schicksal eines Meisterwerks (und seiner Wiedergabe) besiegelt – und es habe sich mit dem letzten Takt erfüllt. In aller spontanen Verschiedenheit wuchsen Furtwänglers Aufführungen immer aus dem Keim ihres Beginns. Sie wirkten »natürlich«, wenn man dem Künstler zugesteht, daß er wie die Natur, oder analog zur Natur, verfährt. Sie führten zur Coda wie zu einem Brennspiegel, zu einer abschließenden Konzentration innerer Kräfte, zumal in den ersten Sätzen der großen Mollsymphonien – der Neunten, der »Unvollendeten«, der g-Moll-Symphonie Mozarts. Das Leben eines Musikstücks, so fühlte man dann, sei zu Ende gelebt, und die Coda zöge daraus die tragische Bilanz.

In einer Zeit, deren Denken zunehmend von Sprachphilosophie und Linguistik geprägt wird, vergißt man leicht, daß man auch ohne die Hilfe der Sprache organisiert denken kann. In seinem rein musikalischen Bereich erscheint mir der Dirigent Furtwängler ein Denker sondergleichen; als Schriftsteller, der über Musik nachdenkt, überzeugt er mich dagegen selten. Er selbst sagt dazu: »Ich kann mich nicht in ein Werk vertiefen, um es richtig und mit Liebe darzustellen, und zugleich darüber sprechen.« Dennoch gelingt hie und da ein Blick in die innere Mechanik seines Berufs. Über das musikalische Verhältnis des Einzelnen zum Ganzen notiert Furtwängler:

»Erfordernis ist, daß beides, Einzelnes wie Ganzes, durch das lebendige Gefühl hindurchgegangen ist. Manche gibt es, die die einzelne Phrase nachfühlen können; wenige nur, die dies der Gesamtlinie einer längeren Melodie gegenüber können; fast niemand, der dies dem Gesamt des wirklichen Ganzen gegenüber, wie es die großen Meisterwerke darstellen, vermag. Es gibt aber eine allzu praktische und daher heute allgemein in Aufnahme gekommene Art, sich überhaupt mit nichts mehr auseinanderzusetzen, alles rein referierend... wiederzugeben... Die Fehlerquellen sind hier weitgehend verringert, die Möglichkeiten echter, verpflichtender Kunstwirkung aber im selben Grade.«

Einen anderen Hinweis auf den Charakter seines Dirigierens findet man in einem Brief an den Mentor seiner Jugend und seine lebenslange Leitfigur, Ludwig Curtius, aus dem Jahre 1946. Er entwirft darin das Bild eines Kunstwerks, »das vom Wesen des ganzen Menschen aussagt, und nicht nur von seinen Nerven, der Schärfe seiner Beobachtung, der Unerbittlichkeit seiner Schlußfolgerungen, der Feinheit und Sensibilität seiner Sinne Zeugnis gibt«.

Schlank und leicht nach rückwärts gelehnt, schien Furtwängler, vor dem Orchester stehend, weite Räume zu überblicken. Sein überlanger Hals à la Modigliani unterstützte noch dieses Bild. Furtwänglers Schlagtechnik hatte, zumindest in den Jahren nach dem Krieg, mit jener der heutigen Dirigenten wenig gemeinsam. Sie war ein Resultat körperlicher Entspanntheit. Das lockere Abwärtsvibrieren der fast ausgestreckten Arme konnte Erstaunliches bewirken, nämlich Klänge von einer elementaren Gewalt, wie ich sie seither nicht erlebt habe. Die Vorstellung eines »Jupiter tonans« drängte sich dann auf: Dem Donner Furtwänglers ging jeweils der gezackte Blitz seines Niederschlags voraus. Der Klang folgte dem »Schlag« (sofern man von einem solchen überhaupt sprechen konnte) mit merkbarem Abstand. Je größer dieser Niederschlag, um so hellseherischer hatte das Orchester den rhythmischen Befehl zu erraten. »Der einzige Dirigent«, erklärte Furtwängler, »der überhaupt nichts

Verkrampftes an sich hatte, war Nikisch, dessen Schüler ich mich in diesem Punkt zu sein bemühe. Sehr merkwürdig ist ja, daß alle Muskelkontraktionen des Dirigenten sich im Klang des Orchesters wie auf einer photographischen Platte abspiegeln.«

Furtwänglers scheinbar unpräzise Technik war in Wirklichkeit das Ergebnis praktischer Überlegung. Sie bereitete vor: den Charakter des Klanges, die leichte Verzögerung eines rhythmischen Akzents, die allmähliche Veränderung von Tempo und Atmosphäre. Sie ermöglichte erst seine vielleicht geheimnisvollste Fähigkeit, nämlich zu verbinden. Furtwängler war der Meister des musikalischen Übergangs. Was macht seine Übergänge so aufregend und persönlich? Die seltene Tatsache, daß sie ihre Funktion erfüllen. Sie sind mit größter Sorgfalt modelliert und werden doch nie zum Selbstzweck. Man kann sie nicht isolieren, denn sie sind nicht eingefügt zwischen zwei verschiedene Abschnitte. Sie wachsen aus etwas heraus und in etwas hinein. Sie sind Schauplätze der Verwandlung. Wenn man sehr genau hinhört, wird man bemerken, daß eine Modifikation des Tempos oft schon viel früher beginnt als üblich; erst nach einer Periode unmerklicher Vorbereitung gibt sie sich zu erkennen. Furtwängler hat seine Meisterschaft in der Veränderung der Zeitmaße bis an die Grenzen des Möglichen genutzt. Im Gegensatz zu den abrupten, willkürlich-diktatorischen Rückungen Willem Mengelbergs bleibt Furtwängler dabei immer der großen Linie verpflichtet, die über alle Brucknerschen Generalpausen hinausreicht. Selbst dort, wo mir in Furtwänglers Tempomodifikationen das Pendel zu weit ausschlägt, wie im ersten Satz von Beethovens vierter Symphonie, kann ich die Überzeugung und Souveränität, mit der sie vorgebracht werden, nur bewundern.

Veränderungen des Tempos sind enthüllend: Nichts legt die Schwächen des Interpreten erbarmungsloser bloß. Bei Furtwängler, wie bei Casals, Cortot, Caruso oder Callas, sind sie oft Zeugnisse überwältigender rhythmischer Kraft. Es wäre allerdings falsch, Rhythmus von anderen musikalischen Elementen unabhängig zu betrachten. Soll Rhythmus mehr sein als ein abstraktes Schema oder primitive Besessenheit, wird er geprägt sein müssen durch Artikulation, Farbe und Charakter. Er wird bestimmt sein durch die Reaktion des Interpreten auf harmonische Vorgänge und durch jenen heute so selten gewordenen Sinn für ein *cantabile*, das Musik in weitestem Ausmaß durchdringt. Dieses Angewiesensein musikalischer Faktoren aufeinander ist bei Furtwängler ständig zu spüren. So war Furtwänglers *pianissimo*, sehr entfernt klingend, doch immer erfüllt von tragender Bedeutung, mehr als ein bloßer Grad dynamischer Zartheit; es brachte, zumal bei Beethoven, eine neue Farbe ins Spiel. Nun war aber, in aller Sinnlichkeit oder nervösen Verfeinerung, Farbei bei Furtwängler zugleich eine Angelegenheit des Gefühls. *Pianissimo* und *misterioso* waren daher oft identisch.

Was man Form nennt, erwies sich als die Summe aller Teile. Es folgt daraus, daß Furtwänglers Aufführungen dort durch Vielfalt beeindruckten, wo mancher seiner Kollegen sich in fixen Ideen verlor. (Wenn es auf Furtwänglers Landkarte blinde Flecken gab, so fanden sich diese am ehesten in der Gegend des Humors, der Eleganz und jenes leichten Witzes, wie ihn das *Allegretto scherzando* der Achten Beethovens vom Dirigenten verlangt, aber kaum jemals erhält.) Seine Schallplattenaufnahme der dritten Leonoren-Ouvertüre mit den Wiener Philharmonikern ist, bei allem unerhörten Reichtum an Farbe und Atmosphäre, Tempo und Dynamik, Charakter und sprechender Bedeutung, nie mit Ausdruck befrachtet. Energien innerhalb des Stücks werden freigelegt; sie machen, ohne der Worte zu bedürfen, die ganze Oper in konzentrierter Form lebendig. Im Zusammenwirken von Strategie und Ekstase entsteht die große Linie.

Furtwänglers große Linie ist nicht jene Art musikalischer Weitsichtigkeit, die über den wichtigsten Umrissen das charakteristische Detail vernachlässigt. Es ist bezeichnend für Furtwänglers beste Aufführungen, daß in ihnen jeder Charakter mit höchster Deutlichkeit zu seinem Recht kommt. Daß hinter dieser Deutlichkeit überlegenes Handwerk stand, wird gern vergessen. Auch dort, wo die Musik sozusagen sich selbst überlassen bleibt, wo anscheinend, über eine Reihe von zartesten *pianissimo*-Takten hinweg, »nichts passiert« wie im Cellothema der »Unvollendeten« Schuberts – auch dort wäre mit Überzeugung allein nicht gedient. So viel Stille mußte probiert und dirigiert werden.

Übrigens auch aufgenommen. Die Meinung, Furtwängler sei nur vor dem Publikum ganz bei der Sache gewesen, ist immer noch weit verbreitet. Seine bekannte Abneigung gegen Schallplatten mag Schuld daran tragen. Die großartige Aufführung der »Unvollendeten« mit den Wiener Philharmonikern ist nur eine unter vielen Studioaufnahmen, die uns eines Besseren belehren sollte. Ich kenne keine vollkommenere Aufführung irgendeines Stücks; sie scheint mir den Konzertmitschnitten, die ich kenne, überlegen; wenn diese manchmal freier wirken, ist jene geschlossener. Nicht minder außerordentlich sind die Studioaufnahmen der großen C-Dur-Symphonie Schuberts (Berlin) und der dritten Leonoren-Ouvertüre (Wien), die, im ganzen genommen, jedem Live-Mitschnitt ohne weiteres das Wasser reichen. Das Ergebnis seiner »Tristan«-Aufnahme schließlich scheint ausnahmsweise sogar den Dirigenten selbst beeindruckt zu haben. Ich wünschte, Furtwängler hätte ahnen können, wieviel uns seine Aufführungen heute bedeuten.

Während meiner Studienzeit erklärte mir eine Klavierlehrerin, es gäbe nur zwei Arten von Interpreten; die einen hätten Sinn für schöne Themen, die anderen für schöne Übergänge. Furtwängler hätte sie aus ihrer Verzweiflung erlöst. Er scheint mir das genaue Gegenteil jenes Uhrmachers, den Chaplin in einem seiner frühen Filme dargestellt hat. Ein Mann, der seinen Hut in der Hand hält, bringt Chaplin eine Weckeruhr. Chaplin nimmt sie Stück für Stück auseinander. Nachdem alle Bestandteile einzeln daliegen, schiebt er sie mit ein paar hastigen Bewegungen in den Hut ihres Besitzers.

(1979)

Von Analyse bis Zubiaurre
Der »Neue Grove«

Zu den Leuten, die sich vor Enzyklopädien fürchten, habe ich
nie gehört. Das »Illustrierte Musik-Lexikon« von Hermann
Abert* aus dem Jahr 1927 nahm ich von A bis Z durch, als ich
13 war. Der Band hatte einen Umfang von etwa 600 Seiten –
um einiges weniger als der Buchstabe A des »Neuen Grove«**.
Ich benützte, zur leichteren Übersicht, Stifte in vier verschiedenen Farben und kehrte immer wieder zu jenen 72 »Tafeln«
zurück, auf denen Musiker oder Instrumente abgebildet waren.
Diese Seiten präsentierten entweder ein einziges Bild, durch
sein Format die Physiognomie des »großen Komponisten« aus-
weisend, oder, gleichmäßig angeordnet, eine Neunzahl kleinerer Porträts von minderen und sterblicheren Figuren: Interpreten, Musikwissenschaftlern und solchen unglückseligen Ton-
dichtern, denen Größe nicht konzediert wurde. Nicht weniger
als achtmal neun »lebende Komponisten« waren hier auf Photo-
graphien zu besichtigen, von Richard Strauss und Hans Pfitz-
ner abgesehen, die ein ganzes Blatt bedeckten, ein Privileg, das
Franz Liszt, obwohl in drei verschiedenen Abteilungen klein-
formatig vertreten, nicht zuteil geworden war. Der »Neue
Grove« führt übrigens im Verzeichnis von Aberts Schriften dessen Musiklexikon nicht an.
　　Zu den Nachschlagewerken, die mich beschäftigt haben, gehört auch das Wiener Telephonbuch. In den fünfziger Jahren
enthielt es jeweils noch komplette Namen nebst Beruf und
Adresse. Dies ergab zuweilen hinreißende Kombinationen wie

---

* Stuttgart 1927.
** »The New Grove. Dictionary of Music and Musicians«, London 1980.

die Firmen »Heiligenbrunner und Wunder« oder »Himmel-
stoß« in der Ketzerstraße, die Viktualienhandlung Rosa Para-
deiser und, auf der Schattenseite des Lebens, so bedauernswer-
te Gestalten wie Artur Jucker in der Ameisgasse und Ruth
Krätzig in der Taubstummengasse. Daß in Wien acht Tele-
phonanschlüssen namens Walzer nur vier namens Marsch ent-
gegenstanden, paßte ins österreichische Bild.

Unter den Wörterbüchern der musikalischen Sphäre hat
mich »Julius Schuberth's Musikalisches Handbuch« (Leipzig,
Hamburg und New York 1860) am besten unterhalten. Johann
Christian Bach, heißt es darin, »componirte nur, um locker
und ausschweifend zu leben«, während sein Vater Johann Se-
bastian »aus Liebe zur Kunst mehrere Blasinstrumente studirt«
hatte. Ein gewisser Johann Anton Marisch sei »der Erfinder der
russischen Jagdmusik, bei welcher bekanntlich [!] jeder Spieler
nur über einen einzigen Ton« verfüge. Gottfried Piefke hingegen hatte sich mit seinen Arrangements »einiger Symphoni-
scher Dichtungen Liszts für Militair-Musik einen achtungswer-
ten Namen« gemacht. Bei Brahms ist der Autor noch vorsichtig: »Ob Schumanns Verheißungen in Erfüllung gehen werden,
diese Frage werden die nächsten 6–10 Jahre entscheiden.« Immerhin erfährt man, zu wem man aufschauen darf: Anton Rubinstein stehe »augenblicklich an der Spitze der jetzt lebenden
Komponisten«. Dem Salonkomponisten François Hünten ist es
gestattet, über sich selbst zu berichten: »Im Herbste, der Jah-
reszeit, wo ich am meisten zur Composition inspirirt bin, spa-
ziere ich gewöhnlich Fliegen fangend in meinem Arbeitszimmer
auf und ab, und so entstehen meine Werke.« Schließlich bietet
diese »Encyclopädie« das Stichwort *Pubertät = Mannbarkeit*,
ohne näheren Aufschluß.

Bis in die dreißiger Jahre blieben Musiklexika im wesentlichen Einmannunternehmen. Sie spiegelten den Geschmack und
befriedigten den Ehrgeiz einer einzigen mehr oder minder fach-
kundigen Persönlichkeit – etwa des hochgelehrten Hugo Rie-
mann, dessen »Musiklexikon« 1882 zuerst erschien –, selbst
wenn einer solchen, wie in Aberts Fall, vier weitere Fachleute
zur Seite standen. Sir George Grove dagegen gehörte nicht zur
Zunft der Musikwissenschaftler. Er war ein imponierender vik-

torianischer Amateur, dessen Interessen Bibelgeschichte und Geographie mit einschlossen. Der »Grove« war von Anfang an ein Gemeinschaftswerk. Seine erste Ausgabe von 1878–89, eigentlich in zwei Bänden geplant, umfaßte bei ihrem Erscheinen bereits deren vier. Inzwischen ist das Wörterbuch auf 20 Bände angeschwollen; der »Neue Grove« erinnert nun an eine musikalische Bibliothek von Babel, die in ihren von Jorge Luis Borges heraufbeschworenen labyrinthischen Räumen das Universum beherbergt.

Mit der Armee von Mitarbeitern des »Neuen Grove« könnte man Londons Trafalgar Square bevölkern, doch sehe ich den Herausgeber Stanley Sadie weniger als einen Nelson im Pulverdampf denn als überblickende, koordinierende, talentsuchende und Computer fütternde Instanz. Daß trotz (oder wegen?) all dieser Tausenden von Experten der berühmteste Sängerdarsteller des Don Giovanni, Francisco d'Andrade, im Lexikon nicht Fuß gefaßt hat, ist geradezu liebenswürdig. Auf der Sollseite entdeckte ich, als Beitrag zu meiner Sammlung unvergeßlicher Namen, den baskischen Komponisten Valentín de Zubiaurre y Unionbarrenechea.

Wer meint, ich sollte lieber Klavier spielen, sei beruhigt: Zur Lektüre von 18 000 Seiten fehlt mir inzwischen der Schwung. Doch wird mir der »Neue Grove« in einer doppelten Funktion unentbehrlich sein – als neuestes und, in englischer Sprache, umfangreichstes musikalisches Nachschlagewerk und als ein Instrument der Selbsterkenntnis. Wenn ich mich frage, was mit meiner Wißbegierde passiert ist, seit ich mich als Achtzehnjähriger auf den Musikerberuf einzulassen begann, konstatiere ich, daß meine Neugier und Lernbereitschaft kaum gelitten haben; hingegen finde ich mich, angesichts eines solchen Informations- und Meinungsgebirges, um ein Vielfaches skeptischer und selektiver. Es gibt im Erfahrungsbereich meines Klavierspiels Zonen, denen ein hoher Grad von Bewußtheit förderlich ist, und andere, die ihre Kraft aus der Dunkelheit ziehen. Ähnlich ist es zu einer Angelegenheit meiner Prioritäten geworden, wo ich informiert werden und wo ich unwissend bleiben will.

Ein Thema, das stets meine Neugier erregt hat, ist jenes des schöpferischen Vorgangs. Wie komponiert ein Komponist?

Fliegen fangend? Die 40seitige Übersicht unter dem Stichwort »Analyse« gehört zu den Glanzpunkten des »Neuen Grove«. Ian D. Bent, ihrem Autor, ist nicht genug zu danken. Bent macht dem Leser klar, daß eine gute Analyse nicht minder des Gefühls und der Sinne bedarf als des Intellekts. Durch seine Beschreibung verschiedener analytischer Verfahren wird die Begrenztheit der einzelnen Methoden ausreichend deutlich. Meisterwerke sind Kraftzentren, die Perspektiven von unerschöpflicher Vielfalt eröffnen. Wer meint, das Wesen der Musik endgültig erfaßt oder ihre Probleme »aus einem Punkte kuriert« zu haben, geht an dieser Vielfalt vorbei. So glaube ich nicht, daß die Natur der Musik allein aus der »natürlichen« Obertonreihe, aus dem Dreiklang und dessen Konsequenzen, zu begreifen ist. Doch bin ich davon überzeugt, daß nicht wenige Elemente eines Meisterwerks ohne unnötige Komplikationen darstellbar sind, solange man nicht vergißt, daß im Komponisten nicht nur der Ingenieur, sondern auch der Bastler, nicht nur der Weise, sondern auch der Narr zu seinem Recht kommen darf.

An der Tatsache, daß eine so umfassende Untersuchung über Analyse im »Neuen Grove« zu finden ist, läßt sich ermessen, wie sehr musikalische Wörterbücher sich verändert haben. Bei Abert sucht man das Stichwort noch vergebens. Im alten Grove ist lediglich von »Analytical Notes« die Rede, also von dem Bedürfnis, Konzertprogramme mit – eher umschreibenden als analysierenden – Werkeinführungen zu schmücken, eine Gepflogenheit, die in England hauptsächlich auf George Grove selbst zurückgeht.

Immer noch wird die Erörterung von »Humor«, »Witz« oder »Ironie« vermieden. Hingegen sind Fortschritte in der Würdigung Arnold Schönbergs zu verzeichnen. Während das Musiklexikon Hans Joachim Mosers 1935 das Werk dieses zukunftsweisenden, hochemotionellen Komponisten als eine Sackgasse ansah, die »im Grunde mit Musik weniger als mit Mathematik zu tun« habe, und Aberts Lexikon gar erklärte, Schönbergs »Gedanken und... Theorien« kämen »für eine deutsche Musik, getragen von einer Volks- und Kulturgemeinschaft, nie in Frage«, meint der »Neue Grove« nicht zu Unrecht, es hätte uns wohl kaum ein anderer Komponist seiner Zeit so viel zu bieten.

Die Idee einer deutschen Kultur, an der sich der Rest der Welt orientieren müsse, ist inzwischen ebenso in Vergessenheit geraten wie der viktorianische Sittenkodex. Daß George Groves alter Schubert-Aufsatz durch einen zeitgemäßeren ersetzt wurde, ist begreiflich, wenn auch mit dem Verlust des Groveschen Satzes »Schubert war weder selbstsüchtig noch sinnlich noch unmoralisch« teuer erkauft.

Der von der Londoner Kritik in der Vergangenheit oft so unfreundlich behandelte Furtwängler wird in einem schönen Aufsatz des Berlioz-Biographen David Cairns glänzend rehabilitiert. Im übrigen erinnerte mich die Art des »Neuen Grove«, über Interpreten zu informieren, allzuoft an den Jargon der Tagespresse. Einem relativ jungen Pianisten, den das Lexikon für erwähnenswert hält, obwohl er über ein erfolgreiches Debüt nie hinausgekommen ist, wird vorgeworfen, seine linke Hand sei nicht kräftig genug, während einer gefeierten Sängerin attestiert wird, es fehle ihrer bemerkenswerten Stimme zuweilen die letzte Kontrolle. Sowohl Stanley Sadie als auch die Mehrzahl der Referenten, denen die Abhandlung von Interpreten anvertraut war, sind Rezensenten, oder sind dies zumindest gewesen. So mag ihnen nicht aufgefallen sein, daß diese Art des Scharfsinns einem Musiklexikon schlecht ansteht. Von George Groves eigener Aktivität als Musikkritiker heißt es, er hätte »jeden Tag der Woche lieber gelobt als verdammt und den Spitzfindigkeiten der Technik nur geringe Aufmerksamkeit geschenkt«. Ehre seinem Angedenken.

Die Zierde des »Neuen Grove« sind dessen groß angelegte, manchmal wahrhaft enzyklopädische Artikel über wichtige Persönlichkeiten und Themen. In der Hoffnung, auf einem Gebiet aufgeklärt zu werden, auf dem die Lückenhaftigkeit meines Wissens immer wieder quälend zutage tritt, schlug ich den Buchstaben P auf. Was ich unter »Piano Playing« (Klavierspiel) entdeckte – ganze drei Seiten nach einem 27seitigen Elaborat über Klavierbau –, übertraf alle Erwartungen. »In der Praxis«, so erfuhr ich gleich am Anfang, »befaßt sich Klavierspiel in erster Linie mit Fragen des Anschlags, des Fingersatzes, der

Phrasierung und der Interpretation.« So hatte ich das noch nicht gesehen. Später lesen wir, die gebührende Beachtung des Notentextes sei heutzutage von jedem Pianisten von Rang zuversichtlich zu erwarten. Ich kann ein solches Maß an Zuversicht nur staunend registrieren. Dem Text des »Neuen Grove« – dies möchte ich Dr. Sadie und seinen Heerscharen dankbar versichern – werde ich jedenfalls noch lange Beachtung schenken. Er vermittelt das Erhabene ebenso wie das Lächerliche und repräsentiert, als Handbibliothek und Handspiegel, die (Musik-)Welt nicht, wie sie sein könnte oder sein sollte, sondern wie sie ist.

(1981/90)

Über Soloabende und Programme

»Le concert, c'est moi«, verkündet Liszt in einem Brief an die Intellektuelle, Patriotin, Exzentrikerin und Prinzessin Cristina Belgiojoso. Liszt parodiert hier, wie er selbst durchblicken läßt, den königlichen Satz »L'état, c'est moi«. Er spielt damit auf eine neue Gattung des öffentlichen Konzerts an, die er am 8. Juni 1840 in London eingeführt hatte, das »Solo Recital«. Um genauer zu sein: die Londoner Ankündigung bediente sich des Plurals und versprach »Recitals on the Pianoforte«, rezitierte Musikstücke also, was ebenso auf Liszts deklamatorischen Vortrag hindeuten mochte wie auf die romantische Verbundenheit von Musik und Poesie. Bisher hatten, in Konzerten heterogenster Zusammensetzung, Solisten stets nur Teile des Programms bestritten.

Zwischen den einzelnen Darbietungen plauderte Liszt mit seinem Publikum – ein Bedürfnis, dem wir zum Glück nicht mehr frönen. (Eine andere in Vergessenheit geratene Sitte gestattete es dem Spieler, von einem Stück ins nächste zu »modulieren«; der letzte, der dies noch, diskret arpeggierend, getan hat, war Wilhelm Backhaus.) Wo Liszts »Recitals« mit zwei Stunden Dauer auskamen, verbrauchte ein halbes Jahrhundert später Anton Rubinstein in seinen Mammutprogrammen ohne weiteres deren drei. Heute haben wir uns auf zwei Konzerthälften von annähernd je 40 Minuten geeinigt, doch gibt es immer noch überdimensionierte Ausnahmen und Varianten in der Länge der beiden Konzertteile, sollte ein Werk wie Beethovens enorme Diabelli-Variationen solche erfordern.

Womit füllt man diese 80 Minuten? Es gab einmal einen Programmtypus, der das Konzert als Menü verstand: Nach

Hors d'œuvres beziehungsweise Suppe genoß man das Hauptgericht, gefolgt von diversen Salaten und Omelette flambée. Artur Schnabel* hat solche musikalischen Speisenfolgen ausführlich kritisiert. »Die wichtigste Voraussetzung eines guten Menüs«, sagt Schnabel, »besteht darin, daß alle Speisen von demselben Koch, oder doch von mehreren Köchen gleicher Qualität, zubereitet werden; daß sie alle aus erstklassigem Rohmaterial hergestellt sind; und daß der Gourmet sich mit dem gleichen Ernst auf alle konzentriert.« Das übliche Konzertmenü ist davon weit entfernt. In meinen jüngeren Jahren erfand ich, auf die Anfrage eines Lexikons hin, ein Verzeichnis eigener Werke, in dem auch eine »Suite gastronomique« vorkam; während ihres letzten Satzes wird ein auf dem Kopf des Interpreten ruhendes Omelett in Brand gesteckt. Die Uraufführung läßt auf sich warten, weil der glatzköpfige Klaviermeister, dem ich das Stück gewidmet hatte, sich immer noch ziert.

Das zweite herkömmliche Programmschema hielt sich in etwa an eine chronologische Aneinanderreihung von Stücken. Aber ist ein Vorgehen in umgekehrter Richtung oder eine sinnvolle Vermischung von Stilen weniger reizvoll? Die einzige Regel, der ich folgen möchte, ist diese: Werke in der gleichen Tonart sollten nicht nebeneinanderstehen. Die Aufmerksamkeit des Hörers muß durch den Wechsel von Tonarten stimuliert werden. Schon Hermann Abert, Artur Schnabel und Edwin Fischer fanden es verfehlt – und ich stimme ihnen darin zu –, im Konzertsaal Mozarts c-Moll-Fantasie KV 475 mit der c-Moll-Sonate KV 457 zu koppeln. Die Tatsache, daß beide in einem Heft erschienen sind, beweist höchstens, daß hier zwei verwandte Werke vorliegen. Jede dieser beiden Kompositionen ist ein autonomes Meisterwerk. Werden sie hintereinander gespielt, verliert zumindest die Sonate etwas von ihrer dramatischen Wirkung.

Noch schlimmer ist ein ganzes Programm in einer Grundtonart. Ich hörte einmal die beiden großen B-Dur-Sonaten – Schuberts D. 960 und Beethovens op. 106 – am selben Abend: eine Fehlspekulation, die mich gelehrt hat, daß es Meisterwerke

---

* In »Music and the Line of Most Resistance«, Princeton 1942.

gibt, die sich gegenseitig ausschließen. Selbst die Aufeinander-folge von Dur- und Molltonarten auf demselben Grundton ist bei größeren Werken prekär. Ich kann daher, so verlockend sie auch sein mag, die Kombination von Beethovens Diabelli-Variationen mit seiner letzten Sonate op. 111 nicht ins Verzeichnis »erlaubter« Programme aufnehmen. Beide Werke gehören überdies an das Ende eines Programms, denn in den Diabelli-Variationen schließt sich ein Kreis, sie umfassen einen kompletten (humoristischen) Kosmos, während op. 111 unwiderruflich in die Stille führt. So verbietet sich denn auch jede Zugabe. Ich erinnere mich an das Plakat eines Klavierabends, auf dem als erstes Werk op. 111, als zweites Liszts h-Moll-Sonate verzeichnet war. Den Rest des Programms habe ich vergessen und den Namen des Pianisten verdrängt.

Soloabende müssen heutzutage nicht mehr bravourös oder mächtig enden. Wenn ich mich andererseits frage, wie ein Programm *beginnen* sollte, dann lautet mein erster Rat an mich selbst: Hüte dich vor halsbrecherischer Kühnheit! Wer sich sogleich in Schumanns Toccata stürzt, riskiert, und sei er der kaltblütigste aller Virtuosen, Kopf und Kragen. Allerdings wäre es mir auch nie eingefallen, einen Beethoven-Sonatenzyklus mit op. 28 zu beginnen, wie Schnabel das getan hat. Bei diesem gelöstesten aller Sonatenanfänge brauche ich das Gefühl, mich bereits warmgespielt zu haben und in die lyrischen Poren des Flügels eingedrungen zu sein. Wenn ich davor warne, schon im ersten Augenblick das Glück aufs Spiel zu setzen, so will ich damit keineswegs dem sogenannten Einspielstück das Wort reden. Vielleicht entgeht mir die tiefere Bedeutung dieses rätselhaften Konzepts. Möchte es etwa darauf hinweisen, daß der Spieler oder die hochgeschätzte Spielerin keine Zeit gehabt hätte, den Flügel zu besichtigen? Oder die Meinung sanktionieren, das Anfangswerk sei ohnehin nicht ganz ernst zu nehmen? Oder, als »Einhörstück«, dem Hörer Gelegenheit geben, sich, aus den Mühen des Alltags kommend, allmählich in einer »besseren Welt« zurechtzufinden? Da möchte ich meine verehrten

Kollegen schon lieber bitten, gleich bei der Sache zu sein, und das verehrte Publikum, die Konzentration auf dem Podium bereitwillig zu teilen.

Gute Programme leben von Kontrasten, sie decken aber auch Beziehungen auf. Reine Sonatenabende etwa erweisen die Mannigfaltigkeit innerhalb einer kanonisierten Form, während reine Fantasienprogramme Beispiele von Strukturen bieten, die eindeutigen Formen aus dem Weg gehen. Mein eigenes Pianistendebüt im Jahre 1949 war ausschließlich Werken gewidmet, die Fugen enthielten. 40 Jahre früher hatte Busoni in einem Brief an Egon Petri zwei reine Tanzprogramme konzipiert*. Bei Variationenwerken ist größte Vorsicht geboten. Ich habe einmal Beethovens op. 34, 35 (Eroica-Variationen) und 120 (Diabelli-Variationen) an einem Abend gespielt und werde es nicht wieder tun. Bisher hat mich nur ein einziges Variationenprogramm gereizt und überzeugt: Mozarts Duport-Variationen KV 573, Brahms' d-Moll-Variationen aus dem Streichsextett op. 18 (in seiner eigenen schönen Klavierfassung für Clara Schumann), Liszts »Weinen, Klagen, Sorgen, Zagen« und, wiederum, Beethovens Diabelli-Variationen. In allen diesen Werken werden die Unruhe und Vielfalt einer Variationenfolge in großen psychologischen Zusammenhängen aufgefangen. Der Grundcharakter jeder dieser Variationsserien — graziös, heroisch, schmerz- oder humorvoll — ist ebenso deutlich voneinander abgegrenzt wie die kompositionstechnischen Lösungen bei der Behandlung der gemeinsamen Formidee.

Beziehungen und Gegensätze anderer Art präsentierte ein Programm, das für Liszts Alterswerk eine Lanze brechen sollte. Es begann mit einer Gruppe seiner späten Stücke, in deren Mitte Schönbergs »Sechs kleine Klavierstücke« op. 19 oder Bartóks »Vier Nänien« interpoliert waren. Liszts späte Musik, so schien mir, sei durchaus geeignet, die Hälfte eines Konzerts auszufüllen; die Gegenüberstellung mit kurzen Werken des Expressionismus würde Liszts Modernität nur noch stärker hervorkehren. Nach dieser Gruppe von Stücken antiklassischer Haltung wandte sich das Programm Beispielen des Neoklassi-

---

* Siehe Antony Beaumont, »Ferruccio Busoni, Selected Letters«, 1987, S. 96 f.

zismus oder Neobarocks zu: der Toccata Busonis und den Händel-Variationen von Brahms. Busoni, der Einflüsse sowohl Brahms' wie Liszts verarbeitet hat, vereinigt beide Sphären im Mittelteil seiner Toccata.

Zu den fesselndsten Programmen gehören solche, in denen Extreme unvermittelt aufeinanderprallen. Sie verlangen einen Spieler, der es gelernt hat, sich blitzschnell zu verwandeln und von einem Stil zum anderen zu springen. Drei von Liszts Ungarischen Rhapsodien zwischen Fantasien von Bach und den Diabelli-Variationen untergebracht zu finden wird manchem als ein Skandalon erscheinen. In Wirklichkeit ergänzen sich hier das Profane und das Erhabene. (Die Diabelli-Variationen enthalten ohnehin beides.) Nicht nur bestehen Liszts Stücke in dieser komplementären Umgebung gar nicht übel, sie zeigen auch an einzelnen Stellen ihrer scheinbar improvisierten Einleitungen, daß Liszt mit Bachs improvisatorischen Fantasien vertraut war. Zudem stellt sich eine Querverbindung der Lisztschen Virtuosität mit jener Beethovens ein; entfalten die Diabelli-Variationen nicht, neben so vielem anderen, ein gerütteltes Maß an Bravour?

Es ist kaum zu glauben, wie sehr der Zusammenhang, in den Stücke und Komponisten gestellt sind, bewirken kann, daß sie in neuem Licht erscheinen. Wenn ein Haydn-Beethoven-Programm mit Haydn beginnt und mit Haydn endet, erreicht dieser immer noch vielfach unterschätzte Komponist bei den Hörern einen höheren Stellenwert. Beethovens »Appassionata«, nach Werken wie Haydns g-Moll-Sonate, den Brahmsschen Balladen op. 10, der As-Dur-Sonate von Weber und Mendelssohns »Variations sérieuses« am Schluß des Programms gespielt, bringt eine zweifache Aufwertung, jene von vernachlässigten Meisterwerken und jene der »Appassionata« selbst. Ich habe zwar nie zu den Zweiflern gehört, die dieser Sonate auf Grund ihrer Popularität und ihrer heroischen Haltung einen Platz im Kanon der ganz besonderen Werke Beethovens verweigern möchten. Gleichwohl höre auch ich sie anders, wenn

ich über die Stationen Weber, Mendelssohn und Brahms zu ihr
gelange, auf dem Weg über Komponisten also, die es neben und
nach Beethoven gewagt haben, Klaviermusik zu schreiben. Wie
überlegen stellt doch Beethoven jeden Ton an seinen Platz! Wie
sind Feuer und Kontrolle, Großzügigkeit und Ökonomie bei
ihm vereinigt! Vielleicht wird solche Vollendung mit Hilfe der
vorangehenden Werke erst deutlich nachvollziehbar. (Übrigens
hat Webers sträflich vergessene, im 19. Jahrhundert so berühmte Sonate – ein Werk, in dem Naivität, ritterliche Eleganz
und frühromantische Reizbarkeit einen merkwürdigen Bund
eingehen – in diesem vorwiegend dunklen Programm die Funktion des freundlichen Mittelstücks.)

Zu den Programmen, die mir besonders lieb sind, gehören
jene, die sich auf einen Komponisten allein konzentrieren. Am
18. Februar 1893 schrieb Clara Schumann in ihr Tagebuch:
»Heute giebt Rubinstein in Bonn für das Beethovenhaus einen
Beethoven-Abend mit 4 Sonaten. Ich möchte wohl wissen, was
Mendelssohn und Robert dazu gesagt hätten? Mir scheint es
unkünstlerisch. Zu einer Sonate von Beethoven braucht man
doch seine ganze Seele, aber kann man vier Sonaten hinter
einander mit ganzer Seele spielen?« Rubinstein spielte dann
noch eine fünfte als Zugabe. Wir können nur hoffen, daß Clara
nicht in der Nähe war, als Hans von Bülow seinem Publikum
alle fünf späten Beethoven-Sonaten auf einmal vorsetzte. Gewiß hat Bülow mit diesem Kraftakt zu weit ausgeholt, doch
graben sich solche unproportionierten »Programmideen« ins
Gedächtnis ein. Das Echo des Bülowschen Unterfangens reich-
te bis in die Mitte dieses Jahrhunderts, als ein ergrauter Wiener
Klavierlehrer sich noch einmal an denselben Werken beweisen
wollte (er sagte ab). Wenn jede Generation ihre Kraftakte hat,
dann sind die von gestern und heute Messiaens »Vingt re-
gards« oder Stockhausens »Klavierstücke«.

Programme, die einem einzigen großen Komponisten gewidmet sind, sollten alles andere als monochrom ausfallen. Der
Vergleich mit einer großen Ausstellung eines Malers drängt
sich auf: Wird der Künstler uns noch bedeutender erscheinen,
wenn sein Œuvre eine Flucht von Räumen füllt, oder reduziert
dies den Reiz, den uns einzelne seiner Bilder innerhalb der

Buntheit eines Museums vermittelt hatten? Meine persönliche Liste von Klavierkomponisten, die ich einen ganzen Abend lang hören möchte, enthält Bach, Scarlatti, Haydn, Mozart, Beethoven, Schubert, Schumann, Chopin, Liszt und Schönberg. Andere werden dieser Auswahl Brahms und Debussy, Ravel, Bartók und Messiaen hinzufügen, oder auch Alkan, Skrjabin und Rachmaninow. Abraten möchte ich von Carl Czerny – und ich weiß, wovon ich rede, denn ich mußte einmal einen reinen Czerny-Abend, den sich ein Freund von mir in den Kopf gesetzt hatte, bis zum Ende durchsitzen.

Was ein großer Komponist ausdrücken kann, steht immer in einem unerklärlichen Mißverhältnis zu dem, was uns von der Person und ihren Beschränkungen sichtbar wird. Ich kann mir keine schönere Aufgabe vorstellen, als diese musikalische Breite und Tiefe zu erkunden. Die beste Gelegenheit dazu gibt eine gut aufgebaute Folge von Konzerten. Zugleich tritt in einem Zyklus das Charakteristische der einzelnen Werke um so schärfer zutage. Einzelne Konzerte sind anders beschaffen als zyklische. In einem Zyklus bleibt die Mehrzahl des Publikums konstant; die Wirkung ist kumulativ. Erfahrungen werden geteilt. Gemeinsam mit dem Interpreten unternimmt man eine geistige Reise. Am Ende des Zyklus ist ein Ziel erreicht.

Sämtliche 32 Beethoven-Sonaten wurden bereits nach 1840 von Charles Hallé, 1873 dann von der Liszt-Schülerin Marie Jaëll und in den neunziger Jahren von Eugen d'Albert und Edouard Risler zyklisch gespielt. Mit seinen sechs Liszt-Abenden in Berlin im Jahre 1911 setzte Busoni eine Tat, wie sie keiner von Liszts persönlichen Schülern je unternommen hatte. Der erste Zyklus Mozartscher Klavierkonzerte war, soviel ich weiß, 1941 Ernst von Dohnányi zu danken. Noch jüngeren Datums sind pianistische Schubert-Serien. (Bei Schubert konzentriere ich mich auf die Werke der letzten sieben Lebensjahre.) Der erste große Pianist, der die »Geschichte der Klaviermusik« wie in einem Panorama ausbreitete, war Anton Rubinstein (1885/86). Sein Beethoven-Programm aus dieser Serie von sieben Konzerten bot, wenn man der Druckerschwärze glauben darf, nicht weniger als sieben Sonaten (op. 27/2, 31/2, 53, 57, 101, 109 und 111)! Nach dem letzten Krieg sind Beethovens

Sonaten manchmal in chronologischer Ordnung aufgeführt worden. Es ist gewiß interessant, die Entwicklung Beethovens Schritt für Schritt zu verfolgen, doch kann man dies zu Hause mit Hilfe von Schallplatten tun. Im Konzertsaal ziehe ich, an jedem der sieben Abende, eine gesteuerte Vielfalt von Kontrasten und Stilen vor. Die Minderzahl der Mollsonaten – es sind neun – bedarf einer gerechten Verteilung; und die fünf späten Sonaten sollten doch in fünf verschiedenen Programmen Platz finden*.

Programme sind Sammelbecken von Absichten, Notwendigkeiten und Nötigungen. Welche Stücke habe ich in einer bestimmten Stadt bereits gespielt? Welche Werke warten darauf, studiert zu werden, und wann studiere ich sie? Welche Schallplattenaufnahmen sind abgesprochen? Welche(s) Werk(e) des 20. Jahrhunderts beziehe ich ein? Ist das Konzert Teil einer programmatisch gebundenen Serie, deren Erfordernissen man sich anpassen muß? Kann und will ich dies tun? Welche Stücke darf ich mir zumuten? Welche muß ich endlich wagen, welche weiterentwickeln? Welches Repertoire muß ich pflegen, um über mich selbst auf dem laufenden zu bleiben? Von allen diesen Fragen, Zwängen und Zweifeln sollte ein gutes Programm nichts verraten. Programme sind, auch wenn sie einer Leitidee folgen, immer Balanceakte, im Gleichgewicht gehalten durch Instinkt und Erfahrung. Nicht selten rechtfertigen sich Programme erst im Rückblick. Ob ein Spieler in seinen Programmen eine persönliche Note entwickelt, ob er Überraschendes bietet oder konventionell bleibt, wird sich bald erweisen.

Im Hinblick auf das Repertoire gibt es zwei extreme Positionen in Gestalt des Raritätenspielers und des Knüllerinterpreten. Für den Knüllerinterpreten sind die berühmtesten Werke

---

* Um mir zu widersprechen: Ich habe inzwischen neue Programme entworfen, in denen alle Werkgruppen mit gleicher Opuszahl oder Sonaten mit benachbarten Opusnummern geschlossen präsentiert werden.

gerade gut genug; außerdem füllen sie schneller den Saal. Die Qualität des Werkes richtet sich für ihn nach der Nachfrage. Das gleiche gilt für den Raritätenspieler, jedoch mit negativen Vorzeichen. Der populäre Erfolg ist ihm peinlich, Konkurrenz im Bereich der »erprobten« Meisterwerke unerwünscht. Raritätenprogramme können höchst anregend sein oder auch wundersam verrückt wie jenes abendfüllende »große violinistische Tongemälde« – wenn ich einen Augenblick lang vom Klavier abschweifen darf –, nämlich eine Bearbeitung von Wagners »Siegfried« für Violine allein, in Wahnfried vor Cosima Wagner zu Gehör gebracht. Die letzten Abschnitte dieses Ereignisses, bei dem wir gerne dabei gewesen wären, hießen »Siegfried auf dem Gipfel des Brünnhildensteines«, »Siegfried erweckt Brünnhilde«, »Siegfried und Brünnhilde«.

Vielleicht noch in den Schatten gestellt wurde dieses Einmann-Musikdrama durch das – 1926 in Wien angekündigte – »Zweite Lebenswahre Klavierkonzert« eines gewissen Wilhelm Bund. (Mitwirkend: ein Bariton und Maschinenmodelle mit Elektromotor.) Ein einleitender Vortrag Bunds versprach »Kritik an den Kritikern« – der Programmzettel nannte sämtliche Wiener Kritikernamen von Ernst Decsey bis Julius Korngold – sowie die Erörterung von Bunds »entfesselter Interpretation«. Die Krönung des Abends besorgte ein eigenes Werk mit dem Titel »Der Tod in der Wollust als fatalistisches Schicksal«, dessen finales Stadium (»Lustschreie, verzweifelter Kampf, Herzschlag«) einiges erwarten ließ. Ob Bund das Konzert überlebt hat, ist mir nicht bekannt.

Neben solchen Sammlerstücken gibt es Programme, wie sie nur ein manischer Sammler erdacht haben kann. Zu den Sammlernaturen unter den Pianisten gehört der Notenraffer; ihm geht es darum, möglichst viele Passagen, Akkorde und Oktaven pro Sekunde und Zentimeter in seinem Programm unterzubringen, während sein Kollege, der Lozelach-Spieler (»Lozelachs« – »Kleinigkeiten« im Wiener Jargon vor 1938) lange Stücke ebenso konsequent meidet wie der Notenraffer die »leichten«. 23 Piecen von 17 Komponisten soll Paul de Conne, ein Schüler Anton Rubinsteins und Spezialist im Arrangieren schwieriger Passagen für kleine Hände, hintereinan-

der zum besten gegeben haben, wenn mein Informant nicht
lügt.

Unter allen Programmen schätze ich solche, die wichtige neue
Musik musterhaft herausstellen, am höchsten. Natürlich werden in unserer unvollkommenen Welt derlei Anstrengungen
nicht gebührend honoriert. Wenige Interpreten, die ein weites
Repertoire pflegen, werden das besondere Können, den Herois-
mus und die Hingabe aufbringen, die das Studium eines Werkes wie der Etüden György Ligetis voraussetzt. Und doch sollten gerade solche Herausforderungen den Ehrgeiz begabter
junger Pianisten mobilisieren. Für jemand wie mich, der die
Musik nach Schönberg wenn schon nicht spielt, so doch mit
passionierter Neugier verfolgt, gibt es einen winzigen Trost:
Das historische Repertoire, das mich beschäftigt, ist nur sehr
bedingt »historisch«. Es bedarf nicht einfach der fachmän-
nischen Konservierung und geziemenden Beleuchtung von Ti-
zians in einem Museum. Musikstücke müssen ständig neu belebt (wenn nicht wachgeküßt), sie müssen gegenwärtig werden,
ohne ihre Identität zu verlieren. Eine solche Belebung der Musik sollte doch weit entfernt sein von geistiger Trägheit und
kommerziellem Diktat. Idealerweise wird der Interpret sich für
Vernachlässigtes ebenso einsetzen wie für die etablierten Meisterwerke und Berühmtes nicht deshalb meiden, weil es be-
rühmt ist. In seinen Programmen ist Maurizio Pollini der Expo-
nent einer solchen Haltung.
    Die Klavierliteratur ist, selbst in ihren bedeutendsten Wer-
ken, zu riesig und großartig, als daß ein einzelner Spieler sie zu
»beherrschen« vermöchte (wie es früher gerne hieß). Eine intel-
ligente, vorausblickende Planung des Repertoires ist daher von
größtem Nutzen. Für welche Werke kann ich einstehen, in welche möchte ich hineinwachsen, mit welchen ein Leben verbrin-
gen? Welche Musik ist vom Spieler zu entdecken, dem Publikum plausibel zu machen? Interpreten sind Rhetoriker; wer
etwas zu sagen, etwas zu übermitteln hat, der soll, der klassischen Rhetorik zufolge, lehren, rühren und unterhalten. Das

Lehren möge dabei nicht zu kurz kommen. Der Qualitätssinn des Interpreten sollte Maßstäbe setzen. Je weniger sich der Spieler kommerziellem Druck beugt, je kompromißloser er seinen eigenen Überzeugungen folgt, um so größer wird auf die Dauer der Respekt sein, den man ihm entgegenbringt, um so ruhiger sein künstlerisches Gewissen.

Le concert, c'est moi? Das Programm ist eine Visitenkarte, die den Rang der Wiedergaben nicht garantiert. Die Stücke müssen erst vermittelt, der Funke muß erst gezündet werden. Ein Konzert hat seine eigene, unwiederholbare Wirklichkeit. Es bleibt gebunden an Tag und Stunde, an den Klang des Raumes und Instruments, an die Anwesenheit bestimmter Menschen, an den plötzlichen Schweißausbruch in einer Aufwallung von Angst und den kurzen Tränenfluß bei der mutigen Unterdrückung des Hustens. Es sei denn, diese gemeinsam errungene Wirklichkeit würde durchbrochen von der Illusion eines Zustands, in dem nichts mehr errungen werden muß, eines Zustands, in dem Musik gleichsam von selbst geschieht und der Spieler, als Primus inter pares, sich getragen fühlt wie von einer unsichtbaren Hand.

(1990)

Studio oder Live?
Konzertsaal und Studio

Es ist hier von einem Stiefkind die Rede: der Live-Aufnahme. Zwischen dem Konzert und der Studioaufnahme, den beiden offiziell abgesegneten Spielarten musikalischer Erfahrung, kommt das Konzert auf der Schallplatte bisher zu kurz.

Über die Unterschiede von Konzert und Studioaufnahme ist viel diskutiert worden. Ich möchte hier meine eigenen Beobachtungen anbieten (wobei sich der Konzertsaal natürlich zum Studio wandeln kann, wenn darin Schallplattensitzungen stattfinden):

Im Konzertsaal wird einmal, im Studio, wenn nötig, mehrmals gespielt; dort muß man sofort überzeugen, hier zählt das zusammengefügte Resultat.

Im Konzertsaal erlebt man die Aufführung nur einmal, im Studio ist sie reproduzierbar.

Im Konzert sind Korrekturen unmöglich, der Spieler (oder die Spielerin) muß »durchkommen«. Im Studio kann er (oder sie) korrigieren, dazulernen und nervöse Ängste ausschalten.

Vor dem Publikum muß der Spieler vier Dinge zugleich tun: Er muß sich das Stück vorstellen, es spielen, es projizieren und es hören; im Studio hat er Gelegenheit, nach dem Spielen seine Aufführung wiederzuhören und darauf zu reagieren.

Im Konzert gilt der »große Zug«, das Studio verlangt die Übersicht über ein Mosaik; es gewährt die Gunst des Sichfreispielens, birgt aber auch die Gefahr eines Nachlassens der Frische. Qual der Wahl zwischen mehreren Aufnahmen stellt sich ein.

Vor dem Publikum werden Details in die Tiefe des Saales

geschickt im Sinne des Schauspielers, dessen Flüstern auch noch den entferntesten Galerieplatz deutlich erreichen soll. Vor den Mikrophonen bemüht man sich eher um die Zurücknahme von Übertreibungen, auf der Suche nach einer Version, die oftmaligem Hören standhält.

Im Konzertsaal ergibt sich dank der Konzentration des Publikums eine Art Wechselwirkung. Im Studio ist niemand da, der bezwungen werden muß, aber auch niemand, der stört. Der Spieler sitzt gleichsam in einer Gruft.

Im Konzert können ein Hustenanfall im zartesten Moment, das digitale Wecksignal einer Armbanduhr den Bann brechen; das Studio bewahrt Stille.

Unausgewogenheiten im Konzert beruhen eher auf Spontaneität, Konzentrationslücken und nervösem Überdruck, die des Studios eher auf allzu großer kritischer Bewußtheit.

Vor dem Publikum ist die Überzeugungskraft durchaus nicht an absolute Perfektion gebunden. Im Studio herrscht eine Ästhetik des Waschzwangs.

Dies alles sind Beobachtungen des Ausführenden. Aus der Sicht des Konzert- oder Plattenhörers sei hinzugefügt, daß im Konzert physische Präsenz ihre Rolle spielt, während die »reine Musik« der Schallplatte keine Berührungsangst auslöst. Ferner, daß im Konzertsaal der Klang den Hörer unretuschiert und scheinbar unvermittelt erreicht (die Vermittlung besorgt lediglich die Akustik des Raumes), der Klang der Aufnahme hingegen von der Klangregie bestimmt wird. Die musikalische Wirkung bleibt abhängig von Faktoren wie Schnitt, Balance und Hall und den Eigentümlichkeiten der Abspielgeräte. Und schließlich: Im Konzert muß nicht nur der Spieler sein Stück ganz durchspielen, der Hörer muß es auch zu Ende hören. (Selten verläßt jemand während der Aufführung den Saal, aus Rücksicht auf die Konzentration der anderen.) Beim Hören einer Schallplatte kann man die Musik abstellen, in Raten genießen oder Stichproben machen; man kann sich bewegen, reden, kauen, schmatzen – mit einem Wort, man benimmt sich wie zu Hause.

Genauigkeit und Seele

Das totgesagte Konzert lebt in den dafür geschaffenen Sälen weiter und bleibt, Glenn Gould zum Trotz, der eigentliche Tatort des Musizierens. Ich will nicht dogmatisch sein und bereitwillig zugeben, daß es Konzerte gibt, die von allen Lebensgeistern verlassen sind, und Schallplatten von elektrisierender Vitalität. Dennoch werden im Konzert Spontaneität, Spannung und Risiko, im Studio Überlegung und überlegene Methode eher den Ton angeben. An Robert Musils »Generalsekretariat für Genauigkeit und Seele« im »Mann ohne Eigenschaften« anknüpfend, möchte man sagen, dem Studio fiele die Genauigkeit leichter als die Seele.

Mit der Studioaufnahme hat nicht nur die Erreichbarkeit der Musik, sondern auch die Präzision des Hörens im Detail, auch des Sich-selbst-Hörens der Musiker, über die Maßen zugenommen. Die Schallplatte hat, im Verein mit dem Einfluß moderner Urtextausgaben und den Ansprüchen zeitgenössischer Musik, die Hörgewohnheiten umgepflügt. Es läßt sich aber nicht verschweigen, daß ihre Wirkung auf den Spieler nicht nur reinigend, sondern auch sterilisierend, nicht nur sammelnd und klärend, sondern auch hemmend und vereisend sein kann. Der Interpret, der auf Sicherheit hin spielt, wagt weniger an Schwung, Tempo und Selbstvergessenheit. Die Schallplatte setzt heute Maßstäbe einer Perfektion des mechanischen, nicht des musikalischen Ablaufs, die der Konzertsaal selten bestätigt. Sie bringt Künstler hervor, die im Konzert wie für die Schallplatte spielen, weil sie vom Hörer befürchten, daß er ihnen wie einer Schallplatte zuhört.

Das Konzert hat jedoch anderes zu sagen und sagt es anders. Nachdem wir Plattenhörer und Studio-Höhlenbewohner so viel von der Studioaufnahme gelernt haben, scheint es an der Zeit, wieder einmal ins Freie zu treten und beim Konzert in die Schule zu gehen.

Wenden wir uns, um etwas Abstand zu gewinnen, den Aufnahmen Cortots, Fischers oder Schnabels aus den dreißiger Jahren zu. Es ist möglich, daß man damals gewisse Ungenauigkeiten nicht in der Weise wahrgenommen hat, in der wir Falsche-Noten-Hörer dies heute tun. Wo Stimmführungen und Klangterrassen, Charakter und atmosphärische Oberflächenreize, Timbre und Rhythmus so genial abgestimmt sind wie auf Cortots besten Platten, scheinen mir flüchtige Trübungen der Konzentration nicht nur unerheblich – sie steigern manchmal eher noch die Frische des Eindrucks.

In den dreißiger Jahren spielte man im Studio noch quasi wie im Konzert – doch sofort melden sich Einschränkungen an. Daß, im Gegensatz zur vergänglichen Einmaligkeit des Konzerts, die Schallplatte ein bleibendes Beweisstück darstellt, hat wohl damals schon den Spieler beunruhigt, sofern er nicht die Nonchalance aufbrachte, »seinen Stiefel herunterzudirigieren«, wie Richard Strauss. Überdies erzwang die beschränkte Dauer der Kurzspielplatte Unterbrechungen, die dem Pathos des Aufs-Ganze-Gehens in längeren Stücken gänzlich zuwiderlaufen. Diese drei oder vier Minuten allerdings mußten »fehlerlos« verlaufen, wobei, wie mir Emil Gilels im Hinblick auf seine frühen Aufnahmen erzählte, die Seite dreißigmal wiederholt werden mußte, wenn der Aufnahmeleiter es befahl. Zudem hatte der Spieler damals kaum Gelegenheit, die Resultate selbst abzuhören, da eine Wachsmatrize schnell zerstört war.

Und es fehlte das Publikum. Warum hinterläßt, wenn ich meinen eigenen Erfahrungen als Hörer trauen darf, ein eindrucksvolles Konzert meist stärkere Spuren als eine Schallplatte? Weil der Hörer (nicht minder als der Spieler) etwas Leibhaftiges erlebt hat. Er hat die Aufführung nicht nur angehört, sondern auch eingeatmet, durch seine Anwesenheit gleichsam an ihr mitgewirkt und seine Begeisterung mit vielen anderen geteilt. Er ließ sich mit dem Interpreten, zur gleichen Zeit und im selben Raum, auf den Komponisten ein.

Im Studio ist der Spieler mit seiner Selbstkritik und den »Argusohren« des Aufnahmeleiters allein. Selbst wenn er die wichtige Gabe besitzt, im Aufnahmeraum mit Konzertspannung zu spielen, selbst wenn er sich ein Publikum noch so lebhaft vorzustellen vermag – es bleibt imaginär, ein Austausch unmittelbarer Art findet nicht statt. Dennoch wird er versuchen, so konzertnah als möglich zu bleiben, und ganze Takes als Ausgangsbasis benutzen. Wer sich allerdings zu dem Glauben bekennt, daß Bandschnitt Schwindel sei, und nur komplette Takes gelten läßt, täuscht sich selbst. Er verzichtet auf Vorteile des Studios und erreicht doch nicht die Suggestion des Konzerts. Denn es ist nicht allein die Spannung des einen Durchgangs, die zählt. Keinem Hörer meiner eigenen Platten wäre es möglich zu erraten, welche Sätze in einem Zug durchgespielt und welche aus mehreren Aufnahmen zusammengestellt wurden. Meinen Tontechnikern sei Dank.

Hier erweist sich die Live-Aufnahme als ein Bindeglied. Was überträgt sich in ihr? Für mich ist da zunächst der hohe Reiz überlisteter Einmaligkeit. An einem bestimmten Tag fand das Konzert statt. Das Publikum war dabei, man spürt es im Hintergrund; auch wir könnten dabeigewesen sein. (Diese Vorstellung ist weit weniger lächerlich als jene, jemand wollte sich beim Plattenhören in die Anonymität des Studios versetzen.)

Was man hört und genießt, ist eine Indiskretion, etwas, das eigentlich nur für die Anwesenden bestimmt war und nicht ganz reproduzierbar bleibt – wobei mich die Tatsache, daß Live-Aufnahmen technisch nicht immer höchste Studioqualität erreichen, wenig bekümmert. Es ist der Anteil des Publikums, die Aura des Körperlichen, die in der Live-Aufnahme nicht ganz nachvollziehbar sind und doch in Glücksfällen als Steigerung des Spielers, als ein Zuwachs an Großzügigkeit, Courage und Versunkenheit, auf den Hörer überspringen.

Fund oder Produktion

Warum sind Live-Platten bisher so rar, es sei denn, es handle sich um Aufnahmen von Berühmtheiten der Vergangenheit, die für Kenner und Sammler bestimmt sind? Zunächst, weil Aufnahmen ein Konzert erschweren. Der Anblick von Mikrophonen auf dem Podium erweckt im Künstler keine Glücksgefühle. Dabei muß im Hinblick auf die psychologische Belastung zwischen Rundfunkmitschnitten und Schallplatten-Live-Produktionen deutlich unterschieden werden. Jene sind leichter verschmerzbar, weil die Wiedergabe auf einzelne Sendungen beschränkt bleibt. Diese wenden sich an eine internationale kritische Mit- und Nachwelt und sind daher dazu angetan, dem Spieler Angst einzujagen. Live-Produktionen lohnen also nur in Sonderfällen; ein Fall dieser Art sei später geschildert. In der Regel beruhen Live-Platten auf Funden: Sie greifen auf Rundfunkbänder und Privataufnahmen zurück. (Selbstverständlich sollten solche Platten vom Künstler autorisiert sein. Daß sie in manchen Ländern immer noch ohne sein Einverständnis in den Handel kommen, ist empörend.)

Hier setzt nun die zweite Schwierigkeit der Live-Platte ein: das Vorurteil gegen ihre angebliche technische Minderwertigkeit. Einbußen an Studio- oder Digitalqualität und realistischer Balance werden auf der einen, Unsauberkeiten und Unschärfen, Ermüdungserscheinungen des Flügels oder Spielers und Publikumsgeräusche auf der anderen Seite als Dinge angeführt, die nicht sein dürfen. Gewiß, eine Aufnahme, die den Interpreten an einem schwarzen Tag, das Publikum während einer Hustenepidemie oder die Feuerwehr bei einem Großeinsatz belauscht, hat auf Schallplatten nichts zu suchen. Im übrigen wird der neueste Stand der Aufnahmetechnik dem elektroakustischen Fachmann manchmal mehr bieten als dem Musiker. Es gibt Gelegenheitsaufnahmen, die ein Stück lebendig, und Studioaufnahmen, die es kaputtmachen. Wer komplette Makellosigkeit und Störungsfreiheit für die notwendige Voraussetzung eines bewegenden musikalischen Eindrucks ansieht, hat verlernt, Musik zu hören.

In eigener Sache

Wenn ich hier für Live-Aufnahmen plädiere, so möchte ich damit dem Studio keineswegs den Rücken kehren. Ich habe zahllose interessante und einige vergnügte Stunden in ihm verbracht und verdanke ihm Wesentliches an Erfahrung. Nach wie vor stehe ich, wenn auch mit Vorbehalten, zu meinen Platten. Doch wünschte ich mir, ich könnte ihnen in Zukunft häufiger Live-Aufnahmen als Ergänzung an die Seite stellen.

Meine erste Live-Platte war 1976 dem umfangreichsten Meisterwerk der älteren Klavierliteratur, Beethovens Diabelli-Variationen, gewidmet. Ich habe seither auf eine vergleichbare Aufführung der Hammerklavier-Sonate op. 106 gewartet und sie vielleicht in einem Londoner Konzert vom April 1983 gefunden*. Warum es mich gerade zu den größten oder riskantesten Werken hinzieht? Weil sich an ihnen eine Souveränität des Spielers erweisen sollte, die das Studio manchmal nur vortäuscht. Und weil gerade Werken solchen Formats ein Gewinn an Kühnheit, Versenkung und Überblick zugute kommt. Der Einwand, kein Spieler könne eine knappe Stunde lang gleichmäßig gut funktionieren, so berechtigt er sein mag, trifft am Wesen der Konzertaufführung vorbei. Dem »gleichmäßigeren Funktionieren« im Studio setzt sie ein Mehr an Engagement und jenes unverhoffte Gelingen entgegen, das sich vom erwarteten unterscheidet wie ein Gedicht von einem Fahrplan.

Beethoven in Chicago

Die Ausnahme einer vorausgeplanten Live-Aufnahme, auf die ich eingehen wollte, hat sich im Juni 1983 in Chicago zugetragen. Zu den Risiken einer Live-Produktion kam die Anstrengung einer zyklischen Aufführung aller Klavierkonzerte Beethovens.

---

* Inzwischen sind auch mehrere Klavierwerke von Liszt und die Toccata von Busoni erschienen.

Zyklische Aufführungen machen den Komponisten vollständiger sichtbar. Gerade dem großen Komponisten kommen sie zustatten. Wer, wie Beethoven, immer wieder Neu- und Einzigartiges zu sagen hat, dessen Reichtum wird sich im zyklischen Ablauf besonders deutlich entfalten. Das Unverwechselbare jedes einzelnen Satzes erhält, auch für die Interpreten, in solch enger Aufeinanderfolge ein um so schärferes Profil.

Das Chicago Symphony Orchestra, James Levine und ich sind alte Bekannte. Mein Kontakt mit dem großartigen Orchester reicht bis zum Jahre 1970 zurück. Im Rahmen des Sommerfestivals von Ravinia ergab sich schon 1977 die Gelegenheit, alle Beethoven-Konzerte unter Levine zu spielen. Daß am ersten der beiden Abende eine Temperatur von 38 Grad Celsius und eine Luftfeuchtigkeit von 95 Prozent herrschte, schien das Orchester kaum zu stören; Konzentration und Intonation blieben, wie ich staunend bemerkte, so gut wie ungetrübt. Ein weiterer Zyklus fand im Sommer 1979 statt. Schließlich wurden im Juni 1983 zwei Konzertserien aller Klavierkonzerte Beethovens in Chicagos Orchestra Hall digital aufgenommen.

Das Unternehmen hatte ein doppeltes Ziel. Ein Konzept dieser Werke sollte in mehreren Stufen verwirklicht und überprüft werden. Die Probenarbeit sollte auch das Einzelne und Ungewohnte, wie die Unterscheidung von *sforzando* und *forte piano*, berücksichtigen, wobei Levine und ich uns über das, was Beethovens Partituren uns vermittelten, in der freundschaftlichsten Weise einig waren, während das Orchester niemals müde wurde, Stücke, die es längst kennt und »beherrscht«, neu auszuhorchen.

Es sollte aber auch jene Spannung und Unmittelbarkeit dokumentiert werden, die sich vor dem Publikum bereitwilliger einstellt, eine Spontaneität innerhalb fest gesteckter Grenzen, die lieber entdecken möchte als reproduzieren.

Die Vertrautheit aller Beteiligten miteinander war der Sicherheitsfaktor, der das Risiko dieser Live-Produktion ausnahmsweise kalkulierbar machte. Es wäre dennoch, schon aus aufnahmetechnischen Gründen, höchst unklug, ja geradezu tollkühn gewesen, sich auf den Seiltanz einer einzigen Serie von Aufführungen zu verlassen. Das Vorhandensein von zwei

Durchgängen gab die Möglichkeit, Qualitäten des Konzerts mit jenen des Studios zu verbinden: die Frische des Moments mit dem Vorteil, auswählen zu können. Ich gebe kein Geheimnis preis, wenn ich ausspreche, daß Live-Produktionen fast stets in dieser Weise operieren und eine Synthese oder einen Kompromiß beider Welten anstreben.

Allerdings hätte, trotz aller Vorsichtsmaßnahmen, das Publikum noch immer viel verderben können. Ich erinnere mich, über die Jahre hinweg, an Konzerte, in denen Babys weinten (Japan), ein Hund bellte (New York), eine Katze miaute (Istanbul), jemand ohnmächtig umfiel, ein Verrückter an den unmöglichsten Stellen klatschte oder während einer Stromstörung das Licht ausging. Nichts von alldem geschah. Daß sich die Konzertbesucher Chicagos so außerordentlich still und aufmerksam verhielten, sei mit besonderer Dankbarkeit vermerkt. Chicagos Huster sind weltberühmt. Diesmal ließ das Publikum uns fast vergessen, wie gefährlich man lebt, wenn man Live-Aufnahmen macht.

(1983)

Der Pianist und Bach
Ein Gespräch mit Terry Snow

Terry Snow: Sie haben es viele Jahre lang vermieden, Bach im Konzertsaal zu spielen. Was hat Sie nun bewogen, es doch zu tun?

Alfred Brendel: Da war einerseits die Instrumentenfrage. Mein Instrument ist der moderne Flügel. Ich habe über zwei Jahrzehnte hinweg beobachtet, wie man Barockinstrumente allmählich meistern lernte. Ich hörte, mit Interesse oder Bewunderung, historisch orientierte Aufführungen. Die Frage war, wie sehr sich die Mühe, mit einem alten Instrumentarium zurechtzukommen, auf die Dauer lohnen würde.

Dann war da, als zweiter Faktor, das überwältigende Bach-Spiel meines Lehrers Edwin Fischer, in dessen Bann ich lange stand. Es mußte erst der Tag kommen, an dem ich sicher und naiv genug war, Bach auf meine eigene Weise zu spielen.

S.: »Historische« Aufführungen haben Sie also nicht völlig überzeugt?

B.: Nicht bis zu jenem Punkt, der andere Aufführungen überflüssig gemacht hätte. Es scheint mir, daß zumindest ein Teil der Werke Bachs weniger an die Instrumente seiner Lebenszeit gebunden ist als die Musik Monteverdis oder Domenico Scarlattis, Rameaus oder Couperins. Eine Koexistenz »historischer« und »moderner« Bach-Aufführungen ist möglich und notwendig.

S.: Bachs Klavierwerke auf dem heutigen Flügel: Welche Vorteile bringt das mit sich?

B.: Zunächst entspricht der Klang des Flügels, im Gegensatz zu dem alter Instrumente, dem Umfang und der Resonanz moderner Säle. Wer Bach nur auf barocken Instrumenten gelten

lassen will, dürfte ihn eigentlich auch nur in barocken Marmor-
sälen anhören oder zu Hause auf einer Schallplatte. Nun sollte
aber Bachs Musik, wie ich meine, Bestandteil des lebendigen
Repertoires bleiben. Die Fachkritik hat es zuwege gebracht,
Bachs Werke von den Programmen der Klavierabende fast völlig
zu vertreiben. Eine Folge davon ist, daß die Kunst des polyphonen
Spiels, der individuellen Belebung jeder einzelnen Stimme in
einem mehrstimmigen Gewebe, im Begriff ist, auszusterben.

Bach spielen bedeutet: Möglichkeiten freilegen. Ich sagte
schon, Bachs Musik sei weniger »festgelegt«. Es ist manchmal
schwer zu entscheiden, für welches seiner Tasteninstrumente
ein Werk bestimmt ist. Die a-Moll-Fantasie und -Fuge BWV
904 etwa hat viel Orgelhaftes. Man findet unter Bachs Klavier-
kompositionen typische Ensemblestücke, Orchesterwerke,
Konzerte oder Arien. Sie wirken auf mich wie zweidimensiona-
le Reproduktionen von etwas Dreidimensionalem. Warum hat
Bach sie dem Klavier anvertraut? Weil der Spieler, ohne auf
Partner Rücksicht nehmen zu müssen, ein ganzes Werk allein
auszuführen vermag. Der moderne Flügel mit seinen größeren
dynamischen und koloristischen Möglichkeiten kann hier
manchmal die fehlende dritte Dimension hinzufügen.

S.: Wie reagiert der heutige Spieler auf die Abwesenheit von
Vortragszeichen in Bachs Autographen? Indem er in der Wahl
der Zeitmaße, in seiner Dynamik oder in der Praxis des Ruba-
tospiels barocken Gepflogenheiten folgt?

B.: Es gibt Modifikationen von Rhythmus und Tempo, die auf
dem heutigen Flügel überflüssig geworden sind. Auf solchen
historischen Intrumenten, die es nicht gestatten, Phrasierung
und Deklamation mit dynamischen Mitteln auszudrücken, ist
ein größeres Maß an Rubato erforderlich, damit die Musik
atmen kann, vor allem dort, wo sie gesanglicher Natur ist. Es
gibt allerdings Stücke, in denen ein straffes Gleichmaß des Tempos den Charakter der Musik in erster Linie bestimmt, so im
Perpetuum-Mobile-Schlußsatz des Italienischen Konzerts.

S.: Gibt es charakteristische Eigenschaften des Cembalos,
wie etwa den Gegensatz von »großen« und »kleinen« Regi-
stern, die Sie auf dem Flügel reproduzieren möchten?

B.: Ich werde Oktavverdopplungen, wenn möglich, dort anbringen, wo solche Gegensätze musikalisch unerläßlich sind. Im allgemeinen interessiert mich aber weniger die Imitation alter Instrumente als das Aufsuchen jener Züge der Bachschen Musik, die auf seinen eigenen Instrumenten verborgen blieben. Und dann gibt es ja noch eine Gruppe von Werken besonderer, prophetischer Art, die ganz für Instrumente der Zukunft geschrieben scheinen. Die ungeheuerliche a-Moll-Fantasie (»Präludium«) BWV 922 gehört zu ihnen. Als Cembalostück scheint sie mir verfehlt. Erst der Flügel erweckt diese ständige Folge von Überraschungen, in der kein Takt preisgibt, wo der nächste hinführen wird, zum Leben.

S.: Eine Wiedergabe, die sich die gesamte Entwicklung des Klavierspiels seit Bach zunutze macht und das Unerwartete und Überraschende der Musik so wichtig nimmt – läuft sie nicht auf eine Romantisierung Bachs hinaus?

B.: Nicht unbedingt. Man sieht in Bach manchmal nur den großen Ordner und Architekten. Dabei hat niemand den Geist der Improvisation unmittelbarer festzuhalten verstanden als Bach in seinen Fantasien. Hat er nicht die Ausführung der Arpeggien in der Chromatischen Fantasie dem Spieler überlassen? Ich glaube übrigens kaum, daß die Romantiker an der a-Moll-Fantasie viel Freude gehabt haben. Sicher fanden sie sie verrückt und verworren. Ich erinnere mich an die Zeit, da man den Übertreibungen »romantischer« Interpretationen solche von abstrakter, mechanischer Trockenheit entgegensetzte. Heute wiederum hören wir Couperin auf dem Cembalo in einer Weise, die mit Paderewskis Schallplatten vieles gemeinsam hat: Kein Akkord bleibt unarpeggiert, und die linke Hand schlägt immer vor der rechten an.

S.: Wie steht es mit der Verwendung »neuzeitlicher« Dynamik?

B.: Schon Forkels Ausgabe der Chromatischen Fantasie und Fuge vom Anfang des 19. Jahrhunderts, eine Ausgabe, die sich auf die Interpretation Wilhelm Friedemann Bachs beruft, enthält dynamische Zeichen und Tempowechsel in großer Menge, darunter jenes widersinnige lange *crescendo*, das zum Ende der Fantasie wie zu einem Höhepunkt hinführt und von vielen späteren Ausgaben übernommen wurde. Ich glaube, daß die

Erfahrung »historischer« Aufführungen, aber auch die Entwicklung der Musik im 20. Jahrhundert uns die Ohren geöffnet haben für ein neues Verständnis der Bachschen Konstruktionen, das Farbe und Atmosphäre nicht mehr zum Selbstzweck ausarten läßt und Dynamik von der Form und Struktur herleitet.

S.: Geben Sie mir ein Beispiel.

B.: Seit Busoni spielt man die Arpeggiando-Akkorde der Chromatischen Fantasie gern in einer neuen, gedämpft-mysteriösen Art, für die ich keine strukturelle Berechtigung sehe.

S.: Welche Rolle spielen Transkriptionen, wie etwa die Busonis, in der Übertragung Bachs auf moderne Instrumente? Tragen sie zum besseren Verständnis Bachs bei, oder stellen sie sich zwischen das Werk und den Hörer?

B.: Es kommt auf die Transkription und die Aufführung an. Es wäre ganz falsch, Transkriptionen prinzipiell zu verdammen. Bach selbst hat in großem Stil transkribiert, und in unserem Jahrhundert haben Schönberg und Webern Bach aufs moderne Orchester übertragen. Busonis Klavierfassungen der Orgelchoralvorspiele vermitteln Bachs Musik oft in wunderbarer Weise, vorausgesetzt, daß man anhand des Originaltextes ein paar kleine Eigenmächtigkeiten Busonis korrigiert. Andere Transkriptionen stellen uns immerhin die reizvolle Aufgabe, den Flügel in eine Orgel und den Hall des Konzertsaals in Kirchenhall zu verwandeln. Wir bemerken dabei, daß sich dem Steinway, dank seiner Pedale, Orgelklänge um vieles leichter entlocken lassen als die Klangfarben des scheinbar benachbarten Cembalos.

S.: Wann sind Regeln der alten Aufführungspraxis für Sie bindende Befehle?

B.: Wer Konventionen wiederbeleben will, muß sich fragen, was sie uns heute noch mitzuteilen haben. Sind sie mit dem Knochenbau, dem zentralen Nervensystem eines Werkes verknüpft? Tragen sie wesentlich zu seinem Charakter bei? Soll wirklich jeder längere Streicherton an- und abschwellen? Sollte jede Zweinotengruppe deklamatorisch ausgepreßt werden, jeder Vorhalt wie ein Stoßseufzer klingen? Manche Vortragsregeln führen, so wie die Lehrbücher sie darstellen, ins Museale und einstmals Modische. Wo die Beziehung zu unseren heutigen Ohren, Nerven, Erfahrungen und Lebensbedingungen verlorengeht, wird Interpretation zur Flucht in die Vergangenheit.

S.: Es ist gesagt worden, die Musik vor der Französischen Revolution sei eher rhetorisch und deklamatorisch, die Musik nach der Revolution eher malerisch zu verstehen, nämlich Stimmungen und seelische Situationen malend.

B.: Ich kann mit solchen Vereinfachungen wenig anfangen. Im Meisterwerk sind »sprechende« Deklamation und große Linie, der Reiz der Konstruktion und der Reiz des Atmosphärischen miteinander verbunden. Der Interpret sollte, auf alten oder neuen Instrumenten, dieser Mehrdeutigkeit gerecht werden.

(1976)

Seit der Niederschrift dieses Interviews ist Überraschendes geschehen. Alte Instrumente werden neuerdings mit einer Leichtigkeit gehandhabt, die niemand erwartet hätte. Es gibt »historische« Orchester, die in ihrer Virtuosität und Nuanciertheit glänzenden »modernen« nicht mehr nachstehen, während ihr Repertoire nun sogar noch über die Musik der Aufklärung hinausgreift. Intonationsprobleme sind inzwischen weitgehend bewältigt, vernünftigere Klangbalancen, zumindest bei einzelnen Dirigenten und Tonmeistern, immerhin möglich geworden. Das Blech perforiert nicht mehr unweigerlich unser Trommelfell, der Pauker durchlöchert nicht mehr seine Pauke. Durch Erfahrung weiser geworden, vertreten heute die besten »historischen« Interpreten ihren Standpunkt, ohne zu übertreiben. Lehrbuchregeln und fixe Ideen werden von Musikern, für die Musik die Summe aller Teile ist, auf ihre Plätze gewiesen. Aufführungen sind persönlicher geworden und weniger dogmatisch.

Zugleich haben die Pianisten Bach wiederentdeckt. Seine Klaviermusik ist, vor allem dank dem imponierenden Beispiel András Schiffs, wieder in die modernen Konzertsäle eingezogen. Das Wort »authentisch« ist in Verruf geraten, ein Nebeneinander »moderner« und »historischer« Aufführungsstile selbstverständlich geworden. Dieses Nebeneinander ist kein Gegeneinander mehr, ja nicht einmal ein striktes Gegenüber, denn »historische« Dirigenten haben es gelernt, mit »modernen« Spielern Frieden zu schließen, während solche Spieler Anregungen ihrer ehemals »authentischen« Kollegen bereitwilliger in sich aufnehmen. Auch die Zusammenarbeit »moderner« Dirigenten mit »historischen« Orchestern trägt ihre Früchte. Vorteile gibt es auf beiden Seiten; daß sie nicht vollends übertragbar sind, stärkt beide Lager.

(1989)

Artur Schnabels Interpretationslehre
Ein Gespräch mit Konrad Wolff

Konrad Wolff: In dem Vorwort, das Sie zur Neuausgabe meines Buches über Schnabels Unterricht* verfaßt haben, konstatieren Sie zum Schluß, Sie hegten seinen Ideen gegenüber »Bewunderung und Widerspruch«. Es ist dieser Widerspruch, über den ich gerne Näheres erfahren möchte – nicht allein aus purer Neugier, sondern aus zwei weiteren guten Gründen. Der eine Grund ist, daß Sie, im Abstand von zwei Generationen, der erste Pianist seit Schnabel sind, der als Mozart-, Beethoven- und Schubert-Interpret volle Autorität genießt. (Ihr übriges Repertoire hat Schnabel ja kaum gepflegt.) Zweitens hat Ihr Spiel – nach dem Urteil vieler wie nach meiner eigenen Meinung – mit jenem Schnabels nicht wenig gemeinsam, sowohl in Details der Phrasierung, des Tempos oder der Dynamik wie auch in seiner Grundeinstellung, und das im Gegensatz zu fast jedem anderen. Trotzdem sagten Sie mir nach Ihrer Aufführung der G-Dur-Sonate von Schubert am vergangenen Abend, Sie hätten in allem gegen Schnabels Grundsätze verstoßen. Ich glaube, Schnabel selbst hätte sich, von Einzelheiten abgesehen, über einen Mangel an Übereinstimmung kaum beklagt. Es gibt allerdings einen grundsätzlichen Punkt, in dem Sie sich von Schnabel deutlich unterscheiden; aber wir kommen bestimmt noch auf ihn zu sprechen.

---

* Konrad Wolff, »Interpretation auf dem Klavier. Was wir von Artur Schnabel lernen« (aus dem Amerikanischen von Tamara Trykar-Lu), München/ Zürich 1979.

Metrum, Rhythmus, Tempo

Alfred Brendel: Meine Bemerkung zur G-Dur-Sonate bezog sich hauptsächlich auf den Anfang. Ich erinnere mich an ein Notenbeispiel in Ihrem Buch, aus dem hervorgeht, man solle die G-Dur-Akkorde, als eine Art Rückgrat dieses Beginns, mit einem gewissen Nachdruck spielen, wo immer sie auftreten. Damit bin ich nicht einverstanden. Wenn man etwa den letzten G-Dur-Akkord betont, statt ihn »wegzunehmen«, ist es um die Rundheit der Phrase geschehen. Dies bringt mich auf einige der »metrischen Artikulationen« Schnabels – auf seine Annahme, daß in einer viertaktigen oder vierteiligen Phrase die beiden mittleren Takte leicht, die äußeren schwer seien, oder doch wenigstens der dritte Takt leicht und der vierte wieder schwer. Auf den G-Dur-Beginn angewendet, ergäbe dies das Gegenteil von dem, was ich darin spüre – und was Schubert dynamisch notiert hat.

Eine Phrase ist oft wie eine Kurve, wie eine Brücke, die hier unten beginnt, sich hinaufwölbt und dort unten wieder an-kommt. Was mich an einer Phrase interessiert, ist weniger das Zählen von Taktstrichen oder das Aufzeigen ihrer Bestandteile als das Gesamtbild, die gerundete Figur. In einem anderen Notenbeispiel Ihres Buches, welches das Prinzip Schwer-Leicht-Leicht-Schwer illustrieren soll, diesmal aus dem Finale der G-Dur-Sonate, widersprechen Schuberts eigene Akzente so-gar ganz genau dem Schnabel-Prinzip.

Nur das Thema des Menuetts paßt ausnahmsweise in dieses Schema. Schnabel überschätzt, wie ich finde, mit seiner metrischen Artikulation die Taktstriche. Für mich besteht die Kunst des Phrasierens oft gerade im Ignorieren des Taktschemas und in der Schaffung größerer Zusammenhänge. Wenn ich etwa an den Beginn von Schuberts B-Dur-Sonate denke, so kommt es mir beim Spielen nicht darauf an, auf schwere und leichte Takte hinzuweisen oder Auftakte zu unterstreichen. (Ist es bloß der erste Auftakt, oder führt er weiter bis zum nächsten Takt?) Es kommt mir darauf an, so zu spielen, als sei das Thema schon eine Weile dagewesen. Die Musik hat schon angefangen, und man setzt sich hin und führt etwas fort. Keinerlei Betonung des Auftakts; wie das Thema »organisiert« ist, wird nicht verraten. So klingt es, wie mir scheint, nur noch geheimnisvoller.

W.: Das ist schön gesagt, doch glaube ich nicht, daß Schnabel das geringste dagegen eingewendet hätte – gerade nicht bei diesem Anfang. Wenn ich mich recht erinnere, schrieb ich in meinem Buch, daß Schnabel diesen Anfang als einen Sechsvierteltakt gesehen hat, der ein Viertel vor der ersten Note beginnt*. Es war Schnabel, der gesagt hat: »Wenn ich reich genug wäre, würde ich alle Stücke ohne Taktstriche drucken lassen.« Ich glaube nicht, daß es der Taktstrich ist, um den es ihm geht. Es ging ihm wohl um zwei andere Dinge. Er wollte sich bewußt machen, wie lange man bis zum nächsten Atemholen spielt (eine Atemlänge, die den harmonischen Rhythmus miteinschließt); zweitens meinte er, daß eine Phrase an einem bestimmten Punkt beginnt und von dort weiterführt beziehungsweise zu einem bestimmten Punkt führt und dort endet. Er meinte auch, daß in jeder Phrase entweder der Anfang wichtiger sei oder das Ende.

B.: Dazu möchte ich zweierlei sagen. Ich bin überzeugt davon, daß Schnabels Verstand so simpel nicht war, daß sich daraus simple Regeln ergeben mußten. Alles, was ich über ihn weiß, deutet darauf hin, daß er sich selbst gerne widersprochen hat und in den gleichen Dingen Neues zu entdecken liebte. Offenbar hat es ihm geradezu Vergnügen gemacht, seine Schü-

---

* S. 85.

ler damit zu verblüffen und zu irritieren, daß man auf das gleiche Stück vielfältig reagieren und daß der Spieler sich verändern kann. Trotzdem finde ich in Ihrem Buch eine Reihe von Hinweisen und höre auch – weniger in seinem eigenen Spiel als in dem einzelner Schnabel-Schüler – das und jenes, was mich annehmen läßt, daß er diese Taktstrichgeschichte auch gelehrt hat.

W.: Unsere ganzen Noten sind bedeckt mit den Ziffern V oder III, die Schnabel diktierte oder selbst eintrug, was bedeutete, daß die betreffende metrische Periode fünf oder drei Takte lang sei!

B.: Außerdem hatte er diese Vorliebe, innerhalb der Perioden »leichte« und »schwere« Takte zu identifizieren. Es gibt bei Ihnen ein Beispiel, das den Anfang von Beethovens Sonate op. 2/3 in das Schema Schwer-Leicht-Leicht-Schwer einordnet, was ich völlig absurd finde.

Warum sollte die Dominante leicht sein, die Tonika am Anfang und am Ende hingegen schwer? Wenn ich hier überhaupt etwas »festlegen« wollte, wäre es das Gegenteil. Ein Blick auf den Klaviersatz zeigt mir, daß die linke Hand im dritten Takt eine Dezime spielen muß. Diese ungewöhnliche Dezime markiert für mich den Höhepunkt der Phrase. Danach entspannt sie sich, denn bei aller Energie ist dieser Beginn doch auch gekennzeichnet durch eine gewisse kecke Grazie. Was Schnabel hier verlangt, wirkt auf mich forciert.

Der zweite Punkt bezieht sich auf etwas, was ich in seinem Spiel und dem mancher Schüler beobachtet habe: auf eine Organisation des Spiels, die vom Denken an Atemlängen, wie Sie es vorhin erwähnt haben, beherrscht wird. Ich habe für dieses Denken wenig Verständnis. Der Pianist hat keinen Grund, die physischen Beschränkungen des Sängers zu akzeptieren, sosehr er auch in seiner Vorstellung und auf seinem Instrument singen sollte. Ich möchte noch weitergehen und sagen, daß auch der Sänger diese Beschränkungen nicht akzeptieren sollte. Ich glaube nicht an den Atem als natürliches Maß. Wir alle kennen eine Menge Musik – auch Vokalmusik wie jene Beethovens –, die auf den Atem des Sängers keine Rücksicht nimmt. Wenn Sänger atmen, sollten sie dies möglichst unbemerkt tun; dies gehört zu ihren höchsten technischen Künsten. Es gibt zwar so etwas wie »akzentuiertes Atmen«; doch sollte es als Ausdrucksmittel auf bestimmte dramatische Wirkungen beschränkt bleiben.

Noch eine andere Strukturierung in Schnabels Spiel scheint mir fragwürdig. Schnabel behandelt Musik manchmal zu sprachähnlich, mit Punkt und Komma und so weiter. Die Organisation der Musik ist jedoch komplizierter. Selbst wenn wir voraussetzen, daß Musik oft sprechend wirken, beredsam sein, ja überreden soll, selbst wo sie Versrhythmen aus der Poetik enthält, gibt es da keine Satzkonstruktionen oder Kommas, die den Vergleich mit der Sprache ohne weiteres gestatten. Ihrem Buch entnehme ich, daß Schnabel selbst es besser wußte: »Wo etwas Neues beginnt, setzt sich etwas Altes dennoch fort. Dies ist der erste Anhaltspunkt zur Idee der Phrasierung. Die letzte Note in einer Phrase ist häufig die erste Note der nächsten...« Das spricht mir aus der Seele. Meistens passiert ja mehreres zugleich. Neben einem melodischen Abschluß und Neubeginn gibt es vielleicht an anderer Stelle einen harmonischen Abschluß und Neubeginn; ein Zögern, ein musikalisches Komma würde die nötige Kontinuität zerstören. Vor dem Ende des c-Moll-Konzerts von Beethoven hören wir, in dessen Coda, das Presto-Thema.

W.: Etwas rossiniähnlich?

B.: Genau. Und es gibt am Ende ein plötzliches *forte* des Orchesters, das ich manchmal in den Orchesterstimmen in ein *mezzoforte* »korrigiert« fand, weil jemand angenommen hatte, dieser Niederschlag sei bloß das Ende der Phrase. Das ist falsch verstandene Phrasierung. Hier ereignet sich nämlich ein Phrasierungswechsel. Das erste *forte* ist schon die Plattform für alle späteren Forteschläge; ich habe es noch selten so energisch und nachdrücklich gespielt gehört, daß dies klar geworden wäre.

»Punkt und Komma« sind, wie ich meine, eine unerlaubte Vereinfachung musikalischer Tatbestände. Eine Aufführung des B-Dur-Trios op. 97, die ich in jungen Jahren hörte, hat mir da eine Lektion erteilt: Im Scherzo gab es eine fürchterliche kleine Zäsur nach jedem vierten Takt.

W.: Ich liebe diese Phrase, weil Beethoven darin zu einem *forte* im vierten Takt führt und nicht im achten.

B.: Selbst nach dem achten Takt wäre eine Zäsur fürchterlich. Solche Luftpausen zwischen Phrasen werden wohl manchmal gelehrt. Für mich ist es interessanter, nützlicher und richtiger, Phrasen zu verbinden als Phrasen zu trennen. Hier folge ich Edwin Fischer, der zwar kaum darüber sprach, desgleichen aber ständig demonstrierte.

W.: Ich bin hier gezwungen, die Rolle von Schnabels Boswell oder Eckermann zu spielen (eine Rolle, der ich mich nicht gewachsen fühle, besonders nicht nach 45 Jahren), und ich weiß nicht, was er dazu gesagt hätte. Was mich betrifft, bin ich mit allem, was Sie gerade gesagt haben, einverstanden. Ich glaube nur, daß sich in der Musik vor Beethoven, vor allem bei Mozart, noch viel von der *rhetorischen* Tradition entdecken läßt, die aus der Zeit stammt, in der die Instrumentalmusik eigentlich ein Surrogat der Vokalmusik war. Das Sprechende, Rezitativähnliche, etwa in den Seufzermotiven Mozarts und anderer Komponisten der Zeit, war damals noch stärker ausgeprägt. Ich sehe eine grundlegende Leistung Beethovens darin, daß er einen abstrakten Rhythmus entwickelt hat, der der Worte nicht bedurfte.

B.: Daß meine eigene musikalische Vorstellung weitgehend vom Gesanglichen bestimmt wird, kann ich nur immer wieder betonen. Gerade in Mozarts Klavierkonzerten finde ich opernhafte Züge, ja Opernszenen, die dem Pianisten das Äußerste an gesanglich-deklamatorischem Spiel abverlangen. (In den fünfziger Jahren spielte man Mozart manchmal, als hätte er nur für Flötenuhren komponiert.) Doch hat sich auch der Mozart-Gesang in den letzten 30 oder 40 Jahren enorm gewandelt – vielleicht ist diese Veränderung eine der erstaunlichsten, die in der musikalischen Interpretationsgeschichte zu meinen Lebzeiten stattgefunden haben. Als ich unlängst Beechams »Zauberflöte«

aus den dreißiger Jahren wieder hörte, wurde mir dies besonders klar.

W.: Das stimmt. Es gab da eine allmähliche Veränderung.

B.: Und doch würde ich von einem Sänger auch erwarten, daß er große Linien singen, eins mit dem anderen verbinden kann. »Verbindung« ist nicht einmal das richtige Wort. Was ich meine, ist, daß eins ins andere führen muß. Hier macht mich Schnabel manchmal unglücklich, nämlich im Bereich von Rhythmus und Tempo. Was ich dann vermisse, ist rhythmische Kontinuität. Schnabel ist sehr darum bemüht, harmonische Vorgänge deutlich zu machen, er bemüht sich um Deklamation (auch innerhalb von schnellen Passagen), er kümmert sich um die melodische Organisation, während ihn die rhythmische, etwa die Bedeutung eines steten rhythmischen Flusses, oft weniger interessiert.

W.: Ich hatte gehofft, daß Sie dies zur Sprache bringen würden, denn das ist genau der Punkt, wo ich Unterschiede bemerke. (Ich hatte dies anfangs angedeutet.) Ich möchte Ihnen erzählen, daß Schnabel einmal beim Unterricht gestand, er setze während des Übens, vor allem in langsamen Sätzen, gelegentlich das Metronom in Gang und versuche, mit so viel Rubato wie möglich dagegen anzuspielen, so daß er wohl mit den schweren Taktteilen zusammenträfe, dazwischen aber völlig ungebunden bliebe. Ich glaube nicht, daß Sie so etwas tun würden.

B.: Ich könnte mir das höchstens, hypothetisch, in langsamen Sätzen von besonders sprechendem Charakter vorstellen, wo nicht eine regelmäßige rhythmische Figur die Stabilität der kleinen Notenwerte bestimmt. Andererseits bin ich aber nicht der Meinung, daß eine stereotype Begleitfigur immer so streng gespielt werden sollte wie in einem Strawinsky-Stück. Aber kehren wir zu Ihrem Buch zurück. Sie sprechen über die harmonische Artikulation in der Coda *(più animato)* des d-Moll-Konzerts von Brahms*. Ich kenne natürlich Schnabels Schallplatte und kann mich mit der rhythmischen Behandlung dieser Stelle, wie er sie empfiehlt und spielt, nicht befreunden. Die

---

* S. 108.

gleichmäßige Energie jeder einzelnen kleinen Note scheint mir hier von alles übertreffender Wichtigkeit. Es gehört zu den größten Schwierigkeiten für Hörer von Schnabel-Platten, daß er derlei rhythmische Prioritäten so ungern erkannt und akzeptiert hat. Kurz vor dem Ende des c-Moll-Konzerts von Mozart gibt es Akkordbrechungen, die Schnabel nervös zusammenrafft und in kleinen, harmonisch voneinander separierten Klumpen vor uns hinwirft. Ähnlich spielt er ausgeschriebene Oktavbrechungen nicht als fortlaufenden Rhythmus, sondern wie kurze Vorschläge vor der oberen Hauptnote. Das mag lustiger sein als phantasieloser Trott. Leider hört man dergleichen bei ihm so oft, daß sich der Eindruck von Manieriertheit, von schlechter Gewohnheit, einstellt, von etwas, das er versäumt hat zu kontrollieren.

W.: Manchmal mag das wohl zutreffen. Aber im Finale von Beethovens C-Dur-Konzert war das eben seine Art, zu zeigen, wie Beethoven die Phrasen verkürzt. Unkontrolliert war das natürlich nicht. Es hatte seinen musikalischen Sinn. Vielleicht waren es nur nicht die richtigen Mittel...

B.: Ich will versuchen, es anders zu formulieren. Die musikalische Absicht scheint mir zu dick unterstrichen. Musikalische Ideen sollten nicht als fixe Ideen präsentiert werden. Schnabels Behandlung des Rhythmus macht auf mich oft einen Eindruck... nun, als ob er glaubte, ein gleichmäßiger Puls sei langweilig. Ich höre in seinem Spiel etwas Prinzipielles, wo es ein Prinzip nicht geben sollte.

W.: Er fürchtete sich sehr davor – und das kam in der Art, wie er seine Schüler kritisierte, heraus –, für einen Notenkrämer gehalten zu werden, der seine Töne einzeln abliefert. In jungen Jahren hatte er einmal eine schlechte Kritik bekommen, die er gerne zitierte; der Kritiker schrieb darin: »Seine Sechzehntel klangen wie Erbsen, die von einem Häftling gezählt werden.« Offenbar wollte er von diesen Erbsen unter allen Umständen loskommen. Kennen auch Sie diese Angst, in schnellen Stücken »eine Note nach der anderen« zu spielen?

B.: Also, zunächst einmal würde ich Kritiken weniger Beachtung schenken. Ich versuche festzustellen, was die Musik braucht. Es gibt Situationen, da ist rhythmisches Ebenmaß von größter Wichtigkeit. Dies ist häufiger der Fall, als Schnabels Spiel uns vermuten läßt. Aber schließen rhythmische Strenge und musikalischer Ausdruck sich etwa aus? War es nicht Schnabel, der auf die Frage »Do you play with feeling, or in time?« geantwortet hat: »Why shouldn't I feel in time?« Doch lassen Sie mich zum nächsten Punkt weitergehen. Wo ich mit Schnabel am wenigsten konform gehe, ist nicht im Rhythmischen, sondern in Angelegenheiten des Tempos.

W.: Das mag eine Generationenfrage sein.

B.: Da bin ich nicht so sicher. Wenn ich andere große Pianisten der Generation Schnabel zum Vergleich heranziehe, etwa Cortot und Fischer, dann finde ich schnelle Sätze oder Stücke oft schneller gespielt, als manche von uns es heutzutage riskieren würden. Bei langsamen Sätzen dagegen gibt es individuelle Unterschiede. So hat Cortot wohl in seinem ganzen Leben nicht wirklich langsam Klavier gespielt. Nicht, daß es mir bei ihm gefehlt hätte, aber ein richtiges, breites Largo war da nicht zu erwarten. Auch Fischer neigte dazu, langsame Sätze fließend zu nehmen, besonders Andantes, und erklärte seinen Schülern, daß zwischen einem Andante und den wirklich langsamen Zeitmaßen unterschieden werden muß. Andererseits konnte er ein Largo wie das des ersten Beethoven-Konzerts wunderbar ausbreiten. Bei Schnabel habe ich den Eindruck – der sich in Ihrem Buch bestätigt –, daß er auf Extreme aus war. (Eine Gegenposition ist jene Wilhelm Kempffs, der Tempoextreme mied.) Schnabel fand es verdienstvoll, wenn ein langsamer Satz langsamer gespielt wurde als je zuvor. Er hielt es auch für angebracht, einen schnellen Satz noch schneller zu beginnen, als der Hörer es jemals für möglich gehalten hätte. Hier gehen unsere Ansichten ganz entschieden auseinander. Der Vorsatz, so langsam oder schnell wie möglich zu spielen, hat mehr mit Sport zu tun als mit Musik (ich bin da nicht sportlich genug); oder er erinnert mich an das Bedürfnis von sehr jungen Spielern, sich auf einer Seite beweisen zu müssen: »So tiefsinnig bin ich!« und auf der anderen: »So virtuos kann ich sein!«

Im Umgang mit Zeitmaßen, ebenso wie mit Dynamik, Farbe und anderen Hilfsmitteln des musikalischen Ausdrucks, sollte der Spieler über die größte Breite der Möglichkeiten verfügen.

Die Musik bietet eine ungeheure Vielfalt an; der Spieler sollte diese Vielfalt wie ein Medium auffangen, statt sich mit fixen Ideen die Sicht zu verstellen. Wer sich auf Tempoextreme konzentriert, vernachlässigt das weite Feld der Tempi dazwischen.

W.: Darf ich sagen, daß Sie Schnabels Einstellung zu sehr simplifizieren? In manchen »symphonischen« ersten Sätzen zum Beispiel wünschte er sich das Tempo langsam genug, damit die Musik sich mit einer gewissen majestätischen Breite entfalten könne. In den beiden B-Dur-Trios von Beethoven und Schubert waren ihm die ersten Sätze immer zu schnell. Auch da stand er in seiner Generation nicht ganz allein.

B.: Und doch: wenn ich an Platten denke, die ich gehört habe, an die meisten seiner Beethoven-Sonaten etwa, dann bleibt als Gesamteindruck dieser Hang zum Extrem. Ich frage mich natürlich, ob er immer so gespielt hat oder ob vielleicht Nervosität ihn dazu getrieben haben mag, zu schnell zu spielen und in langsamen Sätzen so überaus langsam.

W.: Sie müssen daran denken, daß auf Schallplatten damals nur etwa vier Minuten Musik Platz fanden und daß deshalb das Tempo langsamer Sätze für die Aufnahmen hie und da ein wenig zurechtgerückt wurde. Ich kann mich zum Beispiel nicht daran erinnern, daß Schnabel den Mittelsatz des G-Dur-Konzerts von Beethoven sonst je so schnell gespielt hätte wie auf der Schallplatte. (Der Satz mußte da auf zwei Seiten untergebracht werden.)

B.: Das ist jammerschade, denn dieser Satz ist ja ein Andante con moto, also ein bewegtes, fließendes Andante. Ich kenne eine Anekdote: Arnold Schönberg hörte sich eine Aufführung des c-Moll-Konzerts von Beethoven mit Schnabel am Radio an. Man vernahm den ersten Akkord des langsamen Satzes; alles wartete auf den zweiten. Als er immer noch nicht kam, sagte Schönberg: »Jetzt kann ich nicht mehr weiterzählen!«

Klang

B.: Ich habe Schnabel nie im Konzertsaal erlebt, kenne sein Spiel nur auf dem Umweg über die Platten.
W.: Ich hörte ihn oft, bei sich zu Hause und im Konzertsaal. Für meine Ohren sind es einige Piratenplatten, die seinen Klang am getreuesten wiedergeben.
B.: Von den Aufnahmen her bin ich ein großer Bewunderer seines Klanges. Dieser plastische Klang ist einer der Gründe dafür, daß Schnabel für mich eine Quelle der Anregung geblieben ist. Wenn ich dann allerdings Ihr Kapitel über Klangbalance lese, muß ich manchen persönlichen Zweifel anmelden. Bleibt der Klavierton tatsächlich über den gesamten Umfang des Instruments hinweg derselbe? Ich stelle diese Frage, weil das zumindest auf den Flügeln Beethovens und Mozarts kaum der Fall war. Damals unterschieden sich die Lagen des Flügels in ihrem Klangcharakter ähnlich wie die Instrumente eines Streichquartetts. Dieser Lagenunterschied wäre bereits Grund genug, die Gleichmäßigkeit des Timbres nicht unter die Charakteristika des Flügels und der Klaviermusik zu zählen. Von einem erstklassigen modernen Instrument würde ich erwarten, daß Qualität und Lautstärke des Klanges in allen Lagen homogen bleiben. Es liegt dann am Pianisten, die nötige Abwechslung der Balancen und Timbres zustande zu bringen. Und ich glaube, daß nicht nur der Hörer sich darauf einlassen sollte, im Klavierton den Klang anderer Instrumente zu erraten; der Pianist selbst muß sich solche Klänge vorstellen und diese Vorstellungen in realen Klang umsetzen.
W.: Schnabel wünschte das ebenfalls, und wenn ich das in meinem Buch nicht festgehalten habe, dann war dies ein böses Versäumnis.
B.: Anders als der Klang des Cembalos oder der Orgel läßt sich der Klavierklang mannigfaltig verändern und differenzieren. »... Schnabel sah die Absicht der meisten Komponisten darin, daß sie Musik für das Klavier komponieren, die auch wie Klaviermusik klingen sollte und nicht wie etwas anderes« (S. 182). Dies ist ein Zitat aus Ihrem Buch, und soweit man mich fragt, ist das Gegenteil richtig. Wenn ich an die latenten

Möglichkeiten denke, die in vielen Klavierwerken stecken, dann sehe ich sie als Reduktionen von musikalischen Ideen, die auf das Orchester, auf Kammermusik, auf die menschliche Stimme und so weiter hindeuten und hinzielen – Reduktionen, die es dem Spieler gestatten, ein Stück zu »beherrschen«, ohne mit anderen Spielern Kompromisse schließen zu müssen. Dieses Privileg, ein Stück allein ausführen zu dürfen, wird mit Verlusten erkauft. Der moderne Flügel hilft einem im allgemeinen, diese Verluste so niedrig wie möglich zu halten.

Es ist merkwürdig, daß in Ihrem Buch von Liszt so wenig die Rede ist. Schnabel hat in seinen späteren Jahrzehnten wohl kaum Liszt gespielt.

W.: Ich hörte ihn Liszt niemals spielen, aber als junger Mann hatte er den Mephisto-Walzer, die Sonate und, wie ich glaube, eines der Klavierkonzerte im Repertoire.

B.: Wie Sie schreiben, hat er Liszts Werke nicht ungern unterrichtet. Liszt ist der Komponist, der dem Pianisten alle jene Möglichkeiten eröffnet, die das rein Pianistische und Klaviermäßige hinter sich zurücklassen. Wenn ich überhaupt einen musikalischen Grundsatz habe, dann ist es dieser: daß das Klavier an sich nicht genügt. Es hat nicht, wie eine Singstimme oder ein Streichinstrument, genügend Eigencharakter. Ich sehe es daher lieber als Charakterdarsteller. Es möchte die verschiedensten Rollen spielen. Es vermag sich in fast alles zu verwandeln. Ende der Grundsätze.

W.: Sie sagten, der heutige Flügel sei von Vorteil – im allgemeinen. Welche sind die Ausnahmen?

B.: Es gibt frühe Haydn-Sonaten, denen eine gewisse graphische Deutlichkeit nottut; sie klingen vielleicht überzeugender auf frühen Hammerklavieren, die etwas vom Timbre des Cembalos bewahrt haben. Ich persönlich liebe Scarlatti auf dem Cembalo, assoziiere ihn mit mediterraner, gitarrenhafter Klarheit. Um zu dem Wort »Timbre« zurückzukehren: Ich habe mir ein Zitat aus Ihrem Buch notiert, welches lautet: »Das Klavier hat, vom linken Pedal abgesehen, keine Möglichkeit, das Timbre zu verändern.« Das kann ich ebenfalls nicht kommentarlos hinnehmen.

W.: Dieser Satz geht ganz allein auf mein Konto, Schnabel ist dafür nicht verantwortlich. Das war natürlich physikalisch, nicht musikalisch gesprochen.

B.: Ich würde sagen, daß sich auch durch das rechte Pedal, den Anschlag, die Dynamik, starke Veränderungen des Timbres erzielen lassen, Veränderungen, die so weit gehen, daß man bestimmte andere Instrumente oder Gruppen von Spielern zu hören meint.

W.: Ich las einmal in einem Buch von Hindemith, es sei egal, was einen Klavierton erzeugt: die Spitze eines Regenschirms oder ein Finger Arthur Rubinsteins – ein Argument, das schwer zu entkräften ist, obwohl wir alle nicht daran glauben. Es ist wahr in einer Hinsicht und falsch in einer anderen, und das ist es, was ich sagen wollte. Wenn Sie eine Taste mit der Schirmspitze niederdrücken, dann wird der einzige Unterschied im Timbre durch das Niedertreten des linken Pedals erreicht.

B.: Lassen Sie uns das untersuchen. Wichtig ist die *Verbindung* zwischen den Tönen. Wenn man Einzeltöne spielt, könnte man vielleicht sagen, einer klänge wie der andere, ganz gleich, wodurch und wie die Taste berührt würde. (Obwohl auch das bei näherem Hinsehen und Hinhören nicht stimmt! Man kann dieselbe Note leiser oder lauter, schneller oder langsamer, kürzer oder länger, zarter oder heftiger, mit oder ohne die Pedale anschlagen; schon das allein gibt ihr ein gewisses Maß an Charakter.) Wenn es sich um die Verbindung von Tönen handelt, sieht die Sache allerdings noch ganz anders aus. Jetzt brauchen wir tatsächlich die Finger, aber auch einiges Gefühl, ein bißchen musikalisches Temperament und ein klein wenig musikalischen Verstand, damit etwas Hörenswertes zustande kommt. Alles wirkt nun zusammen – das Pedal, die Artikulation, die harmonischen Spannungen –, was den Klang differenzieren kann und die Bedeutung selbst einzelner Noten zu verändern vermag, denn sie leben nun in einer Art Wechselwirkung. Natürlich, wenn Sie das Klavier lieber wie einen Automaten traktiert hören (es gab eine Zeit in den zwanziger Jahren, da versuchten manche Komponisten, sich vom »Ausdruck« zu befreien, Georges Antheil etwa, oder Hindemith in seiner »Suite 1922«) – wenn Sie das vorziehen, dann schafft der Pianist auch das. Es gibt allerdings nicht viele Stücke, die diese Art von Behandlung vertragen. Und das Pianola konnte so etwas immer noch am besten.

W.: Was halten Sie von Schnabels Regeln für die Klangbalance innerhalb der Akkorde?

B.: Für mich ist jede Balance abhängig vom jeweiligen Charakter der Musik. Nehmen wir den Beginn der Waldstein-Sonate. Wenn man die vierstimmigen Akkorde im Sinne Schnabels (also Sopran und Baß führend, Mittelstimmen etwas im Hintergrund) spielt, erhält man viel Klarheit, aber nicht die richtige Atmosphäre. Die Atmosphäre dieses Anfangs ist ein Beethovensches *pianissimo misterioso* ...

W.: In meinem Buch finden Sie mehrere Kategorien – wenn ich Ihnen widersprechen darf –, aus denen man die richtige auswählen muß, in diesem Fall die Kategorie, in der alle Stimmen im gleichen Register sozusagen eine Familie bilden. Die Kategorie mit den stärkeren Außenstimmen ist hier fehl am Platz.

B.: Selbst wenn die Akkorde in einer bestimmten Lage bleiben, möchte ich zunächst herausfinden, welche Farbe und Atmosphäre, welches Raumgefühl die Musik vorschreibt. Am Anfang der Waldstein-Sonate haben wir kein volles Tageslicht, sondern Dämmerlicht, nicht scharf definierte Nähe, sondern perspektivische Tiefe, nicht helle Energie – trotz des strengen rhythmischen Pulses –, sondern etwas Geheimnisvolles, das sich in der Balance der Akkorde zugunsten der Innenstimmen auswirkt. Wenn man die Innenstimmen ein wenig stärker spielt, erscheinen hier die Akkorde leiser, das ist wichtig. Favorisiert man die Außenstimmen, wird der Akkord, so leise man ihn auch zu spielen versucht, nie wirklich *pianissimo* klingen. Die Innenstimmen vermitteln, in bestimmten Akkordpositionen, den *dolce*-Charakter, die Wärme. In einem vierstimmigen Akkord ist die Terz die lyrische Stimme, und die Quinte fügt den mysteriösen Hornklang hinzu. Innerhalb der normalen Akkordlage von C bis C wird der poetisch interessierte Spieler oft den Mittelstimmen den Vorrang geben und nicht etwa dem Baß. Den hervorzuheben ist meist unnötig; dies habe ich dem Klavierspiel Cortots, Fischers und Kempffs (der in seinen besten Aufführungen ein Großmeister der Klangbalance war) entnommen. Natürlich ist der Baß die Grundlage der Harmonien und verdient als solche die genaueste Kontrolle. Ihn hervorzuheben ist aber nur dort angebracht, wo er besondere Energie ausdrückt oder wo die Baßlinie eine besondere melodische, motivische oder atmosphärische Bedeutung hat. Im übrigen wird jeder musikalische Hörer in Stücken mit Funktionsharmonik den Baß fast schon automatisch wahrnehmen, selbst wenn er sehr leise gespielt wird.

W.: Ja, da ist ein Unterschied zwischen Ihnen und Schnabel, der mir manchmal auffiel, wenn Sie spielten.

B.: Ist meine Baßlinie manchmal zu leise?

W.: Mir schien sie manchmal zu leise.

B.: Immer noch?

W.: In jüngster Zeit kann ich mich an nichts dergleichen erinnern, aber vor einigen Jahren gab es Momente.

B.: Ja, es gab sie. Ich habe das bemerkt und hoffe, mich korrigiert zu haben. Ich bin aber nach wie vor der Meinung, daß es in der Praxis nicht automatisch nötig ist, Melodie und Baß als die beiden wichtigsten Komponenten des musikalischen Satzes hervorzuheben.

W.: Mein Vater, ein altmodischer Musik- und besonders Opernliebhaber – kein Berufsmusiker, aber ein hochmusikalischer Mann –, mochte Schnabel nicht hören, weil er dessen linke Hand zu laut fand. Natürlich war das die Generation der siebziger Jahre des vorigen Jahrhunderts.

B.: Lassen Sie mich differenzieren. Wenn der Klang eines Klavierstücks dem eines Sängers mit Begleitung entsprechen soll, dann muß die Melodiestimme selbstverständlich plastisch hervortreten – mehr sogar, als dies heutzutage üblich ist. Cortot ist für mich das Beispiel eines Pianisten, der die Melodie unmittelbar vor uns hinstellen konnte, ohne den Klang zu forcieren und ohne in seinem Hintergrund-Orchester irgend etwas an Kontrolle oder Stimmführung einzubüßen.

Ich möchte noch auf Schnabels Balance des Oktavenspiels zu sprechen kommen. Schnabel erklärt, Oktaven seien gewöhnlich Verdopplungen der Hauptstimme. Vom Standpunkt der Satztechnik her ist das gewiß richtig. Als ein Prinzip, das die Hauptstimme auch in der Praxis hervorgehoben wünscht, kann ich das nicht akzeptieren. Wenn in einer Orchesterpartitur etwas verdoppelt ist, dann kann diese Verdopplung auch ein kräftigeres Timbre einführen und durch einen derartigen Eingriff in die Reinheit des Satzes die Aufmerksamkeit besonders auf die Oktave lenken. Es gibt Oktavenstellen, die gleichsam wie *ein* Instrument klingen, mit Oktavtönen von genau gleicher Lautstärke. Bei anderen Oktaven wiederum klingt die Innenstimme, selbst in melodischen Passagen, wie ein hinzugefügtes Horn: Ich denke hier wieder an den Beginn der G-Dur-Sonate von Schubert. Ich spiele da den oberen Oktavton sicherlich nicht lauter als den unteren; vielmehr richtet sich meine Aufmerksamkeit vor allem auf die Sexte der rechten Hand. (Die Oberstimme darf zart begleiten.) Das gibt dem Klang Wärme und Körper. Mit dem Sopran im Vordergrund wäre der Klang zu direkt, zuwenig versponnen.

W.: Schnabel dachte wohl, wie so oft, an die Terz, an einen Sopran und einen Alt im Duett, und nahm darum das untere h der Oktave in die linke Hand.

B.: Was spielt der rechte Daumen, dem dieses h von Schubert zugedacht ist, in diesem Thema für eine Rolle? Eine»Daumenlinie« von einheitlicher Farbe ist ihm anvertraut, die den Sopran fast durchgehend verdoppelt. Diese Daumenlinie sollte besonders entspannt klingen. Und sie liegt so schön in der Hand. Soll man diese Kontinuität durchbrechen?

Ich wünsche mir den Klang von Terzen und Sexten oft dunkel gefärbt. Das bedeutet, daß die tiefere Stimme bei Mozart, Schubert oder Brahms mindestens ebenso viel Gewicht verdient wie die Hauptstimme, vor allem in Moll. Wenn ich an das Andante von Schuberts B-Dur-Sonate denke, hilft mir die Vorstellung, die Unterstimme sei die wichtigere, selbst wenn ich sie nicht lauter spiele. Manchmal genügt es, den Alt unmerklich verspätet nach dem Sopran anzuschlagen.

W.: Ich höre solche Sachen in Ihrem Spiel und freue mich. Gestern haben Sie etwas Schönes und Ungewöhnliches gemacht. Im B-Dur-Impromptu von Schubert (D. 935/3) gibt es vor dem Schluß ein *sforzando*, vor dem ich mich immer fürchte. Sie haben es als *sforzando* gespielt, aber richtig dosiert, ohne Gewaltsamkeit oder Härte.

B.: Ich habe die Balance verändert. Das ist bei Akzenten oft die beste Lösung – und kein Geheimrezept. Andere haben das längst praktiziert. Die Akzente im zweiten Satz der a-Moll-Sonate (D. 784) von Schubert etwa sind keine dynamisch hervortretenden, keine positiven Akzente. Sie verlangen einen Klangfarbenwechsel zugunsten der Innenstimmen, vor allem zugunsten des Horns auf der Dominante, der diese akzentuierten Akkorde zugleich bedeutungsvoller und privater färbt. Man muß sich aber vor einer Zurücknahme des Klanges, also vor negativen Akzenten, die hier schwächlich wirken würden, hüten.

W.: Zum Abschluß möchte ich Sie fragen: Gibt es unter Schnabels Doktrinen, wie ich sie darzustellen versucht habe, auch solche, die Sie als weiterhin gültig und wichtig ansehen?

B.: Ihre Frage zeigt mir, daß ich Ihnen kritischer erscheine, als mir lieb ist. Ich bitte um Verzeihung! Aber Sie wollten ja Kritik hören. Es war das Ziel unserer Unterhaltung, Verschiedenheiten der Positionen festzuhalten, wo Verschiedenheiten vorhanden sind. Darüber hinaus bin ich oft mit Schnabel einig. Wenn er über allgemeine Dinge spricht, fühle ich mich ihm oft sehr nahe. Wo es um Spezielles geht wie um Rhythmus und Tempo, muß ich manchmal laut protestieren. In der Mehrzahl erscheint mir das, was Ihr Buch vermittelt, vollkommen natürlich. Dieses Buch bleibt, trotz aller meiner Nörgeleien, die anregendste professionelle Lektüre seit langem – um genau zu sein: seit mir Artur Schnabels eigene Schrift »Music and the Line of Most Resistance«* verspätet in die Hände fiel.

(1979)

Zehn Jahre nach diesem Gespräch möchte ich meinen Katalog des Widerspruchs vervollständigen und mich an Hand von Konrad Wolffs wichtigem Buch noch genauer von Schnabel abgrenzen. Musiker, die lieber nicht wissen, was sie tun, mögen solche Anstrengungen verdammen. Es geht hier jedoch nicht um Besserwisserei, sondern um die Lust am Formulieren musikali-

---

* Princeton 1942.

scher Fragen und Antworten, um eine Schärfung des Unterscheidungsvermögens, um ein Bedürfnis nach Klarheit, um Selbstprüfung, nicht Selbstbespiegelung. Darin weiß ich mich mit Konrad Wolff und Artur Schnabel einig.

Zu Beginn der B-Dur-Sonate von Schubert wollte Schnabel »jeglichen Schwerpunkt vor dem Anfang des zweiten Taktes vermeiden« (S. 85). Ist denn der Anfang des zweiten Taktes ein Schwerpunkt?

»Beethovens Pedalbezeichnungen sind, obwohl spärlich, ohne Ausnahme wesentlich für die musikalische Struktur« – gewiß nicht alle – »und lassen dem Interpreten keine Freiheit.« Schnabel verlangte, daß in den Rezitativen des ersten Satzes von op. 31/2, im Largo des c-Moll-Konzerts, im Finale der Waldstein-Sonate und in der Coda der Bagatelle op. 126/3 »das Pedal unbedingt so zu nehmen ist, wie es vorgeschrieben ist ... Wenn der Pianist geeignete Klangfarben und Proportionen wählt, gibt es kein klangliches Durcheinander« (S. 100 f.). Bedauerlicherweise gibt es dieses Durcheinander dann doch auf Schnabels Platte der Waldstein-Sonate. Beethovens Zeichen dürfen gewiß nicht unberücksichtigt bleiben; doch steckte die Pedalnotation damals noch in den Kinderschuhen, und Beethovens Flügel waren anders timbriert. Nicht den Buchstaben seiner Pedalvorschrift gilt es in die Tat umzusetzen, sondern deren – strukturelle oder atmosphärische – Bedeutung.

Beim Mozart-Spiel bestand Schnabel bekanntlich darauf, daß dem Text nichts hinzugefügt werden dürfe (S. 121), eine Einstellung, die heute selbst der phantasieloseste Interpret der späteren Klavierkonzerte hinter sich zurückgelassen hat. Verzierungen seien »zum Schmücken da«, als »angenehmes, unauffälliges Zubehör«. Darf Schmuck nicht auch manchmal aufleuchten? Und gibt es neben Verzierungen rein dekorativer Art nicht auch solche von melodischer, atmosphärischer, sogar struktureller Wichtigkeit? (Die Triller im Anfangsthema der »Appassionata« seien hier als wenn nicht leuchtendes, so doch prägnantes Beispiel genannt.) Laut Konrad Wolff spielte Schnabel »Verzierungen immer leiser und mehr *leggiero* als die Hauptnoten« (S. 123). Durchaus nicht immer; in seinen Aufnahmen machen sie sich oft allzu deutlich bemerkbar. Und seine unverkennbaren, äußerst schnellen Triller »wackeln« häufig, da Schnabel bewußt eine »Vibration« des Haupttons anstrebte. Für Triller, deren untere Note stärker klingt als die obere, erfand Liszt angeblich die Bezeichnung »Kartoffeln abladen«. Sollten sich Triller nicht in ihrer Geschwindigkeit, Farbe und Dynamik dem musikalischen Zusammenhang einfügen? Daß es viele Spielarten von Trillern gibt, konnte man im Klavierspiel Edwin Fischers und Wilhelm Kempffs wunderbar erfahren. Nicht wenige Triller haben etwas vom Charakter einer ausgedehnten Appoggiatur bewahrt, was bedeutet, daß die obere Note nicht vernachlässigt werden darf.

Schnabel vermied es, eingeteilte Triller und Doppelschläge »genau im rhythmischen Zusammenhang mit den Figurationen der linken Hand« zu spielen, was mir allzu idiosynkratisch erscheint und als Regel unannehmbar. »Staccato in der linken Hand«, behauptet Schnabel oder Konrad Wolff, »gibt es bei Mozart fast nie« (S. 127). In Mozarts Notation findet man es nur dann, wenn der Baß melodische Motive der rechten Hand übernimmt. Begleitfiguren sind im Original manchmal mit Bögen versehen, meistens aber unbezeichnet; sie müssen an die musikalische Umgebung angepaßt werden. So wird der Solist in Klavierkonzerten gewöhnlich eine *staccato*-Begleitung des Orchesters als Modell nehmen, wenn er das gleiche Thema zu spielen hat, wie etwa im Finale von KV 414. Andererseits wird der Spieler manchmal die Baßnoten von Albertibässen ad libitum festhalten, wo Mozart dies nicht eigens notiert hat.

»Die brillanten Figurationen in Mozarts Konzerten müssen in der linken wie in der rechten Hand *legato* gespielt werden. Von dieser Regel gibt es praktisch keine Ausnahme, da diese Passagen sich an vokalen Koloraturen und nicht an violinistischer Artikulation orientieren« (S. 128). Warum sollten sie bloß an der Gesangskoloratur orientiert sein? Und warum sollten Gesangskoloraturen nicht Artikulationen mit einbeziehen, wie sie etwa ein Holzbläser anwenden würde? Das 19. Jahrhundert hatte *legato*-Spiel zur Norm gemacht, wie Czernys Klavierschule op. 500 und die alte Mozart-Gesamtausgabe beweisen. Im Gegensatz dazu trifft man heute auf die Ansicht, Mozart-Passagen seien »fast stets« *non legato* oder *staccato* zu spielen*. Ich kann weder das eine noch das andere Rezept als Regel akzeptieren. Die Tatsache, daß Mozart schnelle Passagen meist unbezeichnet ließ, bedeutet nicht, daß man sie nicht durchartikulieren sollte. (In Beethovens frühem Es-Dur-Klavierkonzert ist diese Art von Artikulation im Detail ausgeschrieben.) Bei Schnabel durfte ein punktierter Rhythmus »nicht wie die letzte Note einer Triole klingen... oder wie Doppelpunktierung«. Ich finde, daß kürzere Notenwerte, die auf punktierte folgen, nicht selten im Sinne des erforderlichen Charakters und der rhythmischen Umgebung modifiziert werden dürfen.

Schnabel erlaubte »im Crescendo kein Nachlassen der Lautstärke, nicht einmal bei Zwei-Noten-Phrasierungen« (S. 132). Warum eigentlich nicht? Für mich ist das ganz gleichmäßig ansteigende *crescendo* eher die Ausnahme und jenes, das kleinere deklamatorische Dynamik mit einschließt, die natürliche Regel.

»Ritardandi sollten nur dann gemacht werden, wenn sie im Notentext angegeben sind, und vor einer Fermate...« (S. 134). An anderer Stelle** zitiere ich aus einer Liste möglicher, vom Komponisten nicht eigens vorgeschriebener Ritardandi, die Czerny in seiner Klavierschule op. 500 veröffentlicht hat.

Um in streng polyphoner Musik »zwei gleich wichtige Stimmen hervorzuheben, darf man sie nicht gleich laut spielen«. Einverstanden. »Bei einem zweistimmigen Stück muß die tiefere der beiden Stimmen immer leiser als die obere sein« (S. 187). Keineswegs: man kann die eine oder die andere hervorheben.

»Schnabel spielte nie so, wie es die Zuhörer erwarteten... Diese Haltung schloß gewöhnlich den Gebrauch von mittleren Tempi oder mittlerer Dynamik aus« (S. 197). Daß der Spieler sich selbst mit musikalischen Entdeckungen überrascht oder sich von ihnen überraschen läßt, ist legitim und eine Quelle der Genugtuung, solange solche Entdeckungen von den tieferen Schichten eines Stücks gespeist werden. Wer hingegen an ein

---

* So Paul und Eva Badura-Skoda in ihrem wegweisenden Buch »Mozart-Interpretation«, Wien 1957, S. 67.
** »Nachdenken über Musik«, München/Zürich 1977, S. 39 f.

Stück mit der Absicht herangeht, seine Hörer zu überraschen, wird unversehens zum Exzentriker. Das Andersseinwollen verleitet selbst begabte Spieler dazu, Richtiges zu übertreiben und Notwendiges aus den Augen zu verlieren, weil andere es schon bemerkt haben.

Ich habe Artur Schnabel nie persönlich kennengelernt und gehöre nicht zur Legion der von ihm bezauberten Schüler. Dennoch bleibt er einer der wenigen Musiker, die mir ständig, im Positiven und Negativen, etwas zu sagen haben. Ich möchte diese von einem klugen und liebenswürdigen Assistenten Schnabels ausgelöste Selbstbefragung beschließen, indem ich einige jener Ansichten Schnabels (oder Konrad Wolffs), mit denen ich ganz und gar einverstanden bin, im Wortlaut wiedergebe.

Schnabel »ermunterte seine Schüler, soviel wie möglich über Aufbau, Harmonik, Motivtechnik usw. eines Stückes ausfindig zu machen. Als Grundlage für die Interpretation sind diese Elemente jedoch nicht von Nutzen.« Echte Analyse sei »nichts anderes als eine Klarstellung und Intensivierung der musikalischen Sensibilitäten, ein zusätzlicher Antrieb in die Richtung, die zunächst vom musikalischen Instinkt aufgespürt wird« (S. 21 f.). Ich teile Schnabels Meinung, daß analytische Einsichten nur ziemlich selten die Ausführung eines Stückes direkt beeinflussen. Analyse sollte das Resultat inniger Vertrautheit mit dem Werk sein und nicht die Münze etablierter Vorstellungen, die den (Spiel-)Automaten in Gang setzt. Zugleich »sollte jeder Musikstudent die Pflicht haben zu komponieren, ganz gleich, ob er das begabt und gerne tut oder nicht. Eine solche Verpflichtung wird heutzutage leider nicht einmal empfohlen, obwohl dies in der Vergangenheit ganz selbstverständlich war« (in: »Music and the Line of Most Resistance«).

Schnabel »neigte dazu, Teile von Kompositionen mit Affekten wie den folgenden paarweise zu verbinden: Stolz oder Demut, im Freien oder im Zimmer, Morgen oder Abend, privat oder offiziell, kalt oder heiß, Zurückhaltung oder Unmittelbarkeit, Aufgeregtheit oder Nüchternheit« (S. 149). Die Fähigkeit, Valeurs des musikalischen Charakters, der Farbe oder der Atmosphäre in Worte zu kleiden, schließt eine Art literarischer Anstrengung ein. Wir müssen verstehen lernen, was Wörter meinen (oder spüren, was sie andeuten). Wie Schnabels, oder Wolffs, Beispiele zeigen, ist es die Anwendung von Kontrasten, die unsere sprachliche Bewußtheit schärft. Doch sollten wir nicht vergessen, daß sich Gegensätze nicht ausschließen müssen; es gibt Zonen der Vermischung, der Ambivalenz, des musikalischen und psychologischen Zwielichts, wie wir sie etwa in manchen Themen Joseph Haydns finden. Sie erinnern uns daran, daß Charaktere kompliziert sein können.

»Ganz falsch ist die Auffassung, man müsse alle Noten gleich intensiv anschlagen oder auch nur alles deutlich zu Gehör bringen. Im Gegenteil, um den musikalischen Inhalt verständlich zu machen, dürfen einzelne Töne oft nur als Farbe erscheinen« (S. 184). Völlige und gleichbleibende Deutlichkeit der Ausführung dient nicht mehr der Musik, sie wird zum Selbstzweck. Es handelt sich hier um ein Klangideal vieler Aufnahmeleiter.

»Wie Schnabel oft betonte, hört also das innere Ohr des Interpreten alles zweimal: Jedes Detail wird im Geiste vorausgehört und später nachkontrolliert. Wenn man Glück hat, verschmelzen diese beiden Prozesse ineinander, oder, wie Schnabel es formulierte: ›Das Konzept nimmt Gestalt an, und die Gestalt verwandelt sich gleich wieder in ein Konzept‹« (S. 23). Ein Vorgang, so geheimnisvoll wie Parallelen, die sich im Unendlichen treffen. Bei Schnabel trafen sie sich, wenn die Stunde günstig war.

(1989)

Personen- und Werkregister

Zusammengestellt von Uwe Steffen

276

277